MAXIMIN DELOCHE

LES RICHELIEU

LE PÈRE DU CARDINAL

FRANÇOIS DU PLESSIS
GRAND PRÉVOST DE FRANCE

Documents inédits

Librairie académique PERRIN et Cie.

Donec in lucem prodeuntque, similibus
typis, majoris naturæ reintegranda effigies,
Cartusianorum & Gallicanæ Ecclesiæ
decus, Saliat, Patrem, stirpis illustratæ
originem, armis necnon ingenio inclytum

LES RICHELIEU

LE PÈRE DU CARDINAL

Yvonne Regnault gratè dedicavit
inquisitor

OUVRAGES DU MÊME AUTEUR

D'une pièce sigillaire de l'époque mérovingienne,
1909.

La **Maison du Cardinal de Richelieu** (document inédit),
1912. *Épuisé*.

(Honoré d'une souscription du ministère de l'instruction
publique).

Autour de la plume du Cardinal de Richelieu, 1920.
(Prix Thérouanne.)

La Crise économique au **XVI**e siècle et la **Crise**
actuelle, 1922.

Pour paraître prochainement :

**Un Démêlé du Cardinal de Richelieu avec son suze-
rain en Poitou.** (Documents inédits.)

E. GREVIN — IMPRIMERIE DE LAGNY

MAXIMIN DELOCHE

LES RICHELIEU

LE PÈRE DU CARDINAL

FRANÇOIS DU PLESSIS
GRAND PRÉVOST DE FRANCE

Documents inédits

PARIS

LIBRAIRIE ACADÉMIQUE

PERRIN ET Cie, LIBRAIRES-ÉDITEURS

35, QUAI DES GRANDS-AUGUSTINS, 35

1923

PRÉFACE

S'il a été beaucoup écrit sur le cardinal de Richelieu, son père, François du Plessis, grand prévôt de France et prévôt de l'hôtel, est loin d'avoir eu pareil honneur. Sa personnalité a disparu dans l'Histoire devant celle de son fils dont le silence voulu pour la mémoire paternelle n'y a pas peu contribué. Elle méritait mieux cependant, car avec lui, nous voyons par avance vivre son fils : même origine de leur faveur par une reine, et dans des circonstances identiques, même lutte contre des éléments hostiles, même caractère de fierté indépendante, d'énergie patiente, d'inflexible et farouche dureté, de loyalisme rigoureux et intransigeant fermé à la pitié même pour eux. Avant le cardinal Richelieu, son père le grand prévôt de France a vu son nom voué aux fureurs populaires, et si la postérité ne l'a pas retenu lui aussi pour les confondre dans une même exécration sentimentale aveugle, c'est parce qu'il était abrité, dans son rôle plus passif, derrière des personnalités qui suffisaient à sa faim.

D'autre part, le grand prévôt personnifie le haut fonctionnaire de la cour de Henri III, avec tous ses avatars dus à la crise économique du xvie siècle, aux difficultés de la vie matérielle, au désordre administratif et financier de l'État, aux exigences de sa situation et de son rang. Il synthétise la noblesse de cour d'alors, avec sa vie de détresse et d'expédients, ses embarras d'argent continuels dans le décor le plus brillant de la cour la plus fastueuse. Victime des mœurs de son temps, il a, de ce côté, préservé son fils, le cardinal, des événements dans lesquels sa fortune avait sombré, en lui léguant les fortes leçons du passé. Le cardinal a vu de près les suites des vicissitudes financières paternelles ; elles l'ont même atteint personnellement et mis à deux doigts de la déchéance, au moment critique où il attendait la pourpre qui devait assurer sa fortune. Aussi, à ce point de vue seul, le procès peu connu jusqu'ici, où il gagnait la partie, n'est-il pas l'un des épisodes les moins curieux du début de sa vie officielle. Voilà qui éclaire l'origine de ce côté bizarre de la mentalité si complexe du cardinal, cet esprit d'ordre méticuleux et d'économie minutieuse, cette horreur des dettes et cet « amour du bien », alliés à un faste et à une libéralité restés légendaires.

Une série de documents originaux de notre collection nous a permis de suivre en grande partie les opérations financières du grand prévôt de France. Nous leur devons aussi d'avoir pu fixer définitivement le lieu de naissance du cardinal de Richelieu, situer l'hôtel de Paris où il a vu le jour, et connaître le scandale de cour auquel donnait lieu son baptême. Grâce à eux, nous voyons défiler tous les noms associés plus tard à sa vie politique et même littéraire.

A ces titres, cette étude constitue, en réalité, une introduction à l'Histoire du cardinal de Richelieu. Si la légende a fixé sa figure seule, il nous semble juste de la doubler sur son médaillon de celle de son père, qui se détacherait comme la sienne, et derrière elle, dans un même relief de vie puissante. Tout en gardant chacune leur cachet de forte personnalité, elles présenteraient les mêmes caractéristiques de sombre et énergique tenacité : pommettes saillantes, front découvert, yeux caves, nez busqué et proéminent, modifiées chez le fils par l'allongement conique de la tête donnant de face l'impression d'un coin d'acier, accentuée par la barbiche en pointe, avec quelque chose de plus féminin et presque maladif, en même temps que plus grave et plus impénétrable. Ce masque énigmatique de diplomate, à la fois homme d'Église et homme d'État, s'éclairerait singulièrement par le reflet de cette rude physionomie d'homme d'épée, ayant vécu aux côtés de deux rois, dans la charge la plus haute, avec les attributions les plus larges, variées et imprévues, d'une vie mouvementée, aux aventures nombreuses, qui dépassent parfois, par leur pittoresque, toutes les invraisemblances du roman, dans cette fin de siècle aux passions bouillonnantes.

San Remo, janvier 1922.

LES RICHELIEU

—

LE PÈRE DU CARDINAL

———

CHAPITRE PREMIER

La filiation directe de François IV de Richelieu, grand prévôt de France, a été établie, en remontant jusqu'à 1201, par les généalogistes du cardinal, son fils. Le plus ancien ascendant connu aurait été, d'après eux, Guillaume du Plessis qui possédait déjà les terres du Plessis, à quelques lieues de Néon près du Blanc, et qui est intitulé *varlet,* l'un des titres les plus bas de la hiérarchie féodale. Des alliances heu-

reuses avaient accru la puissance et le prestige de la
famille ; l'union de l'un des descendants, Geoffroy
du Plessis, avec Perrine de Clerambault, avait valu
à leur fils la seigneurie de Richelieu par le legs que
lui en avait fait son oncle, Louis de Clerambault, en
1488. Les générations suivantes avaient été aussi
favorisées : en 1506, François III, petit-fils du précédent, avait épousé en secondes noces Anne le Roy,
fille de Guyon le Roy, amiral de France sous François Ier et fondateur du port du Havre. Cette dernière,
d'après les généalogistes du cardinal, aurait été petite-
fille de deux princesses de la maison de Dreux,
issues de Louis le Gros, et c'est par elle que le cardinal de Richelieu se réclamait plus tard d'une origine royale.

Il règne quelque incertitude sur le nombre des
enfants de François du Plessis de Richelieu, IIIe du
nom. En plus de 3 filles, Françoise, Anne et Jaquette,
il aurait eu 6 fils d'après Duchesne, 7 si l'on y ajoute
Alphonse du Plessis, d'après le témoignage du cardinal de Richelieu. En tout cas, si l'on met à part
René devenu moine, l'histoire en a retenu 4 que
nous verrons figurer dans la vie du grand prévôt :
Louis son père, Jacques, évêque de Luçon, François
dit *Pilon* et Antoine dit *le Moine*.

Louis, l'aîné et chef de la famille, seigneur de
Richelieu, Ier du nom, avait été lieutenant de la com-
pagnie de 50 hommes d'ordonnance d'Antoine de
Rochechouart, seigneur de Saint-Amant, baron de
Faudoas et de Montagut, sénéchal de Toulouse et
d'Albigeois, de l'une des plus grandes familles de
France, qui s'était élevé, par sa valeur, aux plus
grands honneurs sous les règnes de Louis XII et

François Ier; il épousait sa fille, Françoise de Rochechouart, en 1542, et mourait vers 1551, après avoir occupé à la cour les emplois de gentilhomme de la chambre et d'échanson ordinaire du roi, et guerroyé dans le Languedoc sous les ordres de Mr de Montpezat [1].

Françoise de Rochechouart restait veuve avec fort peu de biens [2] et la lourde charge de cinq enfants en bas âge, trois garçons et deux filles. Mais elle trouvait dans son voisinage immédiat une protection toute-puissante. Les Bourbon-Montpensier, qui habitaient le château de Champigny-sur-Veude proche de Richelieu, avaient eu avec les seigneurs de Richelieu d'anciennes et cordiales relations. A la veille de leur départ pour l'expédition d'Italie, Louis I de Bourbon et François III du Plessis arrêtaient, le 10 février 1513, une transaction relative au droit de chasse sur des terres sises près de Champvant, entre Champigny et Richelieu. La confraternité des armes les avait encore rapprochés, en Italie, et leurs rapports à leur retour dans leurs domaines étaient restés excellents [3].

Ils se resserraient encore avec la génération suivante. Deux des beaux-frères de la dame de Richelieu, Françoise de Rochechouart, hommes d'épée comme leur frère aîné, Louis, suivaient dans les armes la fortune des Montpensier, à leur retour des guerres du Piémont, où ils s'étaient signalés ; ils guerroyaient sous leurs ordres en Poitou, dans des charges et avec des missions importantes suivies

---

1. Cf. A. MARTINEAU, *Le Cardinal de Richelieu*, Paris, 1870. — L.-A. BOSSEBŒUF, *Hist. de Richelieu*, Tours, 1890. — G. HANOTAUX, *Hist. du Cardinal de Richelieu*, Paris, 1893.

2. MONTGLAT, *Mémoires*, Amst. 1727, p. 11.

3. BOSSEBŒUF, *op. cit.*, p. 103.

par la reine-mère. François dit *Pilon* ou le *Sage* Richelieu devenu mestre de camp, trouvait la mort au siège du Havre dont le gouvernement lui avait été promis ; l'autre Antoine, dit le *Moine*, utilisé à l'occasion par les Guise, se rendait célèbre par ses exploits à la tête de troupes du duc de Montpensier.

Il était donc naturel que ce dernier s'intéressât tout particulièrement à leur neveu, Louis, devenu le chef de la famille et l'héritier du nom de Richelieu, qui lui promettait une recrue de bonne race. Aussi, le faisait-il entrer comme guidon dans une compagnie de 30 lances du prince Dauphin son fils, dès qu'il était en âge de porter les armes.

Après le 1ᵉʳ juin 1565, date à laquelle Louis du Plessis de Richelieu signe un reçu de ses gages de guidon[1], survenait un drame qui décidait de l'avenir de la famille.

Les seigneurs de Mausson, habitant un château-fort à une demi-lieue de Richelieu, luttaient avec eux de prétentions. Leur rivalité provenait-elle de questions d'intérêt anciennes, car une union avait jadis rapproché les deux familles ? N'était-ce pas aussi question de jalousie, devant les rapports étroits des Richelieu avec les Montpensier ! Toujours est-il qu'un jour une querelle éclatait entre Louis et le seigneur de Mausson, sur une question de préséance dans l'église paroissiale de Braye ; ils en venaient aux mains, et Louis y trouvait la mort.

Son frère cadet, François IVᵉ du nom, lui succédait dans le titre. Les gentilshommes du temps qui n'avaient pas les moyens de garder leurs enfants

---

1. B. N. Clairambault, 188, fol. 7085, n° 32.

auprès d'eux, et de leur donner des maîtres, les mettaient pages « où ils pouvaient tant pour les façonner que pour descharge de dépense[1]. » Sa mère s'était conformée à l'usage en l'envoyant comme page à la cour de Charles IX, ce qui lui avait été facile ou par les Montpensier, ou par son beau-frère, Antoine, connu et apprécié de la reine-mère. Est-il vrai qu'à la suite de cette mort qui privait la famille de son chef, Françoise de Rochechouart l'ait rappelé et nourri à Richelieu, dans le but de venger son frère ? Cette assertion nous semble très hasardée : François du Plessis avait alors, en effet, environ 17 ans, l'âge auquel les jeunes gentilshommes sortaient de page pour prendre les armes. Quoiqu'il en soit, l'énergique fierté de sa mère ne dut pas être pour peu dans la vengeance rapide que les Richelieu tiraient du meurtrier.

M. Hanotaux en a retracé le détail d'après la tradition du pays :

« Le sieur de Mausson se défiait. Pour sortir de son château, il suivait un souterrain qui le conduisait directement au gué de la rivière, dans la direction de Champigny. Mais il fallait passer le gué, et c'est ici que l'attendait le jeune Richelieu. Un jour, celui-ci s'avisa de jeter dans l'eau une roue de charrette. Le cheval de Mausson, effrayé de cet obstacle, se cabra, renversa son cavalier. Richelieu était caché dans les saules de la rive avec quelques compagnons. Il se jeta sur Mausson et le mit à mort[2]. »

---

1. LANOUE, *Discours pol. et milit.* 1614, p. 175.

2. G. HANOTAUX, *op. cit.* t. I, p. 34 et suiv. — Voici comment Aubery, le panégyriste du cardinal, raconte le drame : « François du Plessis succéda à son frère aîné, et comme s'il se fût estimé indigne de la succession, à moins que d'avoir vengé sa mort par

D'après trois documents de même source, à la fois très malveillante et suspecte, sur la généalogie du cardinal de Richelieu et les origines de sa famille, l'affaire aurait fait l'objet d'une information par le prévôt des maréchaux de Chatellerault; le jeune meurtrier aurait été jugé à Poitiers, condamné à être roué et exécuté en effigie. Il aurait quitté la France pour échapper aux conséquences du procès qui lui fut intenté, et aurait été en Angleterre, en Allemagne et en Pologne... Brisson, de Fontenay, venu comme procureur général aux grands-jours de Poitiers, se serait intéressé au jeune homme à la sollicitation de Marguerite Duval, femme de Pidoux-Malaguet, de cette ville, parente de Richelieu; il aurait fini par obtenir sa grâce de Henri III, et aurait négocié son mariage avec la fille de son ami, François de la Porte, avocat au parlement[1].

Martineau a longuement réfuté ce tissu fantaisiste d'invraisemblances. Une simple remarque le réduit à sa valeur. En 1541, époque des grands-jours de Poitou, François du Plessis n'était pas né; en 1567, lors des grands-jours suivants, il était déjà fiancé à Suzanne de la Porte. Il n'en est pas moins intéressant par les indications qu'il fournit et que l'on retrouvera plus loin.

---

la voye des armes, qui est le seul droit que la plupart des seigneurs aussi bien que les souverains, reconnaissent, il sceut bientost après tirer raison de l'assassin, sur lequel il eut tout l'avantage qu'il pouvait désirer, en une rencontre à la campagne, et l'empêcha ainsi de survivre longtemps à celui qu'il avait lâchement assassiné. » (*Hist. du Card. de Richelieu*, Paris, 1660, p. 4).

1. B. N. Thoisy, 54, fol. 13 et suiv.

*
* *

Le double meurtre se produisait entre le 1er juin 1565, date du dernier reçu de Louis du Plessis que nous possédons (et peut-être n'est-il pas le dernier) et le 21 août 1566, jour des fiançailles, à Paris, dans l'église Saint-Séverin, de son frère François « seigneur de Richelieu, Chillou et la Vervolière » avec Suzanne de la Porte. Voilà une durée bien courte pour cette série d'événements, si on la rétrécit encore par la durée des voyages, la lenteur des courriers, le temps nécessaire à des pourparlers de mariage, à la rédaction d'un contrat délicat, et enfin à vaincre les résistances opposées par Françoise de Rochechouart à une mésalliance ! S'il y eut une instruction criminelle sur le meurtre de Mausson, elle fut ou étouffée de suite, ou retardée indéfiniment par des complications de procédure dans lesquelles le futur beau-père, l'avocat de la Porte, était passé maître. On peut en déduire aussi, et avec toute sûreté, la presque simultanéité du meurtre de Mausson, et des fiançailles de François du Plessis et l'expliquer par une hypothèse très vraisemblable. François de la Porte, poitevin, de Parthenay, est l'avocat de la famille Richelieu ; il en est de plus le voisin, ayant acquis des biens près du château, et il la fréquente à ce double titre. Il est au courant de la situation gênée de Françoise de Rochechouart, depuis la mort de son mari ; un peu plus d'un an avant, le 24 avril 1565, a-t-il été peut-être appelé par elle pour lui servir de conseil lors du mariage de l'aînée des filles, Louise de Richelieu, avec François de Combalet[1]? A cette occasion, sa fille Suzanne et le jeune page de Charles IX. ne se sont-ils pas rencontrés au château de Richelieu? Les jeunes gens n'ont-ils pas alors échangé des sympathies déjà ébauchées à Paris, où l'avocat qui apprécie et affectionne le jeune François[2] lui servait de quasi-tuteur et, à l'aventure, de banquier?

D'autre part, de la Porte est riche, passe pour tel, et a songé à une alliance d'honneur pour sa fille qui jouit par héritage de toute la fortune de sa mère. Quoi de plus naturel que de voir dans le drame où était compromis le jeune Richelieu une occasion, pour l'avocat, de précipiter la réalisation de projets déjà anciens et de parler à sa mère affolée d'une alliance fortunée, en même temps qu'il joignait son autorité et son expérience juridiques à la protection des Montpensier, d'Antoine de Richelieu, et de ses amis influents, Brisson et le médecin Pidoux, pour obtenir le silence sur une affaire dramatique que les mœurs du temps regardaient comme de justes représailles?

C'était un cadeau de noces, sans doute, que faisait le duc de Montpensier au jeune du Plessis en lui donnant la charge de guidon de la compagnie du prince de Dombes, qu'avait occupée son frère Louis. Un reçu de ses gages nous le montre avec ce titre le 1ᵉʳ octobre 1568[3]; il ne le portait pas dans son

---

1. MONTGLAT, *op. cit.*, p. 11.
2. BOSSEBŒUF, *op. cit.*, p. 104.
3. B. N. CLAIRAMBAULT, 188, fol. 7087 nᵒ 33.

contrat de mariage, mais le fait s'explique par la date de cet acte passé le jour de ses fiançailles, trois ans auparavant, le 21 août 1566. Il avait alors 18 ans et sa fiancée Suzanne de la Porte, 15 ans.

Ce contrat, inconnu jusqu'ici, que nous avons retrouvé[1], est singulièrement instructif, et à plusieurs points de vue, ne fût-ce que pour détruire la légende de la situation modeste de fortune de Suzanne de la Porte, et préciser les sentiments de sa belle-mère à son égard. Cette mésalliance avec la robe a dû torturer la fierté de l'altière Françoise de Rochechouart; mais si elle a su le dissimuler à François de la Porte, il n'a certainement pas moins coûté à celui-ci de taire sa profession d'avocat au parlement de Paris, où sa réputation méritée de haute valeur, d'érudition et de hardiesse le mettait au premier rang de son ordre dont il fut le bâtonnier.

Il se qualifiait dans le contrat, « escuyer, Seigneur de la Livardière et de la Jarrye » ; sa première femme, la mère de sa fille Suzanne étant morte, la seconde, Magdeleine Charles du Plessis, fille de Nicolas Charles, écuyer, Seigneur du Plessis-Piquet, intervenait au contrat. Elle était, nous apprend l'acte, en même temps que belle-mère, cousine de la future : le nom de du Plessis est commun dans le Poitou, la Touraine et l'Anjou, mais cette similitude de nom patronymique avec celui du futur n'en est pas moins un élément curieux. Quant à celui de Charles, nous le retrouverons plus tard porté par un créancier de François du Plessis.

Passons à Suzanne de la Porte. Si le cardinal

---

1. Appendice n° I.

de Richelieu faisait remonter sa généalogie jusqu'en
1201 du côté de son père, il aurait pu, du côté de sa
mère, en faire tout autant, par les femmes. Celle-ci,
fille unique d'Antoine Bochard, alors décédé, ainsi
que sa femme Claude, avait comme aïeule maternelle
Françoise Gayant, fille unique d'un gouverneur de
Clermont-en-Beauvaisis, Louis Gayant[1] et de Jeanne
de Feuquières. Or cette dernière n'appartenait rien
moins qu'à l'ancienne maison de ce nom en Picardie,
remontant à Foulques de Feuquières qui vivait ès
années 1203 et 1205 !

D'autre part, les Bochard ou Bochart (*alias* Bouchard) étaient une vieille et illustre famille de robe
originaire de Vezelay, dont une rue porte le nom
tiré de leur hotel (aujourd'hui hotel Desfourneaux).
Guillaume Bochard, seigneur de Nauroy, chef de la
race, avait été gentilhomme servant de Charles VII[2].

La dot de la future était, comme numéraire, de
10.000 livres (800 livres de rente et 2.000 d'espèces).
Sa modicité ne doit point surprendre. Elle était légalement limitée à ce chiffre. L'édit de Roussillon,
tout récent, défendait, en effet « au père, mère,
ayeul ou ayeule, en mariant leurs filles ès villes du
Royaume... d'excéder la somme de 10.000 livres
tournois, comme plus haute dot ou constitution de

---

1. Dans le siècle suivant, un collatéral du cardinal de Richelieu,
Louis Gayant, issu comme lui du gouverneur de Clermont-en-
Beauvaisis, acquérait la réputation de premier anatomiste de son
temps ; il était reçu chirurgien juré à Paris et entrait à l'Académie des Sciences de cette ville en 1666. On connaît les prédi-
lections marquées du cardinal pour les sciences naturelles et en
particulier pour la médecine ; l'atavisme vient ici s'ajouter pour
les expliquer, à l'obsession de sa santé et la hantise de ses infir-
mités. (*Autour de la plume de Richelieu*, p. 7 et 8.)
2. Sa fille Louise fut l'aïeule de Théodore de Bèze.

mariage, à peine aux contrevenants ou coupables de déguisement ou de fraude de mille écus d'amende[1]. »

Elle comprenait en plus ses droits sur les propres de sa mère, Claude Bochard, en son vivant dame de Valescourt, Hodancourt et Basicourt, dont elle était l'unique héritière. Ils étaient d'importance, cette dernière l'ayant été aussi de Françoise Gayant, sa mère, fille unique elle-même du gouverneur de Clermont. En plus des seigneuries ci-dessus mentionnées, ils comprenaient « les censi-rentes et fiefs de Sachy-le-Grand, maison de Clermont, vignes et autres héritaiges tant à Vitancourt que à Saint-Félix, ensemble les terres de Farinvilliers, Saint-Remy, Estrées, Saint-Denys, Plailly au bailliage de Senlis, Attichy-sur-Aisne, tant en justices, métairies, prez, moulins, estangs, et autres droits de la seigneurie d'Attichy, ensemble de la seigneurie Doins-en-Braye, en partie avec le S[r] d'Hacqueville, sieur Doins-en-Braye, et de tous les fiefs, terres et seigneuries qui ont appartenu tant au feu seig[r] gouverneur de Clermont et dame Jehanne de Feuquières, sa femme, bisaïeul et bisaïeule de ladite damoiselle Suzanne de la Porte, situés à Norard, Esvillé, Chevrières, Catillon, Feumechon, Ametz et Deguery. » Toutes ces terres situées en Picardie, dans une région fertile, devaient représenter une grosse valeur.

Si la robe longue de Francois de la Porte ne figurait pas au contrat, elle ne perçait pas moins dans sa rédaction. De sages et de minutieuses dispositions assuraient la fortune de sa fille et prévoyaient les conflits d'intérêts possibles entre la future et les

1. 9 août 1564, art. XVII.

enfants du second lit à la mort de leur père, notamment pour sa maison de Paris et ses vignes de Vezelay.

Jusqu'au mariage, Françoise de Rochechouart, la mère du futur, devait recevoir le reliquat de la succession bénéficiaire échue à sa belle-fille, quitte à lui en rendre compte. C'est entre ses mains aussi que, ce jour-là, de la Porte devait verser les 2.000 livres de capital et les 800 livres d'arrérages de la dot qui demeureraient ameublis au profit du futur époux. Ceci ressemble fort à un prêt destiné à payer des dettes urgentes, car seul le remploi du capital des 600 livres de rente était stipulé, en cas de vente, sous la responsabilité du futur, et encore quatre ans après seulement !

Comme régime, communauté de biens, mais sous condition de réemploi des biens dotaux, et avec droit éventuel pour la future de renoncer à la communauté en reprenant tous ses biens meubles et immeubles, sans aucune charge de dettes. Voilà qui en dit long, et sur la fortune des Richelieu, et sur le peu de confiance que faisait de la Porte à son futur gendre.

Une clause concernait personnellement la belle-mère. Le douaire accoutumé était représenté par un des logis du Chillou, ou de Richelieu ou de la Vervolière « au choix et option » de la future, mais « après le decès toutefois de la dame de Richelieu ». Qu'il redoutât ou non la cohabitation avec celle-ci, le jeune ménage devait donc fixer sa résidence ailleurs qu'à côté d'elle.

Les deux oncles de François du Plessis intervenaient à la fin au contrat, Jacques, seigneur de

Mende, et le fameux Antoine dit le Moine aux
féroces exploits légendaires. Ils s'engageaient à céder
et délaisser à leur neveu tous leurs droits successo-
raux tant paternels que maternels et le déclaraient leur
principal héritier, « car ainsi a esté et expressément
accordé en passant et accordant le présent traité et
contrat de mariage qui aultrement n'eust esté faict. »
Cette dernière phrase bizarre du texte amène une
réflexion. Le contrat avait été fait lors des fiançailles,
au lendemain du meurtre de Mausson, peut-être à
son occasion. Ne peut-on voir là une preuve de la
façon énergique dont s'était employé alors pour son
neveu Antoine du Plessis, grâce à sa faveur auprès
de la reine-mère, déjà influencée par le souvenir de
la mort glorieuse de son frère François devant le
Havre ? François de la Porte devait certainement
escompter qu'il continuerait à son gendre cette protection tutélaire et à la cour, et dans les armes...

*
* *

Le contrat était insinué au Châtelet de Paris
le 4 mai 1569 ; le même jour avait eu lieu le mariage
à Paris : l'inscription au registre porte en effet les
mots : « François du Plessis... et son épouse. » Ils
avaient alors respectivement 21 et 18 ans.

Il est hors de doute, d'après les termes de l'acte,
que le nouveau ménage se fixait à Paris ; quoiqu'on
en ait dit, la jeune femme continuait probablement
à habiter chez son père, dont la seconde femme,
relativement jeune, était sa cousine, et où sa fortune
lui assurait une situation indépendante. Quant à son
mari, il reprenait la vie des camps ; au hasard des

péripéties de la guerre, il revenait tantôt à Richelieu pour voir sa mère et s'occuper de ses intérêts, tantôt à Paris auprès de sa femme. C'est ainsi que nous le voyons dans cette ville, le 17 juin, un mois et demi après son mariage, recevant des mains de Benoit Millon, trésorier ordinaire des guerres, la somme de 250 livres pour ses gages de guidon et d'homme d'armes pendant le dernier quartier de 1568[1]. Le jeune officier ne se doutait point alors que quelques années plus tard, il aurait un jour personnellement recours à ce personnage dans une heure de détresse financière !

*
* *

La bataille de Moncontour avait lieu quelques mois après, le 30 septembre 1569. D'après Aubery, François du Plessis s'y serait signalé et aurait même sauvé le duc d'Anjou désarçonné, en le remontant promptement sur son propre cheval : « Il suivit en Pologne le même prince, ajoute-t-il, après qu'il en eut esté esleu Roy ; et il eut l'ordre d'aller devant à Cracovie, pour recevoir la foy des seigneurs du Royaume. D'où il partit aussi des premiers, lorsque le nouveau Roy Henri III voulut se retirer en France, ayant eu la charge de faire mener secrètement les chevaux de Sa Majesté à un pont qui est sur la frontière, duquel il fit lever les planches, pour empêcher la garnison qu'il luy fallut forcer à ce passage, de le suivre en queüe. »

Il paraît difficile de révoquer en doute des détails aussi précis et circonstanciés. L'incident de la

---

1. B. N. CLAIRAMBAULT, 138, fol. 7087, n° 33.

bataille de Moncontour est cependant contredit par deux auteurs[1]. D'autre part, le nom du Plessis ne figure dans aucune relation du voyage du duc d'Anjou en Pologne. Mais ceci ne nous semble pas infirmer le dire d'Aubery sur sa présence à la bataille de Moncontour et dans la suite du duc d'Anjou en Pologne.

Les opérations préliminaires de cette action avaient débuté par le siège de Faye-la-Vineuse, tout à proximité des châteaux de Champigny et de Richelieu ; l'amiral Coligny s'en était emparé après une résistance désespérée. Le duc de Montpensier, directement et personnellement menacé, prenait une part d'autant plus active dans l'engagement décisif. Il y commandait l'avant-garde, et les troupes du Dauphin, son fils, appuyaient la cornette blanche de cinquante gentilshommes qui exécutaient la première charge[2]. Il est difficile d'admettre que l'un de ses meilleurs, fidèles et courageux officiers, le jeune François du Plessis, guidon de son fils, n'y fût pas à son poste d'honneur et de péril.

Quant au silence fait sur le nom de Richelieu dans le *Catalogue des princes, seigneurs, gentilshommes et autres qui accompagnaient le roy de Pologne dans son voyage*[3], il s'explique à la fois par le peu de relief de sa charge subalterne, et par son manque de personnalité éclipsée par une autre. A ce moment,

---

1. CASTELNAU, *Mémoires* (Edit. Michaud), p. 247. — Guerres de religion, récit de la bataille de Moncontour, *ms.* 164 (Bibl. de Poitiers), d'après MARTINEAU, *op. cit.* p. 55. Ils l'attribuent tous deux au marquis de Villars.

2. F. JANIN, *Memoire militaire sur la bataille de Moncontour*, Brest, 1841, p. 9 et 18.

3. *Var. hist. et litt.*, t. IX, p. 91.

il n'y a encore qu'un seul Richelieu, Antoine, le « capitaine Richelieu ».

François du Plessis faisait partie de cette suite certainement, ne fût-ce que grâce à ses origines. En quittant le siège de La Rochelle pour rentrer à Paris où l'attendait une entrée triomphale, le nouveau roi de Pologne passait par Champigny, vers la mi-juillet 1573, et y restait quatre jours, festoyé par le maître de la maison, le duc de Montpensier[1]. Ce détail n'explique-t-il pas le nombre relativement élevé de Poitevins qui accompagnaient le nouveau roi? Et le duc de Montpensier, désireux d'aider à la fortune de son voisin et protégé, le jeune guidon de son fils, ne l'a-t-il pas signalé au choix du roi comme un agent utile et éprouvé!

Depuis la bataille de Moncontour jusqu'à cette date, François du Plessis avait sans doute continué à servir dans les armes, sans quitter la France. Le 15 septembre 1572, il paye, dans un court séjour à Paris, une somme de 1.300 livres due par sa mère à une dame de Ferrières, entre les mains d'un gentilhomme ordinaire de la chambre du roi comme lui[2].

En tout cas, il précédait de beaucoup le roi de Pologne à son retour en France (ce qui est d'accord avec la version d'Aubery), car alors que celui-ci était arrêté à Lyon, il guerroyait dans le Poitou avec son oncle Antoine. La confusion si fréquente entre ce dernier et son frère François, mort en 1563, n'est plus maintenant possible. Elle ne l'est pas davantage, à l'époque où nous sommes, entre l'oncle et le

---

1. Coustureau, *La vie de Louis de Bourbon*, Paris, 1642, p. 73.
2. B. N. Pièces orig. 2302, n° 6.

neveu. Antoine du Plessis est alors colonel de douze
enseignes[1]; pour les chroniqueurs du temps, il est
« Richelieu l'aîné[2] », ou « le capitaine Richelieu »,
le plus grand honneur que l'on pût donner à un
homme de guerre[3]; il y a loin de cette charge élevée
à celle très modeste de son neveu François, guidon,
qui est encore simplement « le sieur de Richelieu ».

Le jeune officier de chevau-légers du prince de
Dombes prenait part vaillamment avec sa compagnie
à l'assaut de Fontenay-le-Comte où les gens de son
oncle avaient lamentablement tourné casaque dans
le siège précédent[4]. A l'assaut couronné de succès
du 16 septembre 1574, onze de ses soldats étaient
blessés, et il recevait lui-même une blessure fort
grave[5]. Elle lui valait d'aller à Richelieu prendre le
repos et recevoir les soins nécessaires, et d'être
nommé lieutenant d'une compagnie de 50 hommes
d'armes des Ordonnances du roi sous la charge du
prince de Dombes. Tel est son nouveau titre dans le
reçu qu'il donnait le 22 février 1575 au commis d'un
trésorier des guerres, de la somme de 920 livres,
un don du duc de Montpensier destiné à reconnaître
ses dépenses en médicaments pour lui et ses
hommes[6].

François du Plessis signait cette pièce à Champigny. Or c'est là précisément, dans le palais des Bourbon-Montpensier, que le 22 novembre de cette même

1. Journal de Generoux (*Mémoires de la Société de statistique...
des Deux Sèvres*, Niort, 1862, t. II, p. 117).
2. *Ibid.*, p. 124.
3. BRANTÔME, *Mémoires* (S^{té} H. de Fr.), t. VI, p. 66.
4. Journal de Generoux, p. 49, Chroniques de LANGON et de Pierre
BRISSON (*Chron. fontenaisiennes*, Fontenay, 1841, p. 127 et 267).
5. Journal de Generoux, p. 127.
6. B. N. Pièces orig. 2302, n° 7.

année, le roi signait avec les protestants la trêve de ce nom. La présence du premier sur le lieu des négociations, dans son château de Richelieu tout proche, explique donc tout naturellement le choix dont il était l'objet pour une mission auprès du prince Casimir et de ses reîtres.

Entre autres concessions, Henri III avait accordé à Condé et à Damville une trêve de six mois, et pris à sa charge la solde des reîtres qu'ils avaient levés en Allemagne [1]. Le réglement pratique de cette affaire était confié à Biron [2], allié des Rochechouart, auquel le jeune Richelieu était sans doute adjoint comme sous-ordre. « Il fit voir en cet emploi, et en quelques autres, dit Aubery, qu'il entendait déjà les intrigues de cabinet, et que sa fidélité n'était pas moins prudente que sa valeur. » L'appréciation du panégyriste auquel on doit ce renseignement est à retenir : il fallait que le jeune officier se fût déjà signalé par une initiative et une dextérité éprouvées, pour qu'on lui confiât des intérêts d'un ordre aussi étranger à sa carrière. Une nouvelle circonstance analogue devait achever de le mettre en relief et décider de sa faveur.

L'année suivante, son oncle Antoine trouvait la mort à Paris, dans une rixe avec des ruffians, le 19 janvier [3]. Etant donné ses mœurs, il est fort dou-

---

1. Chronique de Pierre Brisson, p. 400 — ANQUEZ, *Hist. des assemblées politiques des Réformés de France*, Paris, 1859 p. 23.
2. L'Estoile, t. I, p. 95.
3. *Ibid.*, t. I, p. 111.

teux que son héritage qu'il avait promis à son neveu dans le contrat de mariage ait beaucoup enrichi celui-ci. Ce n'eut pas été de trop pourtant. A la rigueur, les nouveaux gages de lieutenant de François du Plessis (450 livres tournois par quartier) [1] joints aux revenus de sa femme pouvaient suffire à l'entretien du ménage, mais c'était tout. Ces ressources ne permettaient pas le remboursement des vieilles dettes contractées avant son mariage, pas même le paiement de leurs intérêts. L'une d'elles était une rente constituée à François Dagouet, son fermier pour la terre de Neuville et gagée sur cette terre. Pour payer seulement les arrérages en retard, s'élevant à 1.000 livres, il fallait recourir à un expédient pénible, l'abandon au créancier de la métairie de Limeuil, paroisse de Pouant, dépendant du fief de Richelieu [2]!

Ce sacrifice édifie sur la gêne de la famille, et cela alors que le jeune ménage n'avait pas encore d'enfants, et que les charges du mari devaient être singulièrement allégées grâce à ses fonctions d'officier, par la picorée passée en règle et les fructueuses aubaines dont le pays occupé, ami ou ennemi, faisait les frais [3].

Dans l'acte de vente de sa métairie de Limeuil, passé le 2 novembre 1576 « devant la cour de Faye

1. Reçu donné à Adam Bajoue, trésorier-payeur de la compagnie, le 21 juillet 1576 pour le dernier quartier de 1575 (*B. N. Clairambault*, 188, fol. 7089, n° 36).
2. Arch. d'Indre-et-Loire, E, 146 (2 novembre 1576).
3. Cf. *La crise économique au XVIᵉ siècle et la crise actuelle*, Paris, 1922.

la Vineuse », François du Plessis qui le signait était
déclaré comme « demeurant à Richelieu. » Ses apparitions fréquentes au château ancestral, ou pour
affaires d'intérêt, ou pour y voir sa mère, jointes à
la connaissance que l'on avait de sa vie nomade
devaient faire croire aisément dans la province que
Richelieu était son domicile habituel. C'est ce que
dira, en 1585, avec quelque apparence de raison, Jean
Gay, gouverneur de Poitiers, lors de l'enquête faite
par l'évêque de cette ville en vue de la promotion
de François du Plessis dans l'ordre du Saint-Esprit [1].

Le roi arrivait à Poitiers, avec la reine et la reine-
mère, le 4 juillet 1577 et y séjournait jusqu'au
5 octobre suivant [2]. De cette ville, véritable centre
de la guerre civile pour la cause royale, il pouvait
suivre de près les opérations militaires de Saintonge
et surtout le siège décisif de Brouage, commencé le
22 juin. Le duc de Montpensier l'y avait précédé
avec la duchesse et le prince de Dombes, et en faisait
son quartier d'attache dans ses allées et venues vers
le roi de Navarre pour traiter de la paix [3], avec
l'agrément de la proximité de sa résidence princière
de Champigny où s'était installée la duchesse [4]. Dans
ces conditions, on s'explique qu'il fut tout naturellement porté à songer à son jeune protégé et voisin,

---

1. MARTINEAU, *op. cit.* p. 70.
2. Journal de Michel le Riche, Saint-Maixent, 1845, p. 286.
3. *Ibid.*, p. 280 et 284.
4. *Ibid.*, p. 284.

auréolé par le souvenir tout récent de son oncle qui
avait sauvé Poitiers des protestants, il y avait moins
de deux ans, déjà sans doute en relations directes
avec la reine-mère lors de son voyage à Poitiers, le
2 octobre de l'année précédente [1], et mis en relief
par sa mission auprès du prince Casimir. Cette année
ne marquait-elle pas, du reste, l'apogée de la faveur
pour toute une pléiade de seigneurs poitevins pro-
mus à l'ordre du Saint-Esprit [2] ?

Richelieu devait à toutes ces considérations d'être
choisi pour servir d'agent de liaison entre Brouage
et Poitiers, ce qui lui donnait l'occasion de faire de
fréquents séjours dans cette dernière ville, auprès
de la Cour, pendant le siège de Brouage. C'est pendant l'un d'eux, qu'il y festoyait, le 16 juillet, avec
M. de Nueil, dans la maison du trésorier Jean
Palustre, les principaux seigneurs de la suite du roi :
« MM. de Guise, le cardinal de Guise, le maréchal de
Cossé, de Cormeny, de Noirmoutier le jeune, et l'aîné
de Villeclerc, de Lanssac, de Schomberg, alle-
mand, et de Castelnau [3]. » Ces noms disent assez que
Richelieu est déjà un personnage considérable...

Le siège de Brouage se terminait le 21 août par
la capitulation de la place ; les opérations, auxquelles
Richelieu avait pris une part active, lui coûtaient la
vie de deux archers et d'un homme d'armes de sa
compagnie [4].

---

1. Journal de Michel le Riche, p. 273.
2. A la fin de 1577, dix seigneurs de cette province sont pro-
posés pour l'ordre du Saint-Esprit. (Vte Paul de CHABOT, *Les chevaliers du Saint-Esprit de la province du Poitou*, Vannes, 1905.)
3. Journal de Michel le Riche, p. 286.
4. Certificat de leur mort pour leurs héritiers, 31 décembre 1577.
(B. N. CLAIRAMBAULT, 188, fol. 7089, n° 37.)

Le duc de Montpensier arrivait de Brouage à Poitiers le 23 septembre, après avoir fait, le 17, la paix dite de Bergerac. Le roi la ratifiait et quittait Poitiers le 5 octobre ; avant son départ, il confiait à François du Plessis, pris sans doute comme aide de camp par le duc de Montpensier, pendant ses premières négociations, une mission se rapportant à cette paix. Il l'appelait « sa paix » par opposition à la précédente, « la paix de Monsieur », conclue par son frère, s'y intéressait fortement, et son choix seul fait présager de la faveur du jeune officier. Elle était telle qu'il lui demandait de le tenir directement et sans intermédiaire au courant de sa mission ayant surtout trait à « la restitution des villes [1] », le point le plus délicat et important du traité. François du Plessis est entré maintenant dans le chemin de la fortune ; il correspond directement avec le roi.

*
* *

Voici sa lettre du 12 octobre 1577, complétée par une autre du même jour à Villeroy, chargé de l'exécution du traité [2]. Nous les donnons in extenso en respectant l'orthographe. Elles font, sous ce rapport, peu d'honneur au maître des pages de Charles IX. S'ils étaient entretenus de chausses, ses élèves devaient, comme dans beaucoup de maisons princières, trop libéralement accueillantes, passer leur temps à jouer aux quilles avec les laquais et garçons d'écurie [3]...

1. B. N. Franc. 26159, n° 443-445.
2. Villeroy, *Mémoires* (Ed. Michaud), p. 109.
3. Lanoue, *op. cit.*, p. 177.

« Sire, suivant le commandement dont il vous a pleu m'honorer, je n'ay voullu faillir à tenir Voz Majesté adverties de ce qui s'est passé jusques à présent à l'exécution d'icelluy et incontinant après avoir présenté Voz lettres à monseigneur le Prince de Condé ay faict entandre ce dont Voz Magestez m'avoient chergez. A l'heure mesme vostre edict de paciffication fut publié et y assista a ladite publication avec les seigneurs et gentilzhommes qui estoient avec luy et fut faicte grande démonstration de contantemant tant par eulx, que par le reste de vos subjectz et le lendemain la maisse y fust dicte où il se trouva mille ou douze cens personnes et estoient enquores plus des deux tiers des quatolliques dehors et suivant l'intention de Voz Magestez incontinant la publication faite furent mis les prisonniers en liberté et le lendemain licentiez les gens de guerre ayant oppinion ne vous devoir seller que jusques a présent mondict S\u02b3 le Prince a fait bonne dilligence a ensuivre vos commandemans ce que voyant j'en ay adverty le S\u02b3 de la Fraiselière [1] qui a fait désarmer Niort et Chisé et quelques autres petites places et luy ay donné advis de ne désarmer Fontenay que je lui mandisse premier et n'ay enquorre aussy faict desmanteller Maran à l'occasion que mon dict S\u02b3 le Prince m'a dit qu'il ne tireroit des isles les gens de guerre qui y sont ni ne desarmeroit à la Rochelle que premièrement le regiment de Charnoys ne se fust retiré lequel est à trois lieu de Royan et à trois de Brouage estant fort préjudiciable pour Vostre service daultant qu'il les mect

---

1. V., sur LA FRAISELIÈRE, la *Chronique de Pierre Brisson* (Chroniques fontenaisiennes, p. 277).

tous en jalousie, et voyant que ne pouvoys sitost aller à luy ay envoyé ung gentilhomme avez Vos lettres luy faisant bien particulièrement entandre Voz voluntez dont j'envoye la responce à M. de Villeroy pour la faire voir à Voz Magestez qui est aucasion, Sire, que je m'achemyne droit au lieu la ou il est et en passant, j'ay faict exécuter Vostre édict à Tailleboure où monseigneur d'Escrieux qui y commande pour Vostre Service y a pourveu dilligemment pour ce qui despend du pays de Xainctes et suis asseuré d'avoir Bouteville et Pons incontinant que le Régiment dudit Chanoys se sera retiré et m'a baillé mondict Seigneur le Prince de Condé M. de Tonne Boutonne pour faire exécuter de sa part ce qui dépendra dudict esdict et quant à Royan, Campet n'est résolu d'obéir à mondit Seigneur le Prince et font les gens de guerre enquore une infinité de maulx estant nécessaire qu'il Vous plaise pour cest effect faire une bonne depesche au Roi de Navarre et à Monsieur le Mareschal de Biron daultant qu'il dict ne recongnoistre que le dit Sr Roy de Navarre et me fauldroit d'aller parler à luy pour veoir ce qu'il vouldra dire esperant de toute la charge qu'il Vous a pleu m'honorer en rendre Vos Magestez bientost satisfaictes suppliant le créateurt qu'il Vous doint, Sire, en très bonne santé très heureuse et longue vie.

De Xaintes, ce XIIe Octobre 1577.

Voutre tres humble et très hobeissant fidelle seujet et serviteur.

RICHELIEU [1]. »

---

[1]. B. N. V^t COLBERT, 9, fol. 67.

« Monsieur, présantement apres seste depesche faite, le guantygloume que j'avoys envoyé a la Rochelle est revenu et ferès voir au Roy syl vous plaist, la lettre que monsyeur le prinse de Condé m'écryt vous supplyant me faire antandre byen amplemant la voulonté de Sa Magesté sur icelle. Je m'an voys demayn en Brouage tanct et pour donner ordre a cela que pour se quy depandra du reste de ma cherge et samblablement sy y vous plaist ferès voyr a Sa Magesté selle de monsieur de Roan concernant le fayct du secretaire de madame de Nemours et ancoure que je ne doucte poinct que je ne l'anmayne, il n'y aura poinct de mal que m'anvoyés une recherge de la part de Leurs Magestés et samblablemant pour le fayct de Nior, Maran et Rochefort suyvant ce qui est porté par la lettre dudit Sygneur prinse et ne man serviray cant cas que en aye besoyn pour l'esperance que j'ay de n'avoyr jamais de semblable commission je may pene de en sortir a mon honneur ne vous pouvant seler que se pays n'est pas myeulx polysé que seluy de Guyenne de la ou nous venons. Je vous suplye ancoure ung coup m'anvoyer dylyganmant se porteur suplyant le créteur apres vous avoyr baysé bien humblement les mayns quyl vous doynt

Monsyeur en tres bonne sante tres heureuze et tres longue vye

de Sainctes, ce XXI° d'octobre 1577

Voutre tres humble et hobéysant servyteur

RICHELIEU.

A Monsr Mr de Villeroy C^r du Roy secretaire d'Estat et de ses finances [1]. »

1. B. N. V^e. COLBERT, 9, f° 68.

Ces lettres sont précieuses ; elles montrent d'abord
l'importance et l'étendue des pouvoirs donnés au
jeune lieutenant qui correspondait directement avec
le prince de Condé et disposait de gentilshommes.
Elles présentent, en outre, des caractéristiques de
la correspondance politique du cardinal, son fils :
de la clarté, de la précision, le sentiment du devoir
et de la responsabilité, et de l'autorité jointe à une
prudence avisée ; et celle-ci était remarquable chez
un jeune officier jeté brusquement de l'ardeur des
combats dans les subtilités de négociations diplo-
matiques où l'épée devait rester au fourreau. Enfin,
et surtout, elles nous peignent l'homme, avec cette
note de personnalité autoritaire, presque choquante,
qui sent la race, et se retrouvera plus tard accentuée
chez son fils, dans cette manière de quasi-injonction
adressée au roi, pour l'envoi d'une « bonne dépêche »
au roi de Navarre et au maréchal de Biron. Il faut
tenir compte, il est vrai, de la rudesse accoutumée
des camps, et de l'initiative brutale de la vie militaire, et aussi des bouillonnements de son jeune
sang devant les résistances systématiques et l'inertie
ironique qu'il rencontrait dans sa mission. Elles
étaient connues de Villeroy et de la cour. Les har-
diesses de langage avec lesquelles les protestants
avaient soutenu leurs prétentions dans les pourparlers préliminaires, faisaient dire au duc de Nemours,
dans le Conseil du roi : « Je ne sais quels sujets
sont que les Huguenots ; mais si j'en avais, et qu'ils
me parlassent de la façon qu'ils font au roi, il n'y
aurait garantie ni aveu qui tint que je ne les envoyasse
tout bottés sur un échafaud [1]. »

1. L'Estoile, t. II, p. 125.

Le cardinal, curieux passionné de tout ce qui touchait à sa maison et qui a certainement connu ces lettres, n'a-t-il point jeté un regard en arrière, et pensé à cet épisode de la vie de son père, qu'il a lui aussi revécu, lorsqu'il écrivait, aux premières lignes de son *Testament politique*, sur les débuts de son ministère : « Les Huguenots partageaient l'État avec Sa Majesté... chacun mesurait son mérite par son audace... les plus entreprenants étaient estimés les plus sages et se trouvaient souvent les plus heureux [1]. »

*
* *

La mission de François du Plessis dut être de longue durée ; nous le voyons à Angers en 1577 [2], à Loudun le 28 janvier 1578 [3]. Elle était coupée par des voyages à Richelieu et à Paris. Dans une lettre du 4 janvier 1578, Henri de Bourbon-Montpensier annonce au roi la visite de Richelieu, dans des termes on ne peut plus significatifs. Son ancien guidon a réussi dans sa mission au point de provoquer le témoignage public de satisfaction du roi ; il est arrivé au faîte de la faveur, et devenu un personnage avec lequel il faut compter : « Il me fera ce bien, dit-il, de vous témoigner le fidelle devoir et prompte obéissance aux commandemens de V. M. en ce qui a concerné l'exécution du Ve édit de pacification [4]. »

<hr>

1. *Test. polit.* Paris, 1764. 1e Part p. 2.
2. B. N. FRANC. 26.159, n° 443.
3. B. N. CLAIRAMBAULT, 188 7.091, f. n° 38.
4. Lettres de Catherine de Médicis (*Doc. inéd.*), t. VI, p. 94, note.

Une occasion se présentait au roi de récompenser
l'activité et le dévouement de François du Plessis et
de reconnaître les services rendus avant lui par ses
deux oncles à la cause royale. Nicolas de Bauffremont, baron de Senecey, prévôt de l'hôtel, se
démettait de sa charge. Elle était donnée à François du Plessis, alors âgé de trente ans, en même
temps que celle de grand prévôt de France; ce
double titre réuni sur sa tête en faisait l'ún des premiers officiers de la Couronne, hors pair comme
importance, situation honorifique, prérogatives et
privilèges, mais aussi comme labeur et responsabilités.

Ce n'est pas de lui que le terrible Montluc aurait
pu dire au roi qu'il le créait aussi facilement « pour
l'amour de celui qui le lui aurait nommé, comme il
ferait d'un sergent du Chastelet de Paris [1]... Ceux que
vous devez avoir près de vous et de vostre conseil
estroit, lui recommandait-il, doivent estre les vieux
capitaines qui ont eu réputation d'estre gens sans
peur, vigilans et de prompte exécution [2] ». Sauf
pour l'âge, François du Plessis était de ceux-là, et
il ne lui manquait pas même « les paragraphes, c'est-
à-dire arquebusades ou coups d'espée sur le corps [3]. »
Les champs de Moncontour, les plaines du Poitou et
les murailles de Fontenay et de Brouage auraient pu
en témoigner. « On cherchera toujours à bailler les
grandes charges à ceux qui se seront bien acquittés
des petites [4] », ajoutait Montluc; s'il l'eut connu, il

1. MONTLUC, *Commentaires* (Edit. Michaud), p. 365.
2. *Ibid.*, p. 370.
3. *Ibid.*, p. 367.
4. *Ibid.*, p. 6.

aurait pu citer le nouveau prévôt de l'hôtel en
exemple, et le présenter comme le type du « capitaine vaillant et sage, grand entrepreneur et exécuteur [1] », en laissant même à ce dernier mot tout son
sens d'une ironie macabre en la circonstance. Le
jeune et nouveau grand prévot était en effet d'un
loyalisme farouche et intransigeant qui en faisait un
homme sûr et à toute épreuve, apte aux besognes
de confiance les plus dures et les plus pénibles,
capable d'une abnégation rigoureuse, confinant à
l'étouffement des sentiments humains. S'il refusait
au roi de prêter les mains à l'assassinat du cardinal
de Guise, et de tremper dans un meurtre que sa
conscience réprouvait, voici en revanche l'anecdote
que nous devons à d'Aubigné et que rappelait, plus
tard, à mots couverts, une ligne d'un pamphlet
ligueur : l'exécution, commandée et présidée par lui,
sur l'ordre du roi, il est vrai, d'un factieux fait prisonnier, qui était son ami, auquel l'attachaient des liens
de reconnaissance contractée dans des heures périlleuses, et cela quelques minutes après l'avoir assuré
de son affection :

« Et depuis arriva en mesme lieu (à Vendôme, dans
la seconde moitié de novembre 1589) que deux des
seize prisonniers de guerre du voyage des faux
bourgs, ayant composé de leur rançon, elle envoyée
et conduite par des tambours de Paris, ces deux
plusieurs fois veus et entretenus du roi, la nouvelle
estant venue qu'on avait pendu deux bourgeois de
Paris, personnes d'estime, pour estre politiques, le
mareschal de Biron vint annoncer au roi qu'il

---

1. Montluc, *op. cit.*, p. 5.

n'avoit plus de serviteurs en lui ni aux principaux
de son Conseil, si les Parisiens n'estoyent promptement pendus. Ce prince eut à contre-cœur telle
dureté de courage et vouloit passer plus doucement.
Mais le mareschal redouble, en jurant qu'en affaires
d'un estat si troublé que le leur, les préceptes de
ses ministres qui vouloyent rendre le bien pour le
mal ne valoyent rien. Enfin le mareschal l'emporta,
et sur l'exécution commandée à Richelieu qui faisoit
estroite profession d'amitié avec l'un d'eux, duquel
il avait reçeu à Paris secours et à propos, et pourtant ceux-ci ne séjournans, leurs chevaux bridez,
que pour n'avoir pas pris congé et assez remercié le
grand prévost, il ouït leur honnestetez, et puis com-
mença les siennes par les protestations de son amitié, suivit par la probité et fermeté que les Parisiens
avoyent toujours montrée à leurs actions ; il vient
de là au mépris de la mort, laquelle il leur déclare,
et s'escusant sur la rudesse de sa charge, les fait
aller au gibet ; tout cela à la veüe des tambours qui
les estoyent venus quérir, et qui remportèrent leur
rançon. Cet exemple fit mettre de l'eau dans le vin
des Seize et modéra leurs rigueurs [1]. »

L'anecdote est de celles qui campent un caractère.
Qu'on se reporte au portrait en pied du personnage
fait en 1586, au lendemain de sa promotion dans
l'ordre du Saint-Esprit, à l'âge de 36 ans. Ce que
l'on vient de lire s'accorde bien avec cette physionomie triste malgré son sourire, ingrate et préma-
turément vieillie, aux traits accentués, aux yeux
enfoncés, aux pommettes saillantes, au nez busqué

___

1. Agrippa d'Aubigné, *Hist. univ.* (Edit. S. H. F.), t. VIII, p. 175.

et proéminent, indice d'une volonté brutale et
sombre de race, accusée encore par la pose de la
main gauche lourdement étalée à plat sur la console
comme celle d'un tortionnaire, corrigée à peine par
le retroussis sceptique des lèvres décelant seul la
finesse sous cette rude enveloppe. On évoque, malgré
soi, l'implacable justice du fils devant la jeunesse de
Cinq-Mars et de de Thou, et cette phrase du *Testament politique :* « En matière de crimes d'Etat, il faut
fermer la porte à la pitié, et mépriser les plaintes
des personnnes intéressées, et les discours d'une
populace ignorante qui blâme quelquefois ce qui
lui est le plus utile, et souvent tout à fait nécessaire [1]. »

Un tel homme était précieux et point seulement
pour le roi. La reine-mère Catherine de Médicis
était alors dans le feu de projets grandioses qui
réclamaient des énergies dévouées et sûres de
pareille trempe, et elle se connaissait trop en
hommes [2] pour n'avoir pas remarqué celui-là, ou
tout au moins ne pas s'avoir l'utiliser.

François du Plessis, seigneur de Richelieu, recevait ses lettres de provision de prévot de l'hôtel et
de grand prévot de France le dernier jour de
février 1578. Ses nouvelles fonctions font l'objet du
chapitre suivant.

---

1. *Test. polit.* II⁰ Part., p. 4.
2. MONTLUC, *op. cit.*, p. 211.

CHAPITRE II

Le nouveau poste de François du Plessis était
loin d'être une sinécure; il requérait une activité,
une énergie intelligente et un esprit de décision peu
communs. Le prévôt de l'hôtel n'avait pas seulement la police du logis royal et de ses dépendances [1],
où qu'il fût, à Paris ou dans toute la France, dans
un rayon de dix lieues, mais aussi sa juridiction : il
connaissait indifféremment de toutes causes civiles

1. Un réglement du 24 octobre 1572, rompant avec les traditions, donnait aux capitaines des gardes la police des avenues et
alentours du logis royal, ainsi que des salles et degrés, ne laissant au grand prévôt que la surveillance des questions d'intérêt
entre la cour et suite et ses hôtes; il augmentait le personnel de
la prévoté de 20 archers. Ce règlement bâtard ne fut probablement jamais mis en vigueur. (B. N. Dupuy, 218, fol. 18 v°.)

et criminelles et actions personnelles entre les officiers et domestiques de la maison du roi et « tous autres suivans et estans pour affaires en la Cour, de quelque qualité et condition qu'ils fussent, et par conséquent de toutes les grâces, rémissions et abolitions obtenues par les délinquants, prévenus ou accusés de crimes [1]. »

Sa charge était, en réalité, celle d'une sorte de grand juge sans appel, investi d'un pouvoir discrétionnaire souvent illimité. Elle tirait une importance singulière de la multitude de personnes attachées à la Cour à Paris ou qui la suivaient à un titre quelconque dans ses déplacements.

« La Cour dans ses voyages, écrit un observateur avisé du temps, entraîne un si grand nombre de courtisans, de serviteurs et de boutiquiers, qu'on dirait une cité entière qui s'en va ;... les princes, les ducs, les barons, les prélats qui la suivent, les uns par devoir, les autres par ambition, sont si nombreux qu'à chaque grand voyage, le cortège est de huit mille chevaux et d'autant de personnes. Pour trouver des logements, il faut qu'un prince se tienne à trois ou quatre lieues de distance de l'autre; les villes même ne peuvent pas toujours loger la Cour tout entière qui s'arrange dans les villages avoisinants. Quand même il y aurait assez de place pour la Cour, il n'y en aurait pas assez pour les bêtes [2] ».

Le beau sexe y avait sa large part, avec la reine-mère et son fameux escadron volant qui n'usurpait

1. P. de Miraumont, *Le prévost de l'hostel et grand prévost de France*, Paris, 1615, p. 163.
2. Jérôme Lippomano (*Relations des ambassadeurs vénitiens sur les affaires de France au XVI siècle* (Doc. inéd.), t. II, p. 529 et 605).

pas son nom. Ouvrons Brantôme, son historien :
« Sa cour était par trop débordée, fut en guerre,
fut en paix, fut-on pour résider en un lieu pour
quelques mois, fut qu'elle se remuast en autres
lieux, maisons de plaisance et chasteaux de nos roys
qui n'en ont point de faute, et en ont plus que roys
au monde. Cette belle et grande Compagnie toujours,
au moins la majeure part, marchait et allait avec la
reine, si que d'ordinaire pour le moins, sa cour était
pleine de plus de trois cents dames ou demoiselles...»
Son cortège, « soit qu'elle allât en litière, soit
qu'elle allât à cheval en l'assemblée ou par pays ne
comprenait pas moins de quarante à cinquante
dames ou demoiselles montées sur de belles haque-
nées tant soit bien harnachées. » Aussi les maréchaux et fourriers du roi « affirmaient qu'elles
tenaient toujours la moitié des logis ainsi que je l'ai
vu l'espace de trente ans que j'ai pratiqué toujours
la Cour sans guère l'abandonner[1]. » Ce dernier
détail à noter, reviendra plus loin à propos d'un
point curieux.

En dehors de ces personnages de marque amenés
là ou par l'étiquette, la fantaisie royale ou l'ambition,
la suite normale de la Cour constituait un État complet. Tous les rouages de l'organisme social y
étaient représentés, depuis les plus humbles corps de
métier, jusqu'aux plus hautes fonctions de tous les
ordres, avec toute leur hiérarchie. Son dénombre-
ment ne donnerait même qu'une idée incomplète du
nombre et de la variété des justiciables du grand
prévot ; il faudrait y ajouter tous ceux qui, bien que

____

1. BRANTÔME, *Mémoires* (Ste H. de F.), t. VII, p. 379 et 399.

vivant hors de son orbite, avaient pour une cause quelconque un conflit personnel ou d'intérêts, direct ou non, avec les personnes que leur fonction ou leur résidence, même passagère et occasionnelle, mettaient sous sa coupe.

Quoique s'appliquant à une époque postérieure, où un ordre social plus avancé a accru les complications, la seconde partie du *Traité du Prévost de l'Hostel*, par Miraumont, consacrée à sa juridiction [1], est sur ce point une mine de renseignements précieux ; il en est de même des deux recueils d'arrêts qui la complètent, le premier pour les matières souveraines [2], le second pour les causes civiles [3].

C'est ainsi que dans les causes criminelles, apparaissent successivement : un meurtre commis à la porte du Palais royal [4], une tentative d'empoisonnement dans la chambre de la reine [5], l'assassinat d'un commis de poste à Meaux par deux sujets dont l'un est chevaucheur de l'Écurie du roi [6], un vol commis en Nivernais dans la maison d'un porteur de la Cuisine des communs [7].

Quant aux causes civiles, elles n'élargissent pas moins le champ d'action du Prévôt de l'hôtel.

---

1. La juridiction de la Prévosté de l'Hostel du Roy, grande Prévosté de France, ou 2ᵉ partie du livre intitulé le Prévost de l'Hostel, etc., Paris, 1649.

2. Les arrêts et règlements du Conseil d'Estat et privé du Roy et du Grand Conseil, sur la juridiction souveraine de la Prévosté de l'Hostel ès matières souveraines, Paris, 1649.

3. Arrests et règlements du Conseil privé du Roy et du Grand Conseil sur la juridiction ordinaire de la Prévosté de l'Hostel es causes civiles, Paris, 1649.

4. Les arrêts et règlements... en matières souveraines, p. 7.

5. *Ibid.* p. 10.

6. *Ibid.* p. 11.

7. *Ibid.* p. 12.

En 1611, il juge un conflit entre un marchand pour-
voyeur de l'Hôtel, et son associé, marchand bourgeois de Paris pour fourniture de vins[1]. En 1614, le
grand Conseil du roi, annulant en sa faveur des
sentences des maîtres des Requêtes de l'Hôtel, ren-
voie devant lui une affaire d'intérêts pendante entre
un marchand poulailler, rôtisseur, poissonnier pri-
vilégié suivant la Cour, et dame Marie de Fourcy,
veuve du maréchal d'Effiat ; même décision du Conseil privé pour une affaire entre un poissonnier pri-
vilégié suivant la Cour, et Henri de Beringhen, chevalier, sieur d'Armanvillers, premier écuyer de l'Écurie du roi.

Une sage mesure à la fois de sécurité et de mora-
lité facilitait au Prévôt de l'hôtel ses obligations de
police : tous ceux qui étaient à la suite du roi
devaient lui remettre, tous les trois mois, signé par
eux, un rôle de tous leurs gens, d'un nombre limité
par leurs ressources[2].

Ses fonctions comprenaient également la taxe des
vivres « aussi bien à Paris, le Roy y estant, qu'aux
autres villes et lieux du séjour de Sa Majesté » ; les
rôles dressés par lui en la présence des juges ordinaires de police, le Lieutenant criminel et « autres
gens du Chastelet de Paris », comportaient tous les
articles de consommation, fagots, foin, paille, avoine,
froment, seigle, la journée de cheval avec le gîte de
l'homme, chandelle, lard à larder, maigre... pris soit
en ville, soit au village ; ils étaient publiés et affichés,
et le Grand Prévôt et ses Lieutenants devaient tenir

---

la main à leur observation, de même qu'aux autres ordonnances de police, notamment sur les cabarets, les vagabonds, les joueurs de dés, et les blasphémateurs [1].

Deux jours avant le départ du roi, lorsque la Cour se déplaçait, il devait se rendre à la prochaine étape, convoquer les officiers du lieu ayant la commission de la police et quatre ou cinq des principaux bourgeois ou marchands, enquêter avec eux sur le prix des vivres et marchandises aux quatre derniers marchés, en dresser un état, les évaluer à la moyenne et faire crier à son de trompe la taxe fixée sur cette base, à la fois pour la vente et pour l'achat [2]...

Ceci n'est qu'un détail; il faut parcourir les cinq ordonnances données par Miraumont [3] pour se rendre compte de tous les points sur lesquels la surveillance du Prévôt de l'hôtel avait à s'exercer.

Malgré l'intérêt que présente pour les mœurs celle de 1559, nous ne retiendrons que celle de 1570, confirmée pour la question des vivres et cabarets par celle du 31 octobre 1576, qui était promulguée à la veille de la nomination de François du Plessis et qui lui a servi de code.

La régularité du ravitaillement pour une foule pareille, nombreuse et exigeante, était chose primordiale. Le rapide résumé suivant des prescriptions montre avec quel soin la question avait été étudiée,

---

1. P. de MIRAUMONT, *op. cit.* p. 164 et suiv.

2. Le grand prévôt du duc d'Anjou avait également la charge de taxer les denrées prises par les gens d'armes de son armée. (*Ordonnance pour le fait. et la police et règlement du camp*, Paris, 1568, Var. hist. et litt. T. I, p. 266.)

3. Ordonnance du 25 janvier 1559 (p. 371); — du 24 mars 1559, (p. 389); — du 30 décembre 1570 (p. 413); — du 5 février 1572 (p. 443); — du 31 octobre 1576 (p. 381).

pour l'assurer, en évitant les spéculations de toutes sortes. Elles commencent par les fournisseurs du lieu :

Exposer en évidence les vivres à vendre, sans les abriter sous des tentes, et vendre en plein marché, au taux fixé, et non aux taverniers et hôteliers ; — se réapprovisionner incontinent chez eux, une fois leurs vivres vendus ; — défense aux vivandiers, pourvoyeurs et regrattiers d'aller au devant des vendeurs pour leur acheter par les chemins ou de gêner l'arrivée des vivres ; — obligation pour eux de s'approvisionner à dix lieues au moins du logis royal, l'achat direct sur le marché normal, et tout arrangement pour l'éluder leur étant interdit jusqu'à midi ; — obligation pour les marchands et habitants du lieu de n'emmener que les vivres leur appartenant ; — défense à tous cabaretiers et vivandiers à la suite du roi de n'apprêter, faire cuivre, vendre et débiter que de la grosse viande à l'exclusion de volailles, poulailles et gibiers ; — défense à tous hôteliers, cabaretiers, taverniers et tantiers de donner à boire et à manger aux vagabonds et gens sans aveu, avec ordre de les dénoncer au greffe de la prévôté ; — s'informer de la provenance et du motif du voyage de ceux qu'ils logeront, et en faire la déclaration au même greffe ; — ordre aux mendiants de vider la suite du roi dans les vingt-quatre heures ; — défense de détenir de faux poids et mesures, et d'en faire usage...

Puis, des mesures d'hygiène publique : le nettoyage des rues assuré par les habitants, chacun devant sa maison, ou à leurs frais, et à peine de prison et autres répressions, en cas de refus ; celui des

places publiques par le grand prévôt et les autorités
locales.

Les prescriptions continuent à se dérouler, aussi
minutieuses, pour les sommeliers ; ils doivent
limiter aux besoins de leurs maisons l'achat des
vins fait exclusivement soit aux marchands en gros,
sans s'adresser aux cabaretiers vendant au détail,
soit aux habitants, mais de gré à gré, et à un prix
arrêté avant livraison « pour estre ledit marchand
payé avant notre partement ».

Un nuage de sauterelles s'abattant sur un champ
n'aurait pas produit d'effet plus dévastateur que la
Cour sur une ville où elle prolongeait quelque peu
son séjour, avec la quantité de bouches à satisfaire.
Aussi le cas de manque de vivres était-il prévu sagement ; au grand prévôt encore incombait d'aller aux
environs, réquisitionner des vivres, les faire emmener, recevoir les plaintes des marchands se disant
grevés ou endommagés, et dresser, en cas de besoin,
une nouvelle taxe, avec ses officiers et quelques
marchands notables.

Le logis et surtout le payement des « vivres, marchandises, dépenses, nourriture et denrées », prises
par les pourvoyeurs et autres étaient questions autrement délicates et difficiles à résoudre, de même
que la répression des exactions commises sur les
habitants. La mention toute spéciale des « coqs,
poules, chappons et poulets » interdits même comme
cadeaux aux muletiers, palefreniers et tous autres
valets et serviteurs » (avec un article spécial pour les
Fauconniers du roi !) prouve que la picorée n'était
pas seulement le privilège des bandes armées,
régulières ou non, et que la Cour et sa suite ne déro-

geaient pas à la tradition. C'est là certainement que
le Grand prévôt rencontrait le plus de résistance à
l'exécution des ordres du roi. Tout le monde se
liguait alors contre lui : l'ordonnance de 1570 le
constate naïvement : « Lorsque notre dit Prévôt ou
son dit Lieutenant a voulu procéder contre les
infracteurs des ordonnances royales et les contre-
venans, les juges qu'il a appelez au jugement du
procez, ont toujours estimé que lesdits Edicts,
commandemens et defenses n'estoient que commi-
natoires, et partaut lesdits cas sont demeurez impu-
nis [1]. »

Bien que sévères, les peines prévues contre les
délinquants étaient pourtant singulièrement plus
douces que celles qui figuraient aux premières lignes
des ordonnances antérieures de 1559 ; celles-là ne
comportaient rien moins que la potence pour ceux
qui avaient désobéi à leurs commandements avec
murmure, rebellion, résistance [2] ! A la même époque,
les Ordonnances d'Orléans (1560) étaient aussi terribles pour les gens de guerre ; elles rendaient responsables les capitaines et chefs de bandes de gens à
pied et des ordonnances du roi, des fautes, abus et
extorsions faites par leurs compagnies et défendaient
de loger, vivre et payer autrement que de gré à gré,
*sans séjourner plus d'un jour, en chacun lieu, sous
peine de vie* [3]. Les bandes avaient dû bien rire de
cette défense ; quant à la menace, elle avait, comme
on voit, produit peu d'effet.

Les questions du logis et surtout des payements

1. P. de MIRAUMONT, *op. cit.* p. 349.
2. *Ibid.* p. 409 et 438.
3. Art. CXV.

présentaient, comme modalités, dans la pratique, tant de difficultés qu'elles donnaient lieu, en 1572, à une autre ordonnance destinée, disait le roi, « à pourvoir aux désordres et desbordement que les troubles, la malice, et l'injure du temps ont amesné en nostre Royaume, et mesmement en nostre Cour et suitte, où pour estre si prochain de nostre personne, avons délibéré avec toute rigueur de justice, refrener le désordre y estant... » Les instructions étaient destinées aux argentiers, maréchaux des logis et fourriers placés sous le contrôle du prévôt de l'hôtel, le payement de leur dû aux hôtes devant se faire tous les huit jours [1], comme dans l'ordonnance de 1559 [2], et même au comptant, et au moins dans la journée, pour la dépense de bouche [3].

Elles n'étaient pas plus efficaces que les précédentes. C'est en vain que l'article CXV des ordondances d'Orléans (1560) enjoignait aux prévôts de l'hôtel de procéder sommairement, par prévention et concurrence à la punition des gens et serviteurs des princes, seigneurs et autres de la suite du roi, qui exigeaient des habitants « sommes de deniers pour les exempter de logis » et ne voulaient payer qu'à discrétion.

Aussi, en arrivait-on à des expédients singuliers. D'après l'ordonnance suivante, rendue à Villers-Cotterets en 1573 [4], le prévôt de l'hôtel n'avait-il pas l'ordre de faire publier à son de trompe et plus spécialement jusque devant la porte de la basse-cour

---

1. P. de MIRAUMONT, *op. cit.* p. 448.
2. *Ibid.* p. 403.
3. *Ibid.* p. 451.
4. *Ibid.* p. 356.

du château, l'obligation pour tous ceux et celles de
la Cour, de quelque qualité et condition qu'ils fussent,
d'avoir à payer de gré à gré leurs dépenses dans les
déplacements, ou eux-même, ou par leurs serviteurs,
à peine d'être cassés des états, et bannis de la Cour,
après confiscation « de tous leurs chevaux, hardes et
habillements, tant qu'ils demeureront en pourpoint. »
Quant aux serviteurs qui appliquaient à leur profit
l'argent de leurs maîtres, ils seraient pour la première fois « fouëttez par les mains du bourreau, et
pour la seconde, pendus et estranglez ! » Mais il y
avait plus : le Prévôt de l'hôtel était aussi commandé
de « communiquer et faire entendre le contenu de
l'ordonnance à tous les sieurs et gentilshommes qui
seront en la chambre de Sa Majesté ! »

Le malheureux Prévôt était, comme on voit, la
dernière et unique ressource du roi dans son impuissance ; ces détails de police singulièrement élargie
montrent que vers lui seul aboutissaient, en fin de
compte, comme sur un bouc émissaire, toutes les
responsabilités. Il s'y joignait aussi toutes les rancœurs ; la menace d'être cassé ou banni de la cour
qui était suspendue, pour la forme, sur la tête des
débiteurs récalcitrants ou de mauvaise foi, officiers
du roi et autres, était peu de peu de chose à côté de
l'arme autrement terrible que l'ordonnance de 1570
mettait aux mains du prévôt de l'hôtel ; il avait le
droit de faire saisir leur gages entre les mains des
trésoriers et payeurs[1]. S'il n'en abusait ou même
n'en usait pas, ce pouvoir ne lui en valait pas moins
l'inimitié de tous ceux (et ils n'étaient pas peu) qui

1. P. de MIRAUMONT, *op. cit.* Ordonnance du 30 décembre 1570,
p. 432.

tombaient ainsi sous sa coupe, et par leur endroit le plus sensible, dans ces temps de détresse permanente et générale.

Etait-ce lassitude, ou résignation philosophique, d'après la maxime qu'il vaut mieux tolérer ce qu'on ne peut empêcher? Etait-ce une conséquence de l'exode, intense à cette époque, des gentilshommes de province à la Cour? Ces nouveaux-venus se pliaient-ils plus facilement à sa discipline, par crainte ou par ambition? Etaient-ils plus compatissants que les anciens courtisans à la misère des provinces qu'ils avaient vue de plus près, et dont ils avaient eux-mêmes souffert? Toujours est-il que six ans après, en 1576, paraissaient de nouvelles ordonnances [1], celles que François du Plessis avait à faire observer, singulièrement différentes des précédentes.

Maintenant, plus de dispositions spéciales comme prescriptions et comme peines. L'on se croirait revenu à l'âge d'or, sans la mention de la potence que le Grand prévôt faisait dresser, comme un épouvantail à moineaux, à l'arrivée du roi, pour donner l'estrapade aux contrevenants à ses ordonnances. Tout ce qui concerne les payements est laissé à son initiative, il doit tenir la main à ce qu'ils se fassent de gré à gré, « sans user de force, exaction ni violence », et quant aux sanctions, « il fera bonne et roide justice » des contrevenants. La surveillance, elle aussi, est simplifiée : son lieutenant restant dans la ville, après le départ du roi, recueillera les plaintes et fera déloger et partir les retardataires.

Tout cela est noyé dans un règlement disciplinaire

---

1. P. de MIRAUMONT, *op. cit.* p. 381.

destiné aux archers de la prevôté, et cette remarque
suffit à prouver qu'on se reposait dorénavant sur
leur chef des questions les plus délicates.

*
* *

Les attributions du prévôt de l'hôtel ne s'arrêtaient pas là. Il est à présumer que sa juridiction
s'étendait, comme pour ses prédécesseurs, à tous les
faussaires, même n'étant pas à la suite de la Cour[1],
aux faux-monnayeurs[2], et jusque sur les jeux de
paume. Pour ce dernier point, ce n'était pas petite
chose, avec la vogue de ce divertissement; il y en
avait alors à Paris plus de 1800, et l'on calculait que
mille écus par jour étaient dépensés seulement en
paumes[3]. Sa maîtrise à ce jeu avait valu à Ferron
la charge de valet de chambre du duc de Guise[4]; le
roi Charles IX en avait raffolé[5], et il était, avec la
danse, l'unique exercice physique du roi[6].

A la prévôté incombait de veiller au payement des
enjeux dans les vingt-quatre heures[7] (soin confié
plus tard à un garde général) et de surveiller les combinaisons de jeu prêtant à des manœuvres louches,
ainsi que les agissements des nombreux Naquets,
Marqueurs et Raquetiers, une gent de sac et de

---

1. P. de MIRAUMONT, *op. cit.* p. 296 (21 novembre 1546).
2. *Ibid.* p. 290 (13 novembre 1550).
3. Relat. des ambass. vénit. (*Doc. inéd.*) Jérome LIPPOMANO,
t II, p. 601.
4. J. A. DE THOU, *Mémoires* (Ed. Michaud), p. 334.
5. BRANTOME, *Mémoires* (St° de l'H de Fr.)
6. Relat. des amb. vénit. *op. cit.* t. II, p. 615.
7. P. de MIRAUMONT, *op. cit.* p. 360 (Ordonnance du 13 septembre 1547).

corde, bruyante et querelleuse, dont les noms devaient figurer à son rôle[1].

Le prévôt de l'hôtel connaissait aussi des querelles entre gens de la cour et de leurs affaires d'honneur restées célèbres grâce à L'Estoile, mais en s'arrêtant aux gentilshommes. Ceux-là devaient porter leurs différents devant le duc d'Anjou, frère du roi[2], devenu roi peu après, sous le nom de Henri III, mais en cas de rencontres qui étaient ainsi tacitement autorisées, le gentilhomme devait déclarer au prévôt de l'hôtel les noms de ses quatre tenants de même qualité (chiffre maximum fixé) et des cinq valets ou soldats qui les accompagnaient. Il n'est point dit qu'ils dussent être mentionnés au procès-verbal des contraventions à l'ordonnance que le prévôt de l'hôtel apportait toutes les semaines au roi; dans la pratique, il devait cependant en être ainsi, et ce rapport devait constituer une véritable chronique mondaine, dont le roi était friand, à en juger par sa volonté formelle d'être « averti par lui de tout ce qui se passera à la cour[3]. »

Ces relations directes, fréquentes et suivies avec la personne royale, n'étaient pas l'une de ses moindres prérogatives. « Le Grand prévôt et ses lieutenants ont l'honneur d'approcher Leur Majesté, et leur faire souvent rapport des affaires et procès de la charge », écrit Miraumont, lieutenant de la prevôté, avec une vanité non dissimulée, en 1615. A cette date, les rouages de la monarchie, devenus plus

1. P. de MIRAUMONT, *op. cit.* p. 362 et suiv. (Ordonnance du 5 août 1560).
2. *Ibid.* p. 436 (Ordonnance du 5 juillet 1572).
3. *Ibid.* p. 496 et 498 (Ordonnance du 2 novembre 1576).

complexes, ont rendu, il est vrai la personnalité souveraine moins accessible, et donnent plus d'importance à ses moindres actes. Qu'eut dit Miraumont à la fin du xvie siècle? A lire entre les lignes des ordonnances et règlements cités plus haut, l'on peut dire que le prévôt de l'hôtel était pendu à la ceinture du roi. En plus du rapport hebdomadaire que le lieutenant de robe courte de la prévôté doit apporter tous les vendredis au conseil du roi [1], le grand-prévôt « doit se présenter pour le moins une fois le jour à Sa Majesté pour voir si elle luy voudra faire quelque commandement; en son absence, un des lieutenants s'y presentera sans faire faute [2] »; il a même parfois communication verbale des ordres qui vont faire l'objet d'une ordonnance [3]; dans certains cas spécifiés, il doit aviser immédiatement le roi [4].

Avec le bouillonnement d'intrigues de cette Cour remuante où tant d'intérêts, de passions, et d'appétits féroces se heurtaient, le roi et la reine-mère devaient tenir à être sûrement, rapidement et fidèlement renseignés sur ce qui se passait autour d'eux; le grand prévôt, l'âme de leur sécurité, devait, par suite, vivre dans leur intimité la plus étroite. En plus de son immixtion dans les affaires d'honneur, ce ne devait pas être pour peu dans les inimitiés suscitées par sa charge et dans les difficultés qu'elle

---

1 P. de Miraumont, *op. cit.* p. 437 (Ord. du 30 décembre 1570), p. 382 (Ord. du 31 octobre 1576), p. 507 (Ord. du 12 janvier 1578). Ceci était même une innovation; auparavant, le grand-prévôt lui-même avait cette obligation, d'après *L'ordre du conseil et ceux qui y doivent entrer à l'avènement du règne du roi Henri II qui fut le dernier jour de mars 1546.* (B. N. Dupuy, 218. fol. 165).

2. *Ibid.* p. 386. (Ordonnance du 31 octobre 1576).

3. *Ibid.* p. 358 (Ordonnance du 13 octobre 1573).

4. *Ibid.* p. 493 (Ordonnance du 2 novembre 1576).

lui soulevait. Il en résultait pour lui, malgré la faveur
du roi, une situation ambiguë d'infériorité quant
au rang, dont le caractère passif et policier de ses
fonctions n'était pas fait pour rehausser le prestige.
Dans les arrêts qu'on a vus, à une époque où la préséance occupait déjà une place si importante, le prévôt
de l'hôtel vient en dernier lieu, après les capitaines
des gardes, les maîtres d'hôtel, les écuyers et officiers du roi. Il y avait de la part de ses ennemis, et
ils étaient encore plus nombreux que les envieux de
son pouvoir et de sa faveur, comme quelque mépris
pour l'abdication de sa personnalité, qui était la
conséquence fatale de son devoir d'accomplissement
de toutes les tâches. Malgré son prestige personnel,
François du Plessis ne figurait-il pas un jour dans
un pamphlet de la Ligue comme « tendant le bassin ? »

Les attributions du prévôt de l'hôtel étaient, tant
bien que mal, définies de façon assez précise, puisqu'elles avaient pour base la police du logis royal,
et qu'elles tiraient leur origine de l'autorité et des
privilèges de l'ancien Roi des Ribauds. Il n'en était
plus de même de celles du grand prévôt de France
qui, surtout honorifiques, comportaient plus spécialement une délégation occasionnelle du pouvoir
royal ; aussi ce titre seul, par cela même, renforçait-
il singulièrement l'autorité du prévôt de l'hôtel en
rehaussant d'autant sa charge.

*
* *

Miraumont, qui faisait partie de la prévôté[1], ce qui le rend, a priori, suspect de partialité, explique assez vaguement comment après Chaudiou, capitaine de la justice de François Ier, intitulé grand prévôt pendant la durée des guerres, les prévôts de l'hôtel auraient reçu ou pris ce titre qui « relevait leur charge et les autorisait davantage ». Ce Chaudiou est mentionné dans les lettres de provision de Richelieu ; ce détail prouve la volonté du roi de lui attribuer le maximum d'autorité, et laisse supposer que ses prédécesseurs n'avaient pas joui dans toute sa plénitude et officiellement du titre de grand prévôt.

L'examen des ordonnances successives qu'on a vues fournissent sur la question quelques indications. Celles de 1559 (25 janvier et 24 mars) ne font mention que du « prévôt de notre hôtel » et presque incidemment[2]. Dans la dernière même, l'une des plus importantes, le duc de Guise « Pair, grand chambellan, et grand-maître de France », est désigné pour établir le rôle de « tous les domestiques, « commensaux et autres qui sont sous sa charge » et le remettre au prévôt de l'hôtel[3] ; ce dernier ne peut publier la surtaxe des vivres en cas de réquisition aux alentours du logis royal, dans les séjours de voyage, qu'après avis donné au grand maître de France[4].

1. P. de MIRAUMONT, *op. cit.* p. 148.
2. *Ibid.* p. 376, 379, 380, 389, 391.
3. *Ibid.* p. 389.
4. *Ibid.* p. 400.

Nous ignorons ce qui se passait à la suite. Toujours est-il que dans l'ordonnance du 30 décembre 1570, c'est maintenant le premier maître d'hôtel du roi en quartier qui établit le rôle ci-dessus pour « le grand prévôt général de France et de notre hôtel » ; « le grand prévôt et de notre hôtel » (le titre revient plusieurs fois)[1] dresse seul et de sa propre autorité la surtaxe en cas de besoin. C'est encore « le grand prévôt et de notre hôtel »[2] et le « grand prévôt »[3] qui revient dans l'ordonnance du 5 février 1572. La charge semblait maintenant normalisée et affranchie désormais de toute ingérence étrangère.

*
* *

La situation durait peu. Moins de deux ans après, en 1574, l'accroissement d'influence et l'ambition absorbante des Guise se faisaient tout à coup sentir dans la prévôté et produisaient dans ses annales un véritable coup de théâtre. Le duc de Guise demandait au roi de le faire jouir « des autorités » attachées à sa charge de grand-maître ; il revendiquait les privilèges de faire l'état complet de la maison du roi, des reines et enfants de France, d'avoir le commandement supérieur dès gardes, grand maréchal des logis, maréchaux et fourriers, de juger des différends si fréquents pour les logis, d'avoir tout droit de juridiction en l'hôtel du roi et suite de Sa Majesté, connaissance de police, tant ensemble de tous différends, crimes et délits tant civils que criminels,

1. P. de MIRAUMONT, *op. cit.* p. 414, 417, 423, 426, 428, 438.
2. *Ibid.* p. 444.
3. *Ibid.* p. 445, 446, 449, 450, 451.

« *commandement sur le grand Prevost et les Lieutenans de l'Hostel tant de robbe longue que de robbe
courte, lesquels ledit Prevost ne peut ny doibt appeller
ses Lieutenans, ains, comme d'ancienneté, Lieutenans
de l'Hostel soubs ledit Grand-maistre. Et si ne peut
ledit Prevost, lesdits Lieutenans ou Archers, faire
aucune capture ny exploits de justice, dedans le logis
de Sa dite Majesté* [1].* »

Pareille réforme n'aurait abouti rien moins qu'à
la suppression de la prévôté. Dans sa réponse au
duc de Guise, le 25 septembre, à Lyon, le roi lui
donnait satisfaction, mais avec certaines réserves. Il
lui marquait nettement sa volonté de rester maître
chez lui, en laissant hors de son commandement
« ce qui est de sa chambre et garde-robbe ». Ceci ne
touchait pas la prévôté dont la juridiction s'arrêtait à
leur seuil ; en revanche, elle était sacrifiée pour le
reste de la maison royale : « Le grand Prévost de
l'Hostel avec ses Lieutenans et Archers obéira audit
Grand maistre, en ce seulement qui sera nécessaire
de faire pour la police de la maison de Sa Majesté [2]. »

Tout en conservant sa juridiction ainsi limitée et
son autorité directe sur ses agents, le prévôt de l'hôtel
sortait diminué du conflit, par la perte de ses attributions les plus hautes et de son titre de grand prévôt de France. L'ordonnance postérieure de 1576
accentuait cette déchéance ; elle déléguait, en effet,
le pouvoir royal au grand-maître pour l'arrestation
des délinquants dans les parties réservées du logis du
roi (escaliers, salles et chambres) [3] ; son ton général,

---

1. P. de MIRAUMONT, *op. cit.* p. 58 et suiv.
2. *Ibid.* p. 62.
3. *Ibid.* p. 385.

vis-à-vis du prévôt de l'hôtel et de ses agents était, du reste, l'indice, sinon d'une disgrâce, au moins d'une diminution d'influence et d'autorité très caractéristique.

Tout changeait avec la réunion des charges de prévôt de l'hôtel et de grand prévôt de France en la personne de François du Plessis. La réflexion de Henri III qu'il n'y a que ceux-là de mal servis, qui ont le plus de valets[1], peut s'appliquer à ce cas, mais la mesure dont il bénéficiait n'était peut-être qu'un calcul profond ou du roi très fin et avisé, malgré ses apparences frivoles, ou de la reine-mère. Elle avait une portée politique considérable en ce qu'elle supprimait l'immixtion gênante d'un tiers (ne songeait-on pas au duc de Guise?) entre le roi et son grand maître de police, un homme sûr et dévoué, dont l'autorité était assez accrue pour assurer son indépendance. Les lettres patentes de Henri III, rendues le 11 mai 1578, immédiatement après la nomination de Richelieu, et qui lui donnaient séance au grand Parlement et au Conseil[2], les nombreuses missions secrètes qu'on lui confiait, ne sont-elles pas autant de preuves dans ce sens?

Il en découle logiquement l'importance de l'histoire de François du Plessis au point de vue politique, avec sa charge qui en faisait comme un *alter ego* du roi et l'initiait à ses secrets, mais aussi éminemment ingrate et périlleuse, malgré son autorité symbolisée par l'insigne de commandement suprême, le bâton blanc à viroles d'or. Également redouté et haï de tous, de ceux-là même dont il assurait la

1. L'ESTOILE, t. I, p. 125 (9 avril 1576).
2. Institut, Godefroy, 228, fol. 27 et 478, fol. 50.

sécurité, assumant toutes les rancunes provoquées
par les ordres du roi, dont il n'était et ne pouvait
être que l'instrument passif et aveugle, ne rencon-
trant autour de lui aucune des sympathies forcées
qui accompagnent l'accomplissement du devoir, privé
par avance de sa personnalité qu'il devait abdiquer
d'après sa charge, voilà quel était l'apanage du grand
prévôt de France et prévôt de l'hôtel, François du
Plessis de Richelieu. Il a pu conserver sous deux rois
jusqu'à sa mort ce poste aussi difficile qu'élevé parce
qu'il est toujours resté, au fond, « le capitaine Richelieu » comme ses oncles, le capitaine de la vieille
école, si bien dépeint par Montluc, capable, comme
eux, à l'occasion de porter « le bayart », pour remplir
de terre les fascines [1], et d'aller reconnaître un gué de
nuit, à pied, sous une pluie d'harquebuzades, ayant
d'avance fermé les yeux au vin, à l'or et aux femmes,
serviteur fidèle, discret et impitoyable de son roi.
François du Plessis léguait tout cela en héritage à
son fils, le cardinal, dont la vie, en nous bornant à
ce qu'on vient de voir, rappelle étrangement celle
du père, avec l'origine de sa faveur due aussi à une
Italienne, son dévouement inaltérable de principe à
la royauté, qui le maintenait dans ses revers et le
ramenait au pouvoir, sa lutte permanente contre
l'entourage du roi, favoris et famille, sa sévérité et
sa rigueur inflexible dans les affaires de l'Etat dont
on pourrait dire qu'il a été, lui aussi, à son tour, le
grand prévôt. L'abdication forcée de sa personnalité
par son père n'explique-t-elle pas aussi l'ambition
du Cardinal, a priori d'apparence puérile, pour

1. Montluc, *Commentaires* (Edit. Michaud), p. 187.

relever le lustre de son nom, par une généalogie hors
pair[1], ses efforts pour se créer une personnalité de
sang à côté de celle de sa valeur propre, de même
que son acharnement tenace à conquérir la pourpre
qui lui assurait à la fois l'intangibilité et l'indépendance en dehors de la caste ?

Mêmes qualités, ténacité farouche, rigueur
inflexible, loyalisme constant, mêmes entraves,
mêmes rancœurs, mêmes luttes, et dans le même
milieu, car il se rencontrait avec nombre de ceux
que son père avait fréquentés ! On a souvent dit
pour les peuples que l'histoire n'est qu'un recom-
mencement ; le mot ne peut être plus vrai pour ces
deux hommes.

1. *Autour de la plume du Card. de Richelieu*, 1920, p. 425.

CHAPITRE III

Le personnel de la prévôté de l'hôtel avait considérablement varié depuis la création de l'institution, et s'était successivement accru avec le temps suivant les besoins[1]. Malgré cela, son importance à l'époque où François du Plessis entrait en fonctions était loin de répondre à la multiplicité des obligations complexes que l'on vient de voir.

A défaut des Ordonnances et Règlements muets sur le point, les états de paiement de 1584 et 1585[2] (les seuls que nous ayons retrouvés), nous fixent sur la composition du personnel. Le voici, dressé d'après ce dernier document, avec les noms des titulaires suivis du montant de leurs gages annuels. Le décompte en est donné par écus, suivant les pres-

1. P. de MIRAUMONT, *op. cit.*, p. 112 et suiv.
2. Arch. nat. K K. 142.

criptions de l'édit monétaire de 1577 qui avait aboli
la livre.

Ajoutons tout de suite que tout ce personnel, sans
exception, était exempt de la contribution des tailles
comme officiers de la maison du roi « couchés es
estats des domestiques et ordinaires » aux gages de
plus de vingt écus[1].

Grand prévôt de l'hôtel.

François du Plessis. . . . . . . 666 écus 40 sols.

Lieutenants de robe longue.

Robert Glisson . . . . 133 écus 20 sols.
Pierre Lugolly. . . . .

Lieutenants de robe courte.

Roch Balthazard, écuyer, seig^r de
   Toutevoye . . . . 133 écus 20 sols.
Jehan de Laubigeois, seig^r de
   Veurmes. . . . .
Guillaume de Rodon, écuyer. . .
Michel de Seillats, seig^r de Tousche.

Procureur du roi en la prévôté.

Jacques Mareschal . . . . 133 écus 20 sols.

Greffier.

Jehan Chesneau . . . . 60 écus.
Auguste Boisson, commis . . . 33 écus 20 sols.

Trésoriers-payeurs.

Loys Guerry. . . . . 266 écus 40 sols.
Philippe de Mainferme . . . .

Archers.

80 archers (dont 2 exempts). . . 86 écus 40 sols.
   plus (pour droit de hocqueton). 4 écus 10 sols.

____

1. Art. CCCXLII des Ordonnances de Blois (1577).

Bien que figurant les premiers sur le rôle après le grand prévôt, les lieutenants clercs ou de robe longue avaient eu, jusqu'en 1585, des gages de 113 écus $^1/_3$, inférieurs de 20 écus à ceux de leurs confrères de robe courte ; c'est en cette année seulement qu'ils furent égalisés. Leurs fonctions, d'ordre intellectuel, étaient, il est vrai, moins pénibles, et peut-être aussi, leur valaient-elles des ressources complémentaires. Il n'est pas téméraire, en tous cas, d'y voir une marque de la supériorité de l'épée sur la robe ; elle continuera longtemps encore, et il faudra dépasser le règne de Louis XIII pour voir une conception différente de la valeur des variétés de l'énergétique humaine [1].

Leur rôle à tous était important, vu les hautes attributions de la prévôté, et les fréquentes absences de leur chef. Aussi toutes les ordonnances ou commandements du roi s'adressent-ils invariablement par une formule traditionnelle « au Grand prévôt ou à ses Lieutenants ».

Les attributions judiciaires de la prévôté, ses rapports continus avec les tribunaux de tous ordres, cours de parlement, grand conseil, conseil privé, source de fréquents conflits de juridiction, justifiaient amplement la présence de Lieutenants clercs. Mais s'ils étaient seuls qualifiés pour suppléer le Grand prévôt au conseil, ils n'en remplaçaient pas moins, en cas de nécessité ou dans des circonstances notables, leurs confrères de robe courte qui étaient cependant, en théorie au moins, les seuls agents d'exécution. Ils devaient aussi sans doute à leur connaissance du

---

1. La Maison du cardinal de Richelieu ; Paris, 1912, p. 336.

droit, à leur expérience des affaires, à leur titre, et
aussi à leurs rapports plus intimes et plus fréquents
avec la Cour et avec le roi, d'être désignés pour des
expéditions ne semblant réclamer que l'épée appuyée
sur une énergie un peu brutale. Le cas n'avait pas
été rare dans la carrière de Lugolly ; c'est à cela
sans doute qu'il a dû de voir son nom seul conservé
avec celui de son chef dans la chronique du temps, et
associé à lui dans des pamphlets populaires. Aussi
mérite-t-il plus qu'une simple mention, d'autant
qu'en dehors de cette particularité, sa figure a constitué une véritable personnalité.

Son poste avait été créé par la réunion en un seul
des deux offices de lieutenants clercs alors existants,
par édit d'avril 1553 ; il ordonnait « qu'il n'y aurait
plus qu'un lieutenant clerc qui serait gradué, spécialement en droit civil, homme qualifié de bonne vie,
mœurs et conversation, à la charge aussi de faire sa
continuelle résidence en la Cour et suite, sans s'en
pouvoir distraire, ny absenter, sinon pour juste et
raisonnable cause ; auquel cas il serait tenu laisser
homme de sa qualité, pour exercer ledit état soubs
ledit Prevost durant son absence [1]. » Lugolly était
avocat au conseil, lorsqu'il fut nommé à cet office
par de la Trousse alors prévôt de l'hôtel, le
14 décembre 1574, et reçu au grand conseil le 18
suivant [2]. Il portait le titre de « premier lieutenant
de la prévosté de l'hôtel [3] » bien que ne venant à
l'état que le second, après Robert Glisson, seigneur
de Villebousin, qui s'intitule simplement dans un

1. P. de MIRAUMONT, *op. cit.* p. 139.
2. *Ibid.*, p. 151.
3. Arch. Nat. Y. 124, fol. 154.

acte de 1585 « Conseiller du Roy et lieutenant de la prévosté de l'hostel [1] . »

Fils de Guillaume Lugolly, procureur au grand conseil, et de Jeanne Gay [2], il avait épousé Madeleine Gentian, fille d'un écuyer contrôleur du grenier à sel de Melun [3]. Cette alliance l'avait solidement apparenté. Ses deux beaux-frères, Nicolas et Charles, étaient, le premier secrétaire, le second trésorier et receveur général des maisons et finances de la reine; de ses deux belles-sœurs, l'une, Marie, avait épousé Marc Miron, premier médecin du roi; l'autre épousait en septembre 1581, Claude Dorron, conseiller du roi et maître des Requêtes ordinaire de l'Hôtel [4].

Le nom de Miron qui avait fait partie de la suite du roi de Pologne dans son voyage, avec François du Plessis suffirait à relier ce dernier à cette famille nombreuse et puissante. Un autre détail s'y ajoute; le 11 mai 1572, le beau-père de Lugolly, Jacques Gentian, se portait fort pour son gendre Marc Miron dans un emprunt contracté à un Charles d'Argillières, Sr de Valescourt [5]. Or la belle-mère du grand prévôt, Claude Bochard, était dame de Valescourt, et cette terre avait fait partie de la dot de sa femme, Suzanne de la Porte. Il y a donc tout lieu de penser qu'il existait des relations ou personnelles ou d'inté-

1. Arch. nat. Y. 127, fol. 179 (6 mai 1585)

2. Lugolly avait 5 frères dont François, archer des ordonnances, était en 1581 receveur des tailles à Saintes, et Jean aussi archer des ordonnances devenu en 1585 commissaire des guerres (B. N. Pièces orig. *Lugolly*.)

3: E. Caron, *A travers les minutes de notaires parisiens*, Paris, 1900, p 137, n° 576.

4. Arch. nat. Y. 124, ff. 154 et 205. A cette occasion, Lugolly, resté veuf avec deux filles, Madeleine et Marguerite, faisait don à sa belle-sœur d'une rente de 33 écus 1/3.

5. E. Caron, *op. cit.* p. 138.

rêts entre les familles de Lugolly et de Richelieu, ou tout au moins entre leurs alliés, avant que ce dernier ne fût nommé grand prévôt.

Pierre Lugolly était apprécié du roi; il en avait reçu un don de 600 livres tournois dont moitié lui était payée le 31 décembre 1576 [1]. Il cumulait ses fonctions avec celles de procureur du roi au grand conseil, charge qu'il avait achetée et que nous le voyons occuper en 1581.

Lettré comme l'exigeaient ses fonctions, sa culture lui valait de figurer dans un pamphlet de la Ligue à côté de son chef, moins bien partagé sous ce rapport.

Presque toujours occupé à Paris, de par ses attributions, il y habitait une maison lui appartenant, au faubourg Saint-Honoré, attenant les Capucins, à proximité du Louvre [2]. Nous le retrouverons fréquemment au cours de la vie du grand prévôt dont il était *l'alter ego* dans la pratique.

*
* *

Les lieutenants de robe courte, agents passifs, et partant de personnalité plus effacée, nous sont moins connus. Le premier, Roch Balthazard, s'intitulait écuyer, seigneur de Tourtevoye, conseiller et lieutenant général en la prévôté de l'hôtel du Roy » dans un acte de 1582 [3].

Le troisième à l'état, Guillaume de Rodon, écuyer,

---

1. B. N. pièces orig. 174, n° 7.
2. Arch. nat. Y. 124, fol. 205. — L'ESTOILE, t. III, p. 60.
3. Acte de donation . ar Christophe des Ursins... de ses droits sur la terre et seigneurie de Saint-Julien du Sault, Verlin et autres lieux en dépendant (*Arch. nat.* Y. 123, fol. 315. *17 janvier 1582*).

avait été pourvu de sa charge par lettres du 4 novembre 1571, pendant l'exercice de Jean Innocent de Monterud comme prévôt de l'hôtel, à la suite de l'augmentation du nombre de ces officiers porté de 3 à 4 [1]. En 1582, il accompagnait la reine Louise de Lorraine aux bains de Bourbon avec le greffier Jean Chesneau et huit archers de la prévôté pour y assurer son service pendant son séjour de deux mois, août et septembre. Un don de 70 écus le rémunérait, lui et ses hommes, de leurs frais et dépenses; 20 écus pour lui, 10 pour le greffier, 5 à chacun des archers; le mandat de la reine signé par elle le 2 janvier 1583 lui était payé par un personnage que nous avons vu, le beau-frère du lieutenant Lugolly, Nicolas Gentian, trésorier et receveur des finances de la reine [2]. Hâtons-nous de dire, bien qu'anticipant, que cette mission ne sortait pas du rôle de la prévôté, et qu'elle avait uniquement pour but la police de la maison de la reine dont la garde était assurée par Guillaume de Saulx, seigneur de Tavannes, à la tête de sa compagnie de gens d'armes d'ordonnance [3].

Si nous ne savons rien des deux autres lieutenants, nous sommes en revanche plus heureux avec le procureur en la prévôté de l'hôtel, Jacques Mareschal, habitant à Paris, rue des Lavandières, dans la paroisse Saint-Germain l'Auxerrois. Sa charge exis-

---

1. P. de Miraumont, *op. cit.* p. 143.
2. B. N. Franc. 26.179, fol. 112-113.
3. Guillaume de Saulx, *Mémoires* (Ed. Michaud), p. 468.

tait de temps immémorial, mais sous le nom de
« Procureur du Roy ès causes de son hostel » ; le
nouveau titre avait été introduit par l'édit de création du poste, en mai 1543 [1]. Le 5 janvier 1584, il
notifiait à René d'Orfeuille, écuyer, sieur de Chey,
ressort de Lusignan, la donation à son profit des
biens confisqués d'un certain Jacques de Luhans,
écuyer, seigneur de « La Fourestz », condamné
pour crime de faux-monnayeur [2]. Voilà qui nous
reporte à l'une des plus anciennes attributions du
grand prévôt [3] et qui nous ramène à la famille ou
aux amis de Richelieu, avec cette générosité pour
un Poitevin.

*
* *

Le greffe de la prévôté de l'hôtel n'était pas, lui
non plus, une sinécure : en dehors de ses occupations de cabinet, enregistrement d'édits et de taux,
préparation de dossiers pour les affaires portées au
conseil privé ou au grand conseil, transcription
d'interrogatoires, rédaction de rapports ou de jugements, le greffier avait encore à compter avec des
voyages fréquents, car il accompagnait le grand
prévôt ou ses lieutenants, soit à la suite de la Cour,
soit dans leurs expéditions. Des officiers de la prévoté, il était le plus connu du peuple, certainement,
et les fenêtres de sa maison de la rue du Chan-
tre, dans la paroisse Saint-Germain-l'Auxerrois [4],

1. P. de MIRAUMONT, *op. cit.* p. 153.
2. Arch. nat. Y. 125 fol. 257.
3. P. de MIRAUMONT. *op. cit.* p. 290.
4. Arch. Nat., Y. 128, fol. 306.

comme celles de son ami le procureur Jean Mareschal, ont dû entendre plus d'une fois les lazzis des passants. Il rentrait, en effet, dans sa charge de lire à cri public et à son de trompe les ordonnances royales devant le logis du roi et par les cantons et carrefours. Son nom ne figure à ce titre au bas d'aucun édit. Il en avait été autrement pour l'un de ses prédécesseurs, Noël Richard, qui a dû à ce détail de passer à la postérité sous la plume de Miraumont, avec le trompette Richard Legras [1], et même avec son commis, Dominique Panouze, qui le suppléait à Blois en décembre 1559 [2]. La corvée était parfois périlleuse, vu la qualité de la basse clientèle de la prévôté. Son prédécesseur, Jehan de la Verchière, en aurait pu dire quelque chose, lorsqu'il avait dû le 8 juillet 1572 se faire accompagner d'une escouade d'archers pour aller lire par les carrefours de Paris et faux-bourgs Saint-Germain-des-Prés, le quartier de la pègre, l'ordonnance du roi sur les querelles et contre les vagabonds et gens sans aveu [3], dont le bréviaire suffit à édifier sur leur compte [4].

Les aubaines étaient rares pour le greffe, et l'année 1582 a dû faire époque dans la vie de Jean Chesneau, par son séjour de deux mois aux bains de Bourlon où il accompagnait avec huit archers le Lieutenant Guillaume de Roddon chargé d'assurer la police du logis de la reine [5].

---

1. P. de MIRAUMONT, *op. cit.* p. 477 (11 janvier 1551), p. 442 (30 décembre 1570).

2. *Ibid.* p. 313.

3. *Ibid.* P. 489 (8 juill t 1572).

4. *Liber vagatorum.* Str sbourg, 1862.

5. Citons ici pour mémoire le fonctionnaire créé par Richelieu, « un Chappelain entretenu tant par les officiers de la prévôté que par les marchands suyvans la Cour, lequel tous les jours celebre

*
* *

Abordons maintenant les archers, en laissant de côté les trésoriers-payeurs qui occupent un rang à part dans le rouage administratif de la prévôté et que nous retrouverons avant d'en venir au grand prévôt.

Toutes les charges, même les plus infimes qui touchaient à la maison royale, avaient une valeur exceptionnelle par les privilèges et revenant-bons attachés aux moindres fonctions ; aussi celles des archers, classées en 1586 dans le rôle des offices vénaux héréditaires[1], étaient-elles très recherchées, d'autant qu'en 1585, leurs gages qui étaient auparavant de 66 écus 40 sols avaient été augmentés de 20 écus. Dans les États de paiement nominatifs de la prévôté pour 1584 et 1585, l'on constate en effet des mutations, toutes par décès, jamais de carences.

Aucun élément ne nous permet de connaître leur valeur. L'on ne peut prendre comme terme de comparaison celle d'un office d'archer de la prévôté de Paris qui était vendue, en 1563, 25 écus par son titulaire[2], mais il en est deux autres qui peuvent servir de base. En 1572, un postulant à l'office de l'un des quatre capitaines du charroi de l'artillerie

à une heure précise et administre tous les saincts sacremens, en cas de nécessité, à ceux de la suitte, ès lieux où Sa Majesté veut aller... » (*Articles et propositions... délibérées en l'assemblée pour ce faicte à Saint-Germain-en-Laye, au mois de novembre 1583,* s. l. 1584, p. 115). Il est piquant de constater les préoccupations d'ordre religieux du père du cardinal.

1. L'Estoile, t. II, p. 396.
2. E. Caron, *A travers les minutes des notaires parisiens*, Paris, 1900, p. 39, n° 130.

aux gages de 100 livres, promet 450 écus à un personnage influent pour en être pourvu : en 1641,
chaque place d'archer de la prévôté de l'hôtel,
« ayant 400 livres de gaiges et de beaux privilèges
pour trois mois de services » vaut au moins
1.200 écus [1]. L'on peut, d'après cela, estimer de 7 à
800 écus la valeur d'un office d'archer de la prévôté
en 1578.

Ce trafic devait être toléré ; l'ordonnance de Blois
(mai 1579) ne vise en effet que les archers des gardes
du roi dont il défendait de vendre « les estats directement ou indirectement [2] » ; il faut arriver à l'ordonnance de 1629 pour y voir ajoutés les archers de la
prévôté dont les offices doivent être « donnés gratui-
tement [3]. »

Leur recrutement se faisait dans un milieu plus
modeste que celui des archers de la garde du roi que
leurs capitaines devaient choisir parmi les « gentilshommes, capitaines ou soldats signalez [4] ». Sur
80 archers inscrits dans les Etats de la Prévôté de
1584 et 1585, deux d'entre eux seulement portent
des titres de seigneuries, Julien Legendre, seigneur
de Meveray, et Charles Sarrazin, seigneur de la
Chesnaye, alors que la plupart des archers des
gardes du roi portent le titre d'écuyer et cumulent
quelquefois avec des emplois dans de grandes maisons. André de Bessing, archer des gardes du roi
sous Clermont d'Entraigues, beau-fils de Jean Laus-
son, capitaine du château de Marcoussis, est aussi

1. *Le plus ancien état de la France*, 1641-1642 (*Doc. d'hist.* 1913,
n° 2-4. p. 414).
2. Art. CCLX.
3. Art. CXCII.
4. Ordonnance de Blois, mai 1579 (*Art. C C L X*).

maître d'hôtel de François de Balsac, chevalier des ordres du roi, et épouse Catherine Dupons, fille de chambre de madame d'Entraigues [1] ; Guillaume de Becquaire, écuyer, archer des gardes du corps de la reine-mère, est domestique de la maison de Louis de Saint-Gelais de Lanssac et de Gabrielle de Rochechouart sa femme, et épouse la veuve d'un marchand bourgeois de Paris [2]. Il faut reconnaître toutefois la moyenne aisée de la situation des archers de la Prévôté, prouvée par quantité d'actes insinués à cette époque au Châtelet de Paris, contrats de mariage, donations, testaments.

L'un d'entre eux nous montre qu'ils ne dérogeaient pas à la tradition des alliances initiées dans la maison de leurs chefs, où ils devaient fréquenter. En 1585, l'un d'eux, Jacques du Boys, épouse Jeanne Fasquel, fille d'un laboureur près Clermont en Beauvoisis, servante dans la maison de Robert Glisson « premier lieutenant clerc de la Prévôté ; au contrat, les maîtres de la maison s'engagent à faire aux futurs époux « la veille des épousailles » un don de 60 écus [3]. On peut facilement s'imaginer qu'il en était de même chez le grand prévôt et que son archer, Claude Labbé, habitant sa rue, devait lui rendre plus d'un service domestique.

Tous les archers de la Prévôté n'habitaient point Paris, ou plutôt n'y étaient pas domiciliés ; aux états de paiement, quelques-uns sont inscrits comme demeurant à Saint-Pierre-des-Curés près Sainte-Barbe-en-Angoumois, à Roussy-en-Brie, à Gournay,

---

1. Arch. Nat. Y 122, fol. 335 V° (5 février 1581).
2. Arch. Nat. Y 123, fol. 461 V* (2 avril 1582).
3. Arch. Nat. Y 127, fol. 179.

à Soissons... Comme ils ne servaient point alors par quartier, il est à croire, qu'avec leurs déplacements très fréquents, hors de Paris, à la suite de la Cour, un certain nombre préféraient garder leur résidence familiale d'attache habituelle, en province, vu la pénurie des logis et la cherté des loyers, l'un des effets de la crise économique de la fin du xvi° siècle[1].

Leur réputation était loin d'être sans tache (le nom de Rappinart, porté par l'un d'eux, est suggestif) et leurs fonctions répressives leur valaient une impopularité de tradition. Aussi, loin de se targuer d'appartenir à la prévôté, se paraient-ils invariablement dans les actes du titre d' « archer de la Garde du Roy sous la conduite du Sr de Richelieu » ainsi que les désignaient, du reste, leurs trésoriers-payeurs dans leurs états. Leurs confrères des prévôtés des villes et des maréchaux n'étaient pas mieux famés, et avec quelque raison. On les surnommait « les Rouards ». « Ils sont plus grands larrons que les voleurs », dit un contemporain ; les cabarets leur servent de vaches à lait et de pension ordinaire, outre leur paye... ; le peuple courroit plutôt sur eux que non pas sur nuls autres, s'il convenait courir sur les plus insignes voleurs des Provinces, car ils sont des brigands qu'il faudrait pendre, et est besoin d'y pourvoir[2]. »

A la session des Grands jours de Poitou de 1579, les archers des prévôts des maréchaux de la pro-

---

1. *La crise économique au XVIe siècle*, Paris, 1922, p. 18 et suiv.
2. Nicolas MONTAUD, *Le Miroir des Français*... Paris, 1581, p. 367.

vince étaient l'objet de plaintes à la Cour, de la part de leurs chefs et des officiers locaux du roi, pour refus d'obéissance et connivence avec les malfaiteurs qu'ils devaient poursuivre[1]. Convenons que c'était peccadille à côté de l'aventure sinistrement comique de ce lieutenant de la prévôté de Bellac, condamné en 1634, à ces Grands-jours, à subir le même sort qu'un pauvre gueux qu'il avait conduit tout guilleret à la potence, à la place d'un criminel condamné, en lui donnant 20 pistoles et en l'assurant de sa grâce[2]!

Malgré la forte discipline indispensable pour empêcher leurs abus, les mailles de leur service compliqué étaient trop larges et les tentations trop fréquentes pour que la défiance qu'ils inspiraient ne fût pas quelque peu justifiée ; elle leur valait d'avoir, eux aussi, leur part dans les prohibitions des ordonnances qu'ils devaient faire respecter. Ils eussent été mal venus de s'en formaliser : leur chef, le grand prévôt lui-même, était visé avec eux ! L'Ordonnance du 24 mars 1559, plus spéciale aux déplacements de la Cour, lui ordonnait à lui et à ses archers « de ne prendre ni souffrir être pris aucuns chevaux, charettes ou chariots, s'il n'est de gré à gré et en payant raisonnablement[3] ». Celle du 30 décembre 1570 réitérait la même injonction ; mais les occasions devaient être trop tentantes : l'ordonnance suivante faisait sagement la part du feu, avec les apparences de la légalité, en attribuant par confiscation aux lieutenants et aux archers la moitié des chevaux

---

1. Les Grands Jours du Poitou (H. IMBERT, *Mém. de la Société de statistique... des deux Sèvres*, Niort, 1878, p. 133).

2. *Ibid.* p. 263.

3. P. de MIRAUMONT, *op. cit.* p. 401.

trouvés dans les villages occupés par la suite de la
Cour sans « les étiquettes » réglementaires des fourriers[1].

Quant à ne point payer leurs hôtes dans leurs
séjours de passage, ce devait être pour eux monnaie
courante, comme pour leurs confrères de province,
et même chose admise. Dans les prescriptions
royales au grand prévôt, ne lui était-il pas recommandé de sévir contre tous les délinquants sans
exception, y compris ses hommes, pour prêcher
d'exemple[2]?

L'uniforme régulier des archers de la prévôté était
« le hocqueton d'orfèvrerie » écussonné des armoiries
et de la devise royale accompagnée sur la hauteur de
l'écusson d'une figure d'épée de même matière que
lui, pour le différencier de celui des archers de la
garde ; on verra plus loin ce qui avait motivé cette
mesure appliquée en 1571. L'épée et la hallebarde le
complétaient ; celle-ci n'était point seulement une
arme de parade, et ils la maniaient à l'occasion, dans
la manière forte. Les contrevenants aux ordonnances
en savaient quelque chose, car il était permis aux
archers (un privilège partagé avec leurs confrères
des gardes) de tuer s'il le fallait, pour les séparer,
ceux qui mettaient les armes au poing à la suite de
la Cour[3].

En fonctions, ils devaient toujours porter leur

1. P. de MIRAUMONT, *op. cit.* p. 449 (Ordonnance du 5 février 1572).
2. *Ibid.* p. 358 (Ordonnance du 13 octobre 1573).
3. *Ibid.* p. 495 (Ordonnance du 31 octobre 1576).

hoqueton « vestu », (un détail des règlements qui révèle un laisser-aller fréquent) et leur hallebarde en main. La peine prévue aux ordonnances pour celui qui faisait « aucun exploit et exécution de justice » sans avoir son hoqueton[1] permet de croire qu'ils prêtaient la main à l'exécuteur des hautes œuvres dans son sinistre travail. Aucun chroniqueur de Paris ne nous éclaire sur ce détail pittoresque. Le registre des Grands jours de Poitiers en 1579 a été plus prolixe ; il nous apprend que trois de leurs collègues de la Prévôté de cette ville étaient commis par la Cour pour donner la question ; ce leur valait le payement de 34 vacations pour « les questions, présentations de question, et assistance aux exécutions de mort et de verges, pour l'exécution des arrêts de la Cour[2]. »

*
* *

Les pouvoirs du grand prévôt, à la fois juridiques et exécutifs, assurés par une force militaire indépendante et autonome dans le logis du roi, ne pouvaient moins que donner lieu à des conflits permanents avec les officiers supérieurs de la maison royale, surtout avec les capitaines des gardes du corps. Ceux-ci, qui tiraient leur autorité de la même source, étaient naturellement jaloux de leurs prérogatives personnelles et de leur influence sur leurs hommes, diminuée par l'ingérence humiliante d'un tiers. Ces conflits s'aigrissaient encore davantage par les questions continuelles de préséance, d'attri-

---

1. P. de Miraumont, *op. cit.* p. 384.
2. Les grands jours du Poitou, *op. cit.* p. 164 et 201.

butions et de discipline, et par le contact forcé et continu des archers des deux corps qui épousaient les prétentions et les querelles de leurs chefs.

Cette rivalité n'avait point l'acuité de celle qui se manifestait si fréquemment plus tard entre les gardes du Roi et ceux du Cardinal de Richelieu. Celle-là devait son intérêt à la qualité des maîtres et à leur jalousie secrète latente sur ce terrain[1]; mais elles étaient toutes deux du même ordre, présentaient les mêmes péripéties, et donnaient lieu à des incidents plus fréquents et tout aussi pittoresques; on le constatera un peu plus loin. *Habent sua fata libetti :* si l'imagination de l'auteur des *Trois Mousquetaires* s'était exercée sur le *Traité de la Prévôté* de Miraumont, au lieu de rencontrer les *Mémoires de M. d'Artagnan,* les jeunes générations auraient rêvé, pendant un siècle, sur les hoquetons de la Prévôté et de la garde, avec la sombre vision de la silhouette de la potence d'un nouveau Tristan l'Hermite se détachant dans le fond du tableau sur les lueurs joyeusement fantastiques des orgies de la Cour raffinée et jouisseuse de Henri III.

Ni les arrêts, ni les règlements de toute sorte n'arrêtaient les conflits. Le premier, en date du 8 décembre 1551[2], était uniquement de principe et concernait d'une part le prévôt de l'hôtel, de l'autre les maîtres d'hôtel, capitaines des gardes, écuyers et autres principaux officiers du roi. Il laissait à ces derniers la correction et discipline domestique des fautes de leurs subordonnés, dans l'exercice de leurs fonctions, s'il n'en résultait toutefois ni

1. La Maison du Cardinal de Richelieu, p. 404 et suiv.
2. P. de MIRAUMONT, *op. cit.* p. 323.

amende pécuniaire, ni punition corporelle; les autres cas, et notamment ceux qui entraînaient une procédure par procès ordinaires ou extraordinaires, ressortaient du prévôt de l'hôtel, comme juridiction, correction et punition. Néanmoins, les capitaines des gardes et leurs lieutenants devaient prendre et saisir le plus diligemment possible leurs archers délinquants et les mettre aux mains du prévôt. Quant aux officiers, ce dernier pouvait les prendre et faire prendre par ses lieutenants et archers, s'ils n'avaient déjà été arrêtés par ordonnance des maîtres d'hôtel, écuyers et autres officiers; dans ce dernier cas, ils devaient les mettre aux mains du prévôt, pour leur procès et punition.

Le soin apporté dans ce document à ménager la susceptibilité des capitaines des gardes, tout en affirmant l'autorité supérieure et définitive du grand prévôt, prouve la gravité de la question et les résistances rencontrées; l'ordonnance leur était signifiée nominativement le 3 janvier 1552.

Elle était loin d'avoir amené la paix. Quatre autres se succédaient de 1570 à 1576. Le 16 juin 1570, un arrêt du Conseil, basé sur le règlement de 1551 qu'il confirmait, ordonnait au sieur de Serlan, premier maître d'hôtel du roi, « de mettre ès mains du prévôt de l'hostel, pour faire son procès », un sommelier du roi, du Mesnil, inculpé du meurtre d'un laquais du sieur de Lenoncourt[1]. Un nouveau différend se produisait ensuite sur une question de préséance, au sujet de l'entrée des archers du prévôt au logis de Sa Majesté : un règlement y mettait fin

____

1. P. de MIRAUMONT, *op. cit.* p. 329.

en leur accordant l'entrée dans la cour du logis, mais sans l'accès aux escaliers, degrés, chambres ou salles, et cela sans se mêler aux archers des gardes et faire la haie avec eux.

La confusion des deux corps, inévitable malgré cela, amenait des conflits. Pour l'éviter, l'ordonnance du 2 mars 1571 [1], tout en confirmant ces dispositions, ordonnait aux archers du prévôt de porter sur l'écusson de leurs hoquetons un insigne spécial, la figure d'une épée.

Le 21 février 1576, nouveau règlement [2]; il reproduisait textuellement, en les confirmant, ceux de 1551 et 1571, en y joignant la défense aux archers du prévôt d'entrer dans le logis royal, sans leur hoqueton. Il était loin toutefois de donner satisfaction aux gardes du roi, et peut-être répondait-il de façon détournée ou à un subterfuge de leurs confrères de la Prévôté pour se mêler à eux, sans être reconnus, ou à quelque bon tour de corps de garde qui avait provoqué un scandale. Quoiqu'il en soit, leur capitaine, Nicolas Degreville, auquel l'arrêt était signifié le 21 mars suivant, par l'huissier du Conseil, refusait d'en prendre la copie, disant qu'il n'en avait que faire, après avoir répondu qu'il avait été donné sans l'ouïr, qu'il en parlerait au roi, et qu'il ferait « ce qu'il plaira à Sa Majesté lui commander. »

Cette même année de 1576 voyait le dernier règlement ayant trait à la question, avant l'entrée en charge de François du Plessis [3]. Encore, n'y est-

1. P. de Miraumont, *op. cit.* p. 332.
2. *Ibid.* p. 335.
3. *Ibid.* p. 381.

elle traitée qu'incidemment, par le rappel textuel des prescriptions de celui de 1571, car il est destiné et adressé uniquement au grand prévôt et consacré à ses devoirs de police[1]. Il confirmait aussi une ancienne coutume intéressante : sans se mêler aux archers de la garde, ceux du prévôt marchaient avec lui et ses lieutenants devant Sa Majesté, quand elle sortait pour aller à la messe, ou ailleurs en cérémonie.

*
* *

Les obligations du grand prévôt et de ses hommes, lieutenants, archers, et même greffier et procureur avaient beau être chargées, complexes et délicates ; elles n'étaient rien à côté de celles des trésoriers-payeurs chargés d'assurer leur solde. Ces deux officiers devaient plus d'une fois souhaiter de pouvoir échanger leur travail de comptable contre les randonnées, aussi périlleuses qu'elles fussent, des lieutenants de robe courte, voire même contre les péripéties de la chasse à l'homme où la hallebarde des archers résolvait sur le dos des vagabonds des problèmes de façon autrement simple que leur plume sur les colonnes blanches de leurs rôles. C'est que ce n'était point petite chose que d'arriver à trouver les fonds nécessaires au payement régulier des gages du personnel de la Prévôté, une somme bien modeste pourtant, puisqu'elle ne chiffrait que 13.816 écus deux tiers, pour une année, en 1585.

---

1. Publication et observation des ordonnances, ronde des champs autour de la Cour, ronde quotidienne autour du logis royal, surveillance des lieux publics, marchés, basse-cour et places en avant du logis royal, etc.

Leur solde annuelle de 266 écus deux tiers, le double
de celle des lieutenants, n'était pourtant pas exagé-
rée. Il suffit, pour l'apprécier, de supputer les
dépenses et démarches que leur coûtait l'encaisse-
ment des mandats délivrés à leur nom par un des
trésoriers de l'épargne sur les caisses de quelques-
uns des dix-sept receveurs généraux des finances.
Celles-ci étaient généralement à sec, et même épui-
sées d'avance par les besoins multiples, capricieux et
imprévus du pouvoir central : le chapitre de la
recette qui ouvre l'état de la Prévôté en 1584, est,
sous ce rapport, singulièrement intéressant, comme
chapitre des mœurs financières de la fin du règne de
Henri III.

Inutile de dire que les fonds manquaient souvent...
En 1578, date de l'entrée en charge de François du
Plessis, Jean Chesneau, le greffier et quatre archers
ne pouvaient, faute d'espèces, toucher leur dernier
quartier de cette année ; il leur fallait attendre cinq
ans, jusqu'au janvier 1583, pour en être payés !...
Et parfois, le déficit ne venait pas de la recette
seule. Le roi puisait dans les coffres de la Prévôté
comme dans les autres coffres publics ; en 1578, ils
avaient dû attirer tout particulièrement son attention, car en 1584, le trésorier Loys Guerry note le
remboursement de 333 écus un tiers, et en 1585,
Philippe de Mainferme (un nom prédestiné) celui de
pareille somme fournie au roi cette année-là. Chacun
d'eux touchait, il est vrai, pour ce motif, une augmentation de gages de 33 écus 20 sols.

Les trésoriers-payeurs servaient alternativement
par année, échangeant à tour de rôle leurs fonctions,
depuis la réduction des deux offices en un seul en

1579[1]. Les gages fixes étaient réservés au payeur, alors que son confrère tenait la comptabilité recette et recevait comme gages un pourcentage sur elle, 14 deniers par livre. Le curieux de détails lira avec intérêt que sur la recette de 1584 s'élevant à 9.315 écus 20 sols, ce droit chiffrait 572 écus 88 sols, et 845 écus 3 sols 6 deniers sur la recette de 1585 s'élevant à 13.750 écus.

L'importance relative de ces sommes s'explique; elles représentaient, en plus des gages du trésorier, les frais de « port, voitures, frais et recouvrement de ses assignations et charges de compte », lui incombant.

Les 32 écus portés sous la rubrique énigmatique « Espèces de comptes », représentent la somme payée à l'agent « commis à recevoir les droits et espèces de nos Seigneurs des Comptes. »

Enfin, pour ne rien omettre, les trésoriers-payeurs recevaient, suivant le tarif des ordonnances d'Orléans de 1560, 2 sols 6 deniers pour « la façon et escriture de chaque feuillet » du compte « raisonnablement écrit » à raison de 25 lignes par page et 15 syllabes en chaque ligne[2]. Celui de 1584 qui en avait eu 114, avait donc valu 9 écus 6 sols de rémunération au trésorier, en y comptant le double accoutumé.

Sauf de très rares exceptions, les officiers tels que lieutenants, procureur et greffier donnaient quittance de leurs gages de leur main, les archers par notaires, faute sans doute de ne savoir signer. Aussi les deux notaires au Châtelet attitrés de la Prévôté,

1. Art. CCXLIX de l'Ordonnance de Blois.
2. Art. LXXX.

maîtres Dohin et Desquatrevaulx, devaient-ils la compter au nombre de leurs bons clients, car au rôle de 1584, sur 80 archers, 76 avaient recours à leur office, et encore dans les quatre qui donnent eux-mêmes quittance, comptons-nous « le premier archer exempt » qui ouvre la liste.

Reste le grand prévôt. A ses maigres gages de 666 écus deux tiers, s'ajoutaient 253 écus « seulement » (un mot significatif du rôle) pour « ses frais de justice accoutumés », gages de l'exécuteur, du trompette et « les œuvres de charpenterie, comme eschafauds, potences, roues, bois à brûler et autres frais ». Ces deux derniers petits mots évoquent tout l'arsenal sinistre de la justice criminelle du temps, depuis la corde du gibet et les poteaux du pilori et des têtes, jusqu'à l'entonnoir et le broc pour la question de l'eau et les coins de bois pour celle du brodequin que Balzac a fait revivre dans sa *Conjuration calviniste*.

Comme on le voit, le grand prévôt avait son exécuteur attitré, que l'on a dû plus d'une fois appeler son « laquais », comme on le faisait des bourreaux de Montluc[1]. Ce personnage était, sans doute, toujours à sa disposition, sans être payé sur mémoire, comme son confrère, Gabriel Royer, l'exécuteur de la haute justice de Poitiers, aux Grands jours de 1579. Lorsque François du Plessis, après le meurtre du duc de Guise, entrait dans la salle des États à Blois, pour s'assurer des membres du bureau du Tiers, il avait à ses côtés ce sinistre compagnon, d'après les pamphlets de la Ligue...

---

1. Montluc, *op. cit.* p. 216.

Quant aux « œuvres de charpenterie », le mémoire
détaillé de Nicolas Gaillard, le maître charpentier de
Poitiers, qui travaillait pour la Cour des Grands
Jours pourrait nous fixer sur leur coût. Il recevait un
mandat de payement de 11 écus, deux tiers de sou,
pour la fourniture de deux eschaffaulx, « potences,
poteaulx et échelles » employés aux exécutions,
depuis l'ouverture de la session jusqu'au 30 octobre,
deux décapitations et deux pendaisons ! Les prix de
Paris étaient sans doute plus élevés ; aussi, le
grand prévôt, chichement rémunéré pour ces tristes
dépenses, s'en plaignait-il amèrement bientôt. Qu'aurait pu dire l'un de ses prédécesseurs en 1543, François Patault, sieur de la Voulte, qui en exécutant un
édit de Plessis-les-Tours contre des bandits, en
faisait pendre trente sur place, et amenait les autres
à Poitiers où ils furent condamnés à mort ou aux
galères [1] ?

*
* *

Comme grand prévôt de France, François du
Plessis recevait en plus une pension de 2.000 écus.
Ses deux charges lui valaient donc par an 2.666 écus
deux tiers, soit 8.038 livres, somme considérable
pour un seigneur habitant la province, mais exagérément faible dans ses fonctions à la Cour et son
rang. Il jouissait, il est vrai, d'après les ordonnances
de Henri II encore en vigueur, de la prérogative
d'insaisissabilité de ses gages comme les cent gentilshommes, officiers, domestiques de la maison

---

1. Nicolas MONTAUD, *op. cit.* p. 366.

royale et archers de la garde[1] ; mais, comme on le verra, ce privilège était bien platonique, et même s'il eut été levé, ses créanciers eussent été bien empêchés de tirer de ses gages le moindre sol !

*
* *

Il serait trop facilement ironique de parler du Cabinet de François du Plessis qui était aussi à sa charge. Un secrétaire lui était pourtant indispensable, ne fût-ce que pour suppléer à son manque de culture dont on a vu un échantillon. Celui du début nous est connu, grâce à un document, Adam Bajoue, un homme de confiance, s'occupant avec dévouement de ses affaires, comme Le Masle plus tard pour son fils. Ce personnage, d'abord trésorier-payeur de la compagnie du Prince de Dombes commandée par François du Plessis[2], est ensuite qualifié « de la maison » de ce dernier en 1577[3] puis son « secrétaire », le 31 juillet 1578[4], alors que le lieutenant était devenu grand prévôt. Quelques années plus tard, en 1585, devenu trésorier de la gendarmerie de Niort, il figure comme comptable et homme d'affaires de Richelieu dans un acte d'emprunt[5]. Après la mort de son ancien patron, il

---

1. En 1619, P. de Miraumont, lieutenant général de la Prévôté, obtenait, à ce titre, du Conseil d'Etat, main-levée de la saisie faite sur ses gages par ses créanciers. (*Arrêts et règlements des Conseils d'Etat et privé du Roi et du Grand Conseil sur les charges des Lieutenants de robe longue en la Prévôté de l'hôtel...* Paris, 1649, p. 103 et 113.)
2. B. N. CLAIRAMBAULT, 188 fol. 7189, n° 36.
3. B. N. FRANC. 26159, fol. 443-445.
4. B. N. FRANC. 2616, fol. 812.
5. Ms. orig. *Coll. de l'auteur.*

continua à s'occuper des intérêts de la famille, notamment pour la ferme de l'abbaye de l'Absie en Gâtine; plus tard, il fut économe des revenus temporels de l'évêché de Luçon à la mort de son titulaire, Jacques du Plessis, un oncle du grand prévôt, en 1592.

CHAPITRE IV

La crise économique et les difficultés de la vie à l'entrée en fonc-
tion de François du Plessis. — Les charges domestiques d'un
grand officier de la Couronne. — Le renchérissement de
la vie et le luxe de la Cour ; la table, le costume, le train de
maison, les voyages. — *Le poids de la question financière sur*
toute la vie du grand prévôt.

Lorsqu'il s'installait à Paris pour prendre possession de sa charge de grand prévôt, François du
Plessis devait regretter amèrement le temps où il
était simple capitaine de la compagnie du Prince de
Dombes, à ne considérer que les difficultés matérielles qu'il y trouvait. Elles étaient de tel ordre et
pesaient si lourdement sur sa vie pendant toute son
existence, qu'une partie de ses énergies s'est usée à
se débattre lamentablement dans les embarras pécuniaires. Aussi leur examen préliminaire s'impose-
t-il ici tout d'abord.

Ces difficultés étaient dues à la fois aux conditions de la vie à cette époque, et aux obligations
que créait à Richelieu sa haute situation à la Cour.
Son cas était, du reste, non seulement celui de
tous les grands officiers de la Couronne, mais de

tous les seigneurs qui avaient à tenir un rang à la Cour. Cette dernière remarque donne une portée d'ordre général à ce chapitre, tout en justifiant son titre.

*
* *

Le temps était loin, et il y avait pourtant de cela treize ans à peine, où le jeune duc de Bouillon, mené à la Cour de Charles IX à l'âge de dix ans, pouvait faire figure, auprès du jeune frère du roi, avec les 12.000 livres que lui donnait par an son tuteur, M. de Chavigny. Il a un gouverneur, « très-sage et très honneste gentilhomme », un écuyer, deux pages, un fourrier, un cuisinier, un sommelier, deux laquais, un argentier et « il prend sa nourriture à la manière de la Cour[1]. »

Il n'en était plus ainsi en 1578, une date critique, au point de vue de la vie matérielle, pour tous les rentiers ou fonctionnaires comme François du Plessis. La crise économique de la fin du XVIe siècle[2] battait alors son plein, bien que devant se continuer, et même s'aggraver par certains côtés, jusqu'à la fin de la Ligue.

Le renchérissement de la vie, signalé par tous les écrivains du temps[3], avait atteint des proportions formidables, allant jusqu'au quintuple. La première cause en était la raréfaction des denrées et objets manufacturés due à la guerre. La dévastation des

1. Duc de Bouillon, *Mémoires* (Edit. Michaud), p. 2.
2. Cf. La crise économique de la fin du XVIe siècle, Paris, 1922.
3. Jean Bodin, *Discours sur le rehaussement et diminution des monnayes*, 1578. — Du Haillan, *Discours sur les causes de l'extrême cherté qui est aujourd'huy en France*, ... 1586. — Jean Du Laurier, *De l'estat présent de ce royaume...* 1583, etc.

champs et des métairies, la destruction et l'enlève-
ment du bétail par « le dégât » ou « la picorée » des
gens de guerre, amis et ennemis, le manque d'entretien et la ruine des bâtiments, la raréfaction de la
main-d'œuvre par l'enrôlement de gré ou de force
des gens de la terre et de métier et par la mortalité
anormale, l'expliquent surabondamment. La spéculation effrénée des marchands, l'improbité des fabri-
cants venaient s'y ajouter.

C'est en vain que des prescriptions minutieuses de
police pour la taxe des denrées, la régularisation des
transactions, la suppression du courtage, de l'acca-
parement, des accords syndicaux, des « monopoles »,
avaient tenté d'y remédier. De nouvelles mœurs
avaient pris racine pour créer une atmosphère d'appétits sans frein ; elles étaient nées de la guerre, engen-
drées par l'oisiveté des camps, la vie facile chez l'habitant, l'habitude des aventures, de la rapine et du
butin, la désaccoutumance du travail. Tout ce qui, de
près ou de loin était mêlé au trafic en avait subi l'influence. Il faut y joindre aussi la collusion des marchands avec les officiers du pouvoir chargés de
réprimer les fraudes ou la spéculation.

Le problème angoissant de la vie matérielle se pose
avec une telle acuité dans tous les esprits qu'il provoque des mots frappés au coin. Voici l'un d'eux : « Il
est à craindre qu'il ne faille dans peu de temps aussi
gros d'or et d'argent pour la nourriture d'un homme,
comme il pourroit estre pesant[1]... »

Inutile de dire, après cela, quelle part occupe la
table dans les dépenses domestiques. Le maréchal de

1. Le Miroir des françois... Paris, 1581, p. 212.

Vieilleville, qui sait compter, estime aux deux tiers de son revenu l'économie que fait un « effronté escornifleur de son temps en suivant, par son entregent, les tables des princes et seigneurs de la Cour, et bien souvent celles des maistres d'hostel du Roy, sans desdaigner celle des gentilshommes suivants [1] ».

Chez le roi même, l'on mange très mal « bien que toutefois par boutades, l'on fasse quelque bonne chère » ; sa table est cependant recherchée du courtisan qui « ne demande que d'avoir bouchée à la Cour et à l'armée ; car, quelque petit ordinaire qu'il lui faille tenir, il luy desbauche fort sa bourse [2]. »

Il en est comme des denrées, des objets manufacturés, linge, vêtements, chaussures ; à tout s'applique ce mot typique : « Les marchandises sont comme les pierres précieuses, et valent tout autant que ceux qui les ont les prisent [3]. »

Que dire des voyages, un élément majeur du budget du grand prévôt, obligé par ses fonctions à en faire de longs et fréquents ? Les fortunes scandaleuses, rapidement acquises par les hôteliers, retenaient l'indignation d'un contemporain, de même que le prix de louage des chevaux atteignant 10, 12 et 15 sols par lieue [4].

L'Ordonnance de 1578 taxait rigoureusement sous de fortes peines, la dépense par homme et par cheval « allant par les champs [5] », mais c'était lettre morte. Lippomano, l'ambassadeur vénitien, contait que vers

---

1. VIEILLEVILLE, *Mémoires* (Edit. Michaud), p. 331.
2. BRANTOME, *Mémoires* (Société de l'Hist. de Fr.), t. III, p. 123.
3. Le Miroir des françois, p. 465.
4. JEAN du LAURIER, *De l'estat présent de ce royaume...* Paris, 1583, p. 110.
5. Arch. cur. CIMBER et DANJOU, t. IX, p. 177.

1578, à Poitiers, 40 sols tournois par jour ne lui avaient pas suffi dans son hôtellerie, alors que très peu d'années àvant, un gentilhomme italien de ses amis n'avait payé dans cette ville que 12 à 14 sols tournois par jour pour lui avec son cheval et deux laquais [1].

La conclusion logique et la conséquence d'un tel ordre de choses semblerait être la restriction. C'est l'inverse qui se produit : « chacun veut avoir ce qui est le plus cher, quoiqu'il couste [2] ». Le renchérissement de toutes choses est accompagné, comme dans un défi au bon sens, par un vent de folie, de luxe et de dissipation.

Il souffle d'abord sur la table. Au lieu de se contenter des trois anciens services classiques de bouilli, de rôti et de fruit, il faut cinq ou six façons de viandes sophistiquées avec toutes les complications possibles de sauces, de hachis, de pâtisseries, de salmigondis, et autres diversités de bigarrures... Un autre détail : le vin, autrefois d'un usage restreint, est d'un abus général ; personne qui s'en abstienne, enfants, filles, serviteurs, chambrières, charretiers, et tous autres [3].

Suzanne de la Porte avait le droit, sur ce terrain, et dans l'intimité, de refréner, sans qu'on y trouvât à redire, les fantaisies ruineuses de son écuyer de cuisine, mais là s'arrêtait sa liberté de bonne ménagère, qu'elle devait abdiquer devant le monde, au seuil de sa garde-robe.

La « suffisance honneste [4] » dont elle se serait con-

---

1. Relat. des ambas. vénit. (*Doc. inéd.*), t. II, p. 177.
2. Traité des finances de France... 1580 (*Arch. cur.* t. IX, p. 340).
3. Du Haillan, *op. cit.* p. 160 et suiv.
4. Lanoue, *Discours polit. et milit.* 1614, p. 230.

tentée chez son père n'était plus de mise pour la femme du Grand prévôt de France ; la mode s'imposait à elle, avec toutes ses exigences, et elles n'étaient pas peu ruineuses. Les étoffes précieuses d'abord, draps d'or, d'argent, de soye, et les ornements et passements assortis qu'il faut montrer sur « les chappeaux, cappes, manteaux, collets, chausses, pourpoints, juppes, casaques, ou colletins[1] », sans parler des artifices de façonnage exigeant le triple de l'aunage d'étoffe strictement nécessaire[2].

Ce n'était pas tout. Lippomano a laissé de curieux renseignements sur la variété insaisissable des vêtements qui défilaient devant lui comme couleur et comme forme, ainsi que dans la manière de les porter. Ces nouveautés de l'habillement se succédaient de jour en jour et d'heure en heure : un homme de cour n'est pas estimé riche s'il n'a 25 à 30 habillements de différentes façons, un par chaque jour du mois, et « il n'ose paraître en bonne compagnie qu'il ne soit doré comme un calice[3]. »

L'âge d'un vêtement ordinaire entre les courtisans est de trois mois, d'un extraordinaire six, entre l'autre noblesse d'un peu plus de temps, et cela sous peine de s'exposer au ridicule et aux quolibets[4].

Pour ne pas faire partie de l'élite des raffinés qui donnait le ton, le grand prévôt n'en était pas moins obligé à une tenue très coûteuse. Le roi aimait fort la propreté, le raffinement et la recherche dans les ajustements pour sa personne et celle de ses servi-

1. Du Haillan, *op. cit.* p. 166.
2. *Ibid.* p. 168.
3. Lanoue, *op. cit.* p. 229.
4. *Ibid.* p. 232.

teurs, et pour se conformer à l'étiquette de rigueur, Richelieu, comme les autres visiteurs, ne devait jamais entrer dans sa chambre qu'il n'eût l'escarpin blanc, la mule de velours noir, avec le bas d'attache et un costume impeccable[1].

Les édits somptuaires, bien qu'inspirés par un sage souci de réformer le luxe, avaient eu, en fin de compte, un effet diamétralement opposé, tout au moins pour les classes élevées. Leurs tolérances vis-à-vis de celles-ci constituaient un véritable code de luxe obligatoire, auquel n'auraient pu déroger sans déchoir tous les privilégiés. Quel scandale, suivi de leur mise à l'index irrévocable, pour les femmes et filles de Conseillers par exemple, qui n'auraient pas usé pour le moins de la prérogative de se parer de bijoux comme des châsses, et d'arborer en public « des perles et pierreries en or émaillé ou non émaillé à la tête pendants d'oreilles, colliers, poinçons, bagues, chaînes, bracelets et ceintures, patenostres et chapelets, fers et boutons devant leurs robes et manteaux » et au moins une rangée, même sans chamarrure aux ailerons et fentes de leurs manches[2]!

Le train de maison comme domesticité était à l'unisson. Secrétaires, argentiers, maîtres d'hôtel, cuisiniers, cochers, tous ces titres voltigent dans la bouche des seigneurs qui n'ont à regretter que l'absence d'une chapelle et du mode royal de service par quartier[3]. Sur ce point, comme sur les autres, la situation de François du Plessis lui

---

1. Girard, *Vie du Duc d'Epernon*, Amsterdam, 1736, p. 13.
2. Déclaration du 24 mars 1583 (Delamare, *Traité de Police*, t. 1, p. 425).
3. Remontrances très humbles... 1588, p. 141.

faisait une règle de suivre l'usage imposé par son rang.

Et encore n'avons nous point parlé des chevaux, un autre luxe de la noblesse, qui était pour le grand prévôt une nécessité avec la fréquence et la durée de ses déplacements.

Au milieu de ces ombres, un seul rayon lumineux venait éclairer le tableau, et encore était-il bien faible.

En entrant en charge, François du Plessis bénéficiait de la célèbre réforme monétaire qui venait d'être promulguée et qui était applicable dès 1578.

L'édit du 21 novembre 1577 avait aboli le compte par livre, l'ancienne monnaie de compte, et la remplaçait par l'écu, tout en fixant à 3 livres la valeur de celui-ci qui était de 4, 5 et même 6 livres en 1576 et 1577. Le gouvernement se flattait ainsi que « l'estimation de toutes choses se faisant sur le prix de l'écu, qui est par ce moyen grandement abaissé, le prix des marchandises, denrées, journées d'hommes, frais, sallaires et généralement toutes choses de commerce en argent, diminueraient à l'équipollent[1] ». Les transactions de toutes sortes, ventes, donations, constitutions de rentes, etc., devaient être évaluées avec cette nouvelle unité de compte, le mot de livre disparaissant de toutes les conventions. Lippomano ajoutait en notant cette réforme : « il est à croire que ce sera pour long-temps, car ce taux est avantageux aux négociants, aux boutiquiers, *aux nobles peut-être* et aux contrôleurs des finances[2]. »

---

1. Ordonnance du Roy, sur le faict et Règlement général de ses Monnayes, Paris, 1578, *Art. V.*
2. Relat. des amb. vénitiens, t. II, p. 583.

Il faut retenir la réserve de l'ambassadeur pour les nobles. On peut leur assimiler les officiers du roi que visait spécialement l'article XI de l'édit. Désormais, ils étaient payés en écus, c'est-à-dire à raison de 1 écu par 3 livres de gages. Ils y gagnaient, étant donné la valeur de l'écu montée successivement à Paris de 3 livres 15 sols, jusqu'à 4 livres 5 sols et à Orléans et autres villes jusqu'à 5 et 6 livres [1], mais ceux seulement dont les gages excédaient les revenus personnels.

Même pour ceux-là, ce n'était en réalité qu'un leurre. La réforme monétaire les aurait avantagés considérablement, si le prix des denrées et marchandises avait été réduit à « l'équipollent » de la monnaie de compte, comme le faisait entrevoir l'édit. Dans la pratique, il ne pouvait rien en être, comme on pense, et par le mécanisme naturel des compensations, la cherté de la vie gardait son équilibre à ce nouveau taux.

Voilà les charges écrasantes que le nouveau grand prévôt de France trouvait devant lui à ses débuts à la Cour ; sa vie se passait à lutter contre elles ou plutôt s'ingénier pour y faire face. En la suivant chronologiquement, comme nous allons le faire, il est bien peu de chapitres où ne revienne la question pécuniaire, comme une obsession qu'il transmettra en héritage à son fils.

1. L'Estoile, t. I, p. 212.

*
* *

Alors qu'il était capitaine, bien que payé irréguliè-
rement, Richelieu était-il encore sûr alors de pouvoir
compter un jour sur sa paye, quitte à attendre que
le coffre d'Adam Bajoue fût assez garni d'espèces.
Désormais, il était loin d'en être ainsi. Le futur
grand prévôt allait apprendre à ses dépens ce que
valait l'honneur d'être payé, non plus par le payeur
de la compagnie, mais par les trésoriers de l'épargne
sous forme d'assignations sur quelque recette générale du royaume. Rien de plus simple en apparence;
malheur à l'intéressé lorsqu'il passait à la pratique!
Même en supposant que la caisse du receveur fût
pleine, ce qui était rare, il fallait aller à la recette,
attendre les rentrées, et montrer patte blanche, sous
peine d'attendre indéfiniment. Le plus court était
de faire comme tous les intéressés au courant des
arcanes du mécanisme financier : s'assurer la priorité
du payement par l'abandon d'une partie de l'assignation.

Le trésorier de la prévôté en exercice en savait
quelque chose. Le cas était prévu pour lui, car ses
gages étaient représentés par un pourcentage élevé
sur sa recette (14 deniers par livre, 6 p. 100 environ).

Il y avait un autre moyen plus expéditif. C'était de
s'adresser à la bourse des « usuriers, billonneurs,
courtiers et négociateurs » qui tenaient leur « place
de change » (le nom de leur Bourse), dans la cour
du château royal de Paris, lorsque le roi s'y trouvait,

dans la cour du Palais, pendant son absence, une tolérance qui remontait à 1576 ou 1578 [1].

Nous anticipons ici. François du Plessis n'était pas encore dans les tenailles du besoin ; son crédit était neuf ; si la dot de sa femme avait déjà été écornée, ses immeubles lui permettaient de réaliser quelques fonds : le jeune ménage n'avait-il aussi, au début, l'aide du beau-père, vaniteux à l'excès et flatté de la situation de sa fille ? Puis il y avait le premier enivrement de la faveur inespérée qui lui était échue, et les illusions d'une vie nouvelle. Peut-être suffisaient-ils à lui apprendre la patience dans les premiers mois de ses fonctions.

1. Remonstrances très-humbles... 1588, p. 165.

CHAPITRE V

Les lettres de provision du 28 février 1578 réunissaient sur la tête de François du Plessis les charges de prévôt de l'hôtel et de grand prévôt de France. Leur teneur en augmentait singulièrement les pouvoirs pour le nouveau titulaire ; ils ne se bornaient plus au droit de conclure les jugements suivant « les voix et opinions » dans les instances civiles et criminelles pendantes par devers lui et ses lieutenants : dorénavant, comme grand prévôt, et sous l'autorité des maréchaux de France, il pouvait « faire ses chevauchées par tout le royaume, où il verra estre besoing, et faisant icelles, contraindre tous les vibail-

lifs, séneschaux et prévôts des maréchaux de luy
exhiber, et représenter et mettre es mains les informations et decrets non executez, pour faire la capture
des délinquantz et leur faire leur procez jusque à sentence définitive exclusivement : ce fait, renvoyer,
ou rapporter le tout par devers le Roy, en son Conseil
pour en estre ordonné[1]. »

Peu après, le 11 mai, des lettres patentes de Henri III
donnaient « accès » au grand prévôt dans le Parlement et au grand conseil[2].

Une première remarque, suggérée par un détail
de ce document, trouve ici sa place. Le bénéficiaire
y est désigné par son nom, comme il le sera désormais dans presque tous les actes royaux suivants,
alors que dans les précédents, pour la plupart, le
prévôt n'est mentionné qne par son titre, comme une
entité impersonnelle[3]. Ce nom n'est pas l'appellation
patronymique, mais celui de Richelieu illustré par
ses oncles. La première était trop répandue ; les
registres de la prévôté pouvaient en fournir un
exemple peu flatteur. Le 25 mai 1504, un Jean du
Plessis avait été condamné à mort et « ses biens et
états acquis confisquez au roy » par un jugement du
grand conseil tenu à Blois, que le prévôt de l'hôtel
d'alors, membre de ce conseil, avait fait exécuter[4].

De Morgues, le fameux pamphlétaire, ignorait
certainement ce détail piquant, lorsqu'il rappelait

1. P. de MIRAUMONT, *op cit.* p. 144.
2. Instit., Godefroy, 288, fol. 27 et 478, fol. 50.
3. Très-exceptionnellement, *la Déclaration du roy, touchant les
lettres de rémission et abolition adressées au prevost de l'hostel,* du
2 mai 1572, est adressée à « *nostre amé et féal le S* de Monterud, grand Prevost general de France et de nostre hostel* (P. de
MIRAUMONT, *op. cit.* p. 275).
4. *Ibid.* p. 159.

ironiquement au cardinal de Richelieu le foisonne-
ment des du Plessis, en le raillant de ses prétentions
à une origine royale [1].

Le grand prévôt, Richelieu (et nous le désignerons
ainsi désormais comme tous ses contemporains) avait
donc, dès ses débuts, un relief de personnalité. Il
s'accentuait vite par l'importance des missions qui
lui étaient confiées.

La première, après sa nomination, était d'ordre
politique et ne faisait que continuer celle qui l'avait
occupé l'année précédente, en le ramenant à nouveau
en Poitou. Au commencement de juillet 1578, le roi
le dépêchait vers le prince de Condé, alors à Saint-
Jean d'Angely [2], avec des lettres et un mémoire de
ce « qu'il aurait à lui faire entendre ». Celui-ci en
accusait réception, ainsi que des communications
verbales [3]; de son côté, Richelieu tenait le roi au
courant de ses pourparlers. Ce sont ces dépêches,
sans doute, qu'Adam Bajoue « son secrétaire »
apportait en poste du Poitou à Paris, voyages dont
les frais motivaient un reçu de 80 écus [4].

On voit de suite la variété des occupations que vont
valoir à Richelieu ses fonctions, ses relations, son
nom, sans parler de sa réputation de dévouement, de
fidélité et de discrétion. Les premières le mettaient
d'abord en contact continu avec toutes les juridictions parallèles à la sienne, et les conflits devaient
être fréquents, avec la complexité des cas qui se présentaient, tant par la qualité des plaignants ou délin-

1. La Maison du cardinal de Richelieu, p. 194.
2. Duc d'Aumale, *Hist. des princes de Condé*, Paris, 1885, t. II,
p. 126.
3. B. N. Franc. 20783, f. 101-106.
4. B. N. Franc. 26161, f. 812.

quants, que par la délimitation des terrains de juridiction. Par ses attributions seules, il portait ombrage
à l'autorité des corps constitués, cours de Parlement,
grand conseil, prévôté de Paris et nombre de ses
actes de police les plus simples devaient leur paraître
des empiétements que son caractère entier et absolu,
tel qu'on l'a vu jusqu'ici, n'était pas fait pour
adoucir.

Son premier conflit se produisait avec la prévôté
de Paris probablement habituée, avec ses prédécesseurs, à une démarcation moins rigoureuse de leurs
prérogatives de police. Le motif ou plutôt le prétexte qui y donnait lieu ne manque pas de sel, et
la cause pourrait figurer en bonne place dans le
chapitre du renchérissement de la vie sur la crise du
logement à Paris à cette époque. Des gentilshommes de la suite du roi, logés dans cette ville
par les maréchaux des logis et fourriers Sa Majesté,
avaient été actionnés devant le prévôt de Paris par
leurs propriétaires ; ceux-ci les appelaient en garantie des réclamations de soi-disant locataires évincés
qui se prétendaient frustrés dans leur jouissance. Malgré la requête de renvoi devant le prévôt de l'hôtel,
présentée par les défendeurs, le prévôt de Paris avait
retenu la cause, prononcé son jugement contre les
gentilshommes, et l'appel était pendant en cour de parlement. Ceux-ci se réclamaient alors de la juridiction du prévôt de l'hôtel, et posaient la question de
principe en demandant au roi de défendre au prévôt
de Paris de connaître du différend comme de tous
autres, vu leur qualité, d'exécuter la sentence, et
de l'en dessaisir, en évoquant l'affaire devant lui.
Le roi leur donnait gain de cause ; son arrêt du

20 juin 1578 évoquait l'affaire devant son conseil, et confirmait la compétence du prévôt de l'hôtel en interdisant au prévôt de Paris d'empiéter sur elle à l'avenir pour tous différents analogues [1].

Le Parlement subissait, par contre-coup, le même échec. La connaissance du procès, appelé devant lui, lui était interdite. Mais il ne se tenait pas pour battu, comme on le verra bientôt et les conflits continuaient jusqu'à ce que Richelieu arrivât par son énergie à faire reconnaître et sanctionner ses droits.

Et il fallait, en effet, de l'énergie tenace, doublée d'une volonté peu commune pour tenir tête au cercle d'hostilités puissantes qui l'enserrait, Parlement, prévôt de Paris, grands officiers des Finances, maison militaire du roi. C'en était assez pour le désigner à l'attention de la reine-mère, experte en énergies humaines, mais il y avait d'autres motifs pour lui valoir l'égide souveraine de la femme de génie qui était alors l'âme de l'Etat et que l'on regardait comme « quelque chose de surhumain [2] ». Ils avaient d'autant plus de poids que Catherine de Médicis était à ce moment dans le feu des préparatifs secrets de son projet grandiose de la conquête du Brésil, retrouvé et si magistralement décrit par M. de la Roncière [3], et que sa clairvoyance lui faisait rechercher, plus que leur nombre, « des forces bien unyes et obéissantes [4]. »

1. P. de Miraumont, *op. cit.* p. 282 et suiv. (20 juin 1578).
2. Relations des ambassadeurs vénitiens... au XVIᵉ siècle, t. II, p. 627.
3. Ch. de la Roncière, *Hist. de la marine française*, Paris, 1910, (Le secret de la Reine,) t. VI, p. 108 et suiv.
4. Catherine de Médicis à Matignon, 10 janvier 1582 (*Lettres de Catherine de Médicis*, comte Baguenault de Puchesse), t. VIII, p. 3.

Richelieu était une de celles-là et par tous ses éléments. Le premier, seul, le sang, le prédisposait à un rôle dans les choses de la mer, d'abord par l'atavisme de la race puisé dans le sol. La terre de sa province en détenait tous les germes. A une époque bien reculée, elle avait été la route d'invasion des Lemovices, ces navigateurs venus des marais du Jutland, qui avaient jalonné leur passage par des témoins tels que la fondation de l'antique Limon, devenue sa capitale. Ils avaient frayé la route aux Normands, une autre race de mer, restée intacte dans quelques coins du Poitou. Une affinité d'origine commune n'explique-t-elle pas la rivalité de cette province avec La Rochelle, devenue au xvie siècle la grande citadelle maritime des protestants ? Pendant les guerres de religion, Brouage était le centre des opérations et de mer et de terre. Ce vieux levain couvait encore, longtemps après, alors que notre marine agonisait. Rien ne décèle autant les affinités latentes, même les plus secrètes, que des manifestations subites, surgies brusquement, sans aucuns antécédents ni motifs apparents. En voici, pour le cas, un exemple entre mille. Aux Etats de 1614, avant d'exposer le moyen de parer à la ruine de la marine marchande, en sauvant les petites compagnies d'armement en déconfiture [1], François Dunoyer, le contrôleur général du commerce, voyait rejeter sa proposition de mettre 30 navires sur mer. Sur ce refus, un Poitevin, La Barillière, se levait dans la chambre du Tiers, et récriminait contre l'abandon de la navigation, avec une telle vigueur et dans des

---

1. Ch. de la Roncière, *op. cit.* p. 481 et suiv.

termes tels que le lieutenant civil devait intervenir [1]!... Après l'atavisme de race, celui de la famille. Son aïeul, Guillon le Roy, seigneur de Chillou, un voisin de Richelieu, vice-amiral de France sous François 1er, avait été le fondateur de ce port du Havre [2], resté longtemps le but des énergies viriles de la reine-mère ; en 1518, un de ses oncles maternels, Gilles le Roy, sieur du Plessis, commandait la nef Hermine dans ce port [3]. En 1541, son oncle paternel, François du Plessis, « auquel par droit de succession appartient la maison du feu seigneur de Chillou » devenu « l'hôtel commun », y recevait des échevins un perroquet, l'hommage réservé aux visiteurs illustres [4]; ce même François du Plessis après avoir longtemps guerroyé dans le Poitou, sous les ordres du duc Montpensier, avait trouvé la mort comme mestre de camp, en 1563, à l'assaut de cette ville, à la veille de la victoire [5], et la reine-mère qui lui en avait promis le gouvernement lui avait prodigué des témoignages tout particuliers d'intérêt et de sollicitude.

Peut-être faut-il ranger avec lui un autre frère, Alphonse du Plessis, chevalier de Malte, qui devait plus tard se faire « tuer avec Brichanteau, Araucourt et Beaunais au siège d'une certaine ville du

1. Cl. LE DOUX, *Journal de ce qui s'est passé en la chambre du Tiers Estat aux Estats généraux de 1614.* Evreux, 1892, p. 159 et 160.
2. Ch. BRÉARD et Ph. BARREY, *Doc. relatifs à la marine normande aux XV* et XVI* siècles*, Rouen, 1906, p. 224-229.
3. *Ibid.* S. L. n. d. p. 25.
4. Ph. BARREY, *Le Havre transatlantique de 1571 à 1610* (Mém. et doc. pour servir à l'hist. du commerce et de l'industrie en France, Paris, 1917, p. 132).
5. CASTELNAU, *Mémoires* (édit. Michaud), p. 493 et 496. VIEILLE-VILLE, *Mémoires* (id.), p. 350.

7

Levant[1] », après avoir, aux côtés du premier, conquis Maranhao et fondé Saint-Louis[2].

Mentionnons enfin, ne fût-ce que pour l'homonymie patronymique, un autre du Plessis qui commandait une compagnie dans l'armée navale de Philippe de Strozzi[3].

Lui-même, enfin, l'héritier du nom des Richelieu, n'était-il pas initié aux choses de la mer par la part qu'il avait prise dans les opérations militaires du Bas-Poitou, autour de Brouage, en compagnie de Strozzi, Landreau, Lanssac, Saint-Luc, Ysoré, presque tous Poitevins, restés ses amis, une pépinière d'hommes de mer, destinés plus tard à de hautes charges navales ?

Son union même avec Suzanne de la Porte, la fille de l'avocat de l'ordre de Malte, aux exploits maritimes dans le Levant devenus légendaires, n'était-elle pas enfin pour lui un autre titre de ce côté ?

En dehors du domaine maritime, Catherine de Médicis avait apprécié à leur valeur la fidélité et le dévouement de la famille de Richelieu. Un autre oncle de ce dernier, Antoine, dit le *Moine*, qui figurait à son contrat de mariage, avait servi la cause royale avec une vigueur farouche, et lui avait été un instrument précieux[4]. Les lettres de la reine-mère de 1574 à Mandelot, et de 1575 à Brulart[5] témoi-

---

1. Recueil de div. pièces pour servir à l'histoire, 1635 (*Lettre déchiffrée*, 1627), p. 18.

2. Ch. de la Roncière, *op. cit.* t. IV, p. 350.

3. H. Taffin, *La mort, vie et tombeau de haut et puissant seigneur Philippe de Strozzi*, Paris, 1608 (*Arch. cur.* t. IX, p. 444 et 454).

4. *Lettres de Catherine de Médicis*, t. X, p. 348 (13 juin) et 358 (24 juin).

5. *Ibid.* t. V, p. 179 (16 décembre).

gnent de la confiance qu'elle lui témoignait ; après sa mort en 1576 elle la continuait à son neveu dès sa nomination au poste de grand-prévôt, et ce qu'elle écrivait sur lui en octobre 1578 à Villeroy et à de Bellièvre[1] est, à cet égard, singulièrement instructif. La précision des détails, leur caractère confidentiel nous montrent Richelieu comme lui servant d'affidé sûr et discret dans d'importantes questions secrètes d'argent avec madame de Montpensier. La lettre notamment écrite à Villeroy, le collaborateur de Richelieu dans l'exécution toute récente de l'édit de pacification, présente un intérêt particulier. Elle n'y dissimule pas sa défiance vis-à-vis de sa cousine, la duchesse de Montpensier, et elle demande, à son endroit, le témoignage de Richelieu ! Étant donné son caractère, c'est tout dire. Elle le regarde comme un des siens.

Autre rapprochement significatif : dans cette même lettre, elle fait suggérer au roi de ramener les factieux qui courent du côté des Flandres, et elle s'inquiète du retard de Mauvissière à s'embarquer. Ces préoccupations ne peuvent qu'avoir trait au projet d'expédition aux Açores qu'elle prépare dans le plus grand secret. Comment ne pas reconnaître par là encore dans Richelieu, l'un de ses confidents, après ce que l'on a vu de ses origines, de son sang, de sa famille et de ses qualités, le tout appuyé par une situation exceptionnelle d'autorité et d'indépendance assurant le secret des missions les plus délicates avec toutes les garanties de succès ? S'il faut d'autres preuves, il suffira de citer ces

1. *Lettres de Catherine de Médicis*, t. VI, p. 59, 60 et 63 (7 et 9 octobre).

nombreux voyages mystérieux pour affaires « dont le roi veut ne pas être fait mention », la qualité de ses associés dans ses premières opérations commerciales, ses relations étroites avec les « fuorisciti » confidents et favoris de la reine-mère, et enfin la faveur extraordinaire qui lui a permis, avec son caractère absolu et intransigeant, de se maintenir à la Cour, auprès de Henri III qui l'estimait, mais ne l'aimait point, contre des inimitiés aussi redoutables que celle du duc d'Épernon. C'est à cette protection mystérieuse qu'il a dû certainement de pouvoir vivre lui et les siens, au sens matériel du mot, de garder cette assurance superbe qui faisait une partie de sa force, et peut-être aussi d'avoir un jour sa large part dans les dons royaux ordinairement réservés aux intimes du roi.

Sous le rapport de la mer, en ne retenant que ce point, son fils le cardinal de Richelieu avait, comme on voit, de qui tenir, et cette conclusion, seule, justifie le développement donné à ce préliminaire.

Après l'étude évocatrice de M. de la Roncière sur « le Secret de la Reine », Ph. Barrey a fait le tableau des opérations commerciales maritimes qui servaient à préparer dans l'ombre l'expédition navale pour la conquête du Brésil. D'après lui, les armements commerciaux atteignent leur apogée de 1571 à 1588, formant les cinq septièmes du total d'une période de 40 années [1], et cette proportion énorme dénote une

____

1. Ph. Barrey, *op. cit.* p. 64.

activité certainement due à une impulsion venue de haut; la qualité des participants dans les navires armés soit pour le négoce soit pour l'exploration, le tonnage et le nombre d'hommes d'équipage des vaisseaux qui prennent la mer de 1571 à 1578 [1], la décèlent d'une façon incontestable.

Les noms de Sarlabos, le gouverneur du Havre depuis 1563, grâce à la mort de son compagnon d'armes et ami François du Plessis, d'Honorat de Savoie, amiral de France, de Jacques de Matignon, lieutenant du roi en Basse-Normandie, de Pierre Brochin, le secrétaire de la reine, et enfin, et surtout de Philippe Strozzi, colonel général de l'infanterie française, cousin de Catherine de Médicis, en disent assez sur le rôle que cette dernière jouait dans ce mouvement qui poussait la haute noblesse vers les opérations maritimes.

Si elle ne l'a point suscité, la reine-mère l'a certainement soutenu, favorisé, développé et lui a donné cette ampleur. Tout s'unissait en elle pour cela, ses instincts commerciaux ataviques qui étaient aussi ceux de ses fidèles et compatriotes, les nobles florentins, « gentilhuomi mercanti » comme ils s'appelaient eux-mêmes [2], ses besoins personnels, et ses ambitions politiques d'expansion coloniale, confondues avec un plan grandiose de politique intérieure. Et tout, autour d'elle, concourait à servir ses projets.

L'intérêt d'abord, à commencer par le sien. Très vraisemblablement, Richelieu a été son prête-nom dans plus d'une opération navale, expédition de course ou de négoce, comme les personnages dont

1. Ph. BARREY, *op. cit.* p. 84.
2. SCALIGERIANA, La Haye, 1669, p. 72.

on a vu les noms. On connaît sa détresse financière permanente : en fait de dénûment, elle n'avait rien à envier à ceux de la Cour qui n'étaient mêlés à aucun négoce, partis, banque, traites, vente d'influence, surtout avec son amour de la bâtisse et des belles choses d'art. Un détail seul pour donner une idée de sa bourse, remplie à sa mort de huit cent mille écus de dettes [1]. En novembre 1572, dans le voyage d'Avignon qui coûta la vie à Alphonse de Gondi, son maître d'hôtel, noyé avec 25 ou 30 personnes de la suite dans un bateau qui suivait la Cour par le Rhône et qui coula au pont Saint-Esprit, « l'argent se trouva si à court que la plupart des pages du roi se trouvèrent sans manteaux, estans contraints de les laisser en gages pour vivre par où ils passaient ; et sans un trésorier nommé le Comte qui accomoda la reine-mère de 5.000 écus, il ne luy fut demouré ny dame d'honneur, ny damoiselle aucune pour la servir [2]. »

La noblesse répondait avec enthousiasme à son appel. Elle l'avait même devancé, poussée par ses nouveaux besoins. Les guerres civiles sont finies ; les fortunes foncières ont croulé : ravages des gens de guerre, pillage et picorée, manque d'entretien ou destruction des bâtiments, châteaux et métairies, ruine de la terre, de l'outillage et du cheptel, disparition des bras, désaccoutumance du travail, dérivation des énergies vers le brigandage, tout le cortège

1. Cfr. Abbé CHEVALIER, *Debics et créanciers de la royne mère Catherine de Médicis*, Paris, 1862.
2. L'ESTOILE, t. I, p. 33.

lamentable de la guerre promenée dans tous les sens. Il faut vivre pourtant, et vivre avec les nouvelles habitudes et les nouvelles mœurs créées par la vie des camps : l'aventure imprévue, le ravitaillement largement assuré chez l'habitant, de gré ou de force, faute de paye, le pillage et le butin. « La vocation perpétuelle des gens de guerre [1] », nobles et paysans, capitaines et soldats, n'était pas une simple figure. Il y avait des appétits nouveaux que la guerre sur mer seule pouvait maintenant permettre de satisfaire avec la paix, et Paris était leur centre de ralliement. De là, la désertion des provinces et l'exode de la noblesse vers cette ville, que les États de Blois constataient en la déplorant [2]. La mer lui ouvrait le champ à ce qui était sa vie : les coups d'épée et le butin. Terrienne et sédentaire jusque vers le milieu du XVIe siècle, la guerre a jeté brusquement la noblesse hors de son milieu normal ; elle vit d'expédients, elle emprunte à des taux exorbitants, s'endette et se ruine. La mer seule peut la sauver, et lui donner la guerre fructueuse qu'elle a vécue et qu'elle rêve...

Brantôme, le gentilhomme armateur et pirate, la synthétise, elle et ses appétits, dans son aveu cynique : « Rien n'est tant si coquin, ny doux, ni attirant, qu'un butin quelqu'il soit, soit de mer, soit de terre [3]. » La Cour est à l'unisson : Correro, l'ambassadeur vénitien, lui transmet les plaintes de la République sur les courses, sans d'autre résultat

1. LANOUE, op. cit. p. 255.
2. Cfr. P. de VAISSIÈRE, Gentilshommes campagnards de l'ancienne France, Paris, 1904.
3. BRANTOME, Mémoires, t. V, p. 401.

que de vagues promesses : « Ma perche li grandi
participano dé bottini, quasi tutte son terminate con
semplici parole[1]. » Petrucci, celui de Toscane, écrit
au prince François de Medicis, à propos de l'expédition navale que Strozzi va appareiller à Bordeaux :
« Le farei tocar con mano che vanno solamente
per pigliare ; e vanno a man salva, senza andar al
Perou, né all'America, ni Florida[2]... »

Puis le jeu était alors dans toutes les moelles, et
c'en était un, et le plus tentant de tous, celui-là, où
l'enjeu était mince, à côté des gains énormes promis
par les descriptions féeriques des champs d'or du
Pérou, le récit de coups de fortune comme celui du
capitaine Le Testu, s'emparant, pour Strozzi, d'un
convoi de mulets chargés de barriques de plaques
d'or[3] ; un jeu qui répondait à toutes les passions, à
toutes les imaginations les plus exigeantes, avec ses
modes si variés de participation : capitaines, bourgeois, victuailleurs, associés aux prises ; un jeu où
rien ne manquait, pas même les assurances.

Aux yeux de Catherine de Médicis, les intérêts de
l'État n'y trouvaient pas moins leur compte. La
conquête du Brésil n'était certainement pour elle que
le premier acte de son projet de génie. Le commerce
maritime était le seul qui fût permis, sans déroger,
à la noblesse. En dérivant vers lui ses énergies,

1. Ludovic Lalanne, *Brantôme, sa vie, ses œuvres*, p. 115.
2. Négociations de Toscane (*Doc. inéd.*), t. III, p. 770 (12 mai
1572).
3. H. Taffin, *op. cit.* p. 434.

maintenant inoccupées et menaçantes, ne préparait-elle pas leur canalisation régulière vers cet Eden ? Ne rêvait-elle pas, pour l'avenir, par cette expansion coloniale, la dissociation du parti huguenot, essentiellement calculateur et négociant, et son ralliement, plus tard, par le pouvoir de l'or, à la monarchie créatrice de ce nouveau Pactole ? Une autre Saint-Barthélemy, mais pacifique celle-là, et autrement efficace que la première !

Son cousin, Philippe Strozzi, exposait presque textuellement ces idées à Charles IX, dans une conversation, à propos de la prise du convoi d'or faite par Le Testu aux Antilles. Il demandait au roi de l'assister dans une nouvelle entreprise de ce genre, « qui lui tournerait à grand proffit, et accroissement de grandeur et avantage sur ses ennemis, *avec asseuré repos à la France, la deschargeant mesme des humeurs peccantes qui la foisoient si souvent récidiver*[1] ».

Or, deux mois seulement après le jour où Henri III reconnaissait que « son grand prévot Richelieu n'a gaiges suffisants pour son entretenement », nous voyons celui-ci effectuer une opération maritime. Son associé n'était rien moins que le cousin de la reine, Philippe Strozzi, commandant en chef de l'expédition du Brésil, et vice-roi de cette nouvelle France. Malgré ses hautes fonctions de colonel général de l'infanterie française, une charge de 50.000 écus, et les résultats fabuleux de la course du capitaine Le Testu, celui-ci n'en était pas moins réduit, comme Richelieu, à chercher des ressources,

---

1. H. Taffin, *op. cit.*, p. 436.

en marge de ses fonctions, du côté de la mer. Sauf cette fois, elle lui avait été peu favorable, et il avait « toujours plus mis que reçu[1] ». Lorsque *la Salamandre* dont il était bourgeois, dut appareiller en 1576 avec *la Foudre* pour un voyage d'aventure et d'exploration aux Indes Occidentales et au Cap Vert, il était obligé de laisser à Cauquigny la dépense du tiers des victuailles qui lui incombait, « attendu qu'il n'a deniers pour rembourser[2]. »

Bien que ce ne fut pas ce genre d'opérations qui associait son nom à celui de Richelieu, incapable d'y mettre des fonds, n'est-il pas vraisemblable de les voir réunis par un geste bienveillant de la reine, associant un confident fidèle et digne d'intérêt avec le détenteur en chef de son secret?

Il y a d'autant plus d'apparence que le voyage du *Charles* dont on escomptait les bénéfices avait une destination secrète et semble, en réalité, avoir été un voyage de découverte et d'aventure dans les parages des Açores[3] où Strozzi devait laisser la vie et ses espérances. Le navire, d'une jauge de 200 tonneaux, était nolisé le 2 février 1579 par un chambellan de la maison du roi, lieutenant général de la Saintonge, François d'Epinay, seigneur de Saint-Luc, un Poitevin, moyennant la moitié des marchandises qui proviendraient du voyage. Les arsenaux de la marine fournissaient le dixième des munitions et de l'artillerie. Jehan Aubery, demeurant à Honfleur, se disant avoir obtenu du roi des lettres de marque

---

1 H. Taffin, *op. cit.* p. 434.
2 Ph. Barrey, *op. cit.* p. 171 et 172.
3 Ch. et P. Bréard, *Doc. relatifs à la marine normande*, Rouen, 1899, p. 23 et suiv.

et représailles sur la nation portugaise jusqu'à concurrence de 40.000 livres tournois, donnait pleins pouvoirs à Richard Petremol, le capitaine en chef du navire, et autres intéressés. En échange de cette cession, les bénéficiaires lui abandonnaient le huitième des prises faites sur la nation portugaise.

L'expédition réussissait. Aubery recevait la part des prises stipulée à son contrat et la réalisait en espèces. Mais un acte notarié de fin septembre nous éclaire sur son véritable rôle. « Une partie de la somme reçue par lui appartenait, nous apprend-il, à Mr de Stross, colonel de l'infanterie française et à Mgr de Richelieu, grand prévot de l'hôtel ». Aubery n'avait été, en réalité, que le prête-nom des deux confidents de la reine, choisis et associés par elle pour masquer l'intervention royale, et intéressés sans risques à l'opération pour leur concours.

Ce fait isolé n'aurait qu'une signification limitée; mais il se renouvelait, et dans des conditions identiques, quelques mois plus tard. Le 13 et le 15 avril, Richelieu s'associe de nouveau avec Strozzi, dans le corsaire *la Florissante* de 80 tonneaux, à ce même port du Havre[1]. Plus loin, son immixtion dans les choses de la mer reviendra encore avec une série d'opérations diverses : achat et vente de navires, location de vaisseau au roi. Le désastre des Açores avait alors mis à néant les projets de Catherine de Médicis ; mais ce nouvel ordre de faits ne s'ajoute pas moins à ceux que l'on a vus, pour prouver que le père du cardinal de Richelieu a joué, avant le fils, un rôle, si faible soit-il, dans l'histoire de la marine

---

[1] Ph. BARREY, *op. cit.* p. 132.

française à laquelle son nom devait rester glorieuse-
ment attaché.

Il lui donnait, en tout cas (et nous anticipons
avec cette remarque), une partie, sinon la totalité
des ressources nécessaires à sa vie et à son train ;
ses gages relativement modestes, et payés dans les
conditions qu'on verra, n'y eussent certainement pas
suffi. Son livre-journal seul pourrait suppléer aux
lacunes de notre documentation ; en nous en tenant
à celle-ci, et sous cette réserve, constatons que dans
la période que nous venons de voir (sept mois de
Prévôté), il n'avait encore reçu qu'une somme de
1.000 écus, et encore était-elle destinée à sa mère,
dame de la reine [1], sans parler des 396 écus deux
tiers dont il donnait quittance pour frais d'une mission secrète [2].

Le mois de mai 1579 nous montre pour la première fois Richelieu dans ses fonctions de grand-
maître de police de la maison royale. Au début, le
4 mai, il a dépêché un lieutenant et 20 archers pour
une mission secrète importante, vu cette force [3] ;
mais il débute seulement ensuite dans la chronique
de la Cour par une affaire de répression intéressant
des personnages de qualité. Grâce à l'Estoile, nous
connaissons presque toutes les causes célèbres ou
sensationnelles qui ont mis en rumeur les rues de

1 B. N. Franc. 26161, n° 814 (*31 juillet 1578*).
2 B. N. Franc. 26162, n° 954 (*25 mars 1579*).
3 B. N. Franc. 26162 n° 950. (*Reçu de 183 écus un tiers pour leurs salaires et dépenses de voyage.*)

Paris et vont grossir les archives du greffe de la Prévôté. Généralement, elles sont confiées à l'un de ses lieutenants, soit qu'elles ne méritent pas l'intervention du chef, soit qu'un voyage ou une mission le retienne ailleurs. C'est ainsi que par commandement du roi, un lieutenant procédait, le 13 novembre 1578 (l'année de l'entrée en charge de Richelieu), à l'arrestation, à minuit, au cloître de Paris, d'un nommé Lavalette, soi-disant grand prévôt de Monsieur frère du roi [1]; le surlendemain à celle d'un nommé Jean Perier « un tueur de la Saint-Barthélemy », emmené prisonnier à Loches [2].

Ce mois était fécond en drames. Le 29, un gentilhomme du Berry, Beaupré, avec cinq autres armés attaque le Seigneur d'Aumont, comte de Châteauroux, qui l'avait, disait-il, outragé. D'Aumont était fort grièvement blessé, de Bouchemont qui l'accompagnait, et n'était pas de la querelle, y était tué [3].

Richelieu instruisait ce procès. En juillet suivant, les meurtriers étaient décapités « en figure » au bout du pont Saint-Michel à Paris, et « entre eux Beaupré comme chef et conducteur de l'assassinat. »

Le roi avait pris une vive part à l'affaire, par affection pour d'Aumont qu'il alla voir souvent, durant sa réclusion forcée. Le personnage qui provoquait à ce point l'intérêt royal était parent par alliance de Richelieu, ayant épousé une Rochechouart ; il devait être un jour le parrain de son quatrième enfant, Armand-Jean, le futur cardinal de Richelieu.

---

1. L'Estoile, t. I, p. 279.
2 *Ibid*. p. 277.
3. *Ibid*. p. 316.

CHAPITRE VI

La nouvelle situation de Richelieu lui faisait une nécessité de se fixer à Paris avec sa femme [1]. Au

---

1. Sa mère, Françoise de Rochechouart, les y aurait suivis, à en juger par deux documents : Un reçu donné par son fils le 31 juillet 1578 pour mille écus revenant à sa mère comme (dame) demeurant ordinairement près la reine (*B. N. Franc.* 26161 f° 814). — Une procuration donnée par elle le 26 janvier 1585 pour un échange de terres, acte « fait et passé » au chasteau du Louvre à Paris, paroisse de l'église Saint-Germain (*Société des Ant. de l'Ouest,* Coll. Bonsergent, E. 149, n° 64).

début, ils y vivaient sans doute en garni et au mois, comme beaucoup d'autres, dans un de ces hôtels inhabités, que le concierge, véritable fermier de l'immeuble, loue pour une courte durée, parfois au jour, craignant que le maître ne revienne brusquement à la Cour. Le grand prévôt a-t-il eu quelque mésaventure de ce genre, l'obligeant à « dénicher brusquement », comme il arrivait au nonce Salviati, forcé de déménager trois fois en deux mois? Est-ce question d'économie? La crise des logis est en effet à son apogée, ayant suivi celle du renchérissement de la vie, accrue encore par l'affluence des provinciaux et des étrangers, à tel point qu'il n'est si pauvre chambre garnie qui ne coûte, en cette année de 1578, deux ou trois écus par mois [1]...

L'année précédente, Suzanne de la Porte lui a donné un premier enfant, il a la perspective très prochaine d'un accroissement de famille. Sa charge va recevoir une nouvelle extension; il lui faut une écurie assez vaste pour la cavalerie appropriée à ses nombreux voyages; il y a enfin la question de dignité et d'amour-propre. Voilà bien des raisons pour que Richelieu pensât à acheter un hôtel, et les conseils de son beau-père à l'esprit pratique n'étaient pas certainement étrangers à cette détermination.

Une occasion inattendue se présentait, dont il profitait. Son vieil ami, un ami aussi des Montpensier [2], qui avait combattu à côté de ses oncles, « haut et puissant seigneur, Messire Jehan de Losse, cheva-

---

1. J. Lippomano, *Relations des ambassadeurs vénitiens sur les aff. de France au XVIe siècle.* (Doc. inéd.), t II, p. 608 et suiv.
2. Coustureau, *La vie de Louis de Bourbon, premier duc de Montpensier*, Rouen, 1642, p. 32.

lier de l'ordre du roi, conseiller en son privé conseil, et capitaine des gardes du corps de Sa Majesté [1] », venait de mourir. Son fils aîné et héritier, Jehan de Losse, gouverneur et lieutenant général pour le roi à Verdun, vendait à Richelieu sa maison devenue vacante. L'acte de vente était signé le 21 juillet 1579, et avec lui nous voyons pour la première fois le grand prévôt entrer dans l'étude de maîtres Payen et Beaufort, notaires associés au Châtelet de Paris, qui recevaient le contrat [2].

Cet acte ouvre la série des minutes notariées que nous possédons personnellement sur lui et qui désormais vont suivre avec une certaine régularité; trop peu nombreux malheureusement, ils ne sont, pour ainsi dire, que des lambeaux de sa vie, mais ils présentent l'avantage d'être des jalons sûrs, à l'abri de toute critique, et d'une précision irréfutable; il s'en dégage de plus une saveur de vécu intime et inspirateur que l'on réclamerait en vain à d'autres sources.

C'est dans cet hôtel que naissait, six ans plus tard, le quatrième enfant de François du Plessis et de Suzanne de la Porte, Armand-Jean, futur cardinal et duc de Richelieu; aussi prend-il à ce titre un intérêt tout particulier et mérite-t-il quelques développements.

D'après l'acte de vente, l'immeuble était sis rue du Boullouer (aujourd'hui rue du Bouloi) sur

1. Il avait eu une longue carrière dans les armes et rendu des services importants aux rois François I⁽ᵉʳ⁾, Henri II, François II, Charles IX et Henri III; il avait notamment pris part à la bataille de Jarnac, aux côtés du duc d'Anjou qui le dépêcha le soir même à la Cour pour annoncer la victoire. (*Mém. de Castelnau*, p. 535 et 537. — *Mém. de Guillaume de Saulx-Tavannes*, p. 453. — COUSTUREAU, *op. cit.* p. 17.)

2. Ms. orig. (*Coll de l'auteur.*) Appendice n° II.

laquelle il avait sa façade, paroisse Saint-Eustache ; il touchait d'une part à « noble homme Mʳᵉ Jehan de Bryon, conseiller du Roy en sa cour de Parlement et ès Requetes, d'autre part à noble homme Mʳᵉ Guy Davost, trésorier-payeur des gardes françaises » sous le commandement de Clermont d'Entraigues ; sur le derrière, il touchait la maison de « noble homme Jehan Le Bossu, notaire et secrétaire du Roy. »

Une note marginale postérieure du censier de l'évêché de Paris de 1575 le situe de la façon la plus exacte ; il y est porté dans la rue des Petits-Champs, entre la maison de Jehan de Bryon indiquée comme ayant une porte de sortie par derrière sur la rue du Pélican, et les maisons de Jean Charenton, armurier du roi, occupant la pointe formée par la rue des Petits-Champs et la rue du Boullouer [1]. L'hôtel de Losse occupait donc exactement en face de celles-ci l'angle obtus de ces deux rues du côté de la Seine ; sa porte d'entrée, quoique placée à l'entrée de la rue

---

[1]. Arch. nat. S* 1258, f. 21 Vᵒ, nᵒ 107 à 109. Un autre censier de la fin du xviiiᵉ siècle confirme l'exactitude de cette topographie, en donnant quelques renseignements sur l'immeuble qui existait sans doute encore. Il payait 8 sols parisis de cens et avait une contenance de 272 toises 35 pieds. Il est ainsi décrit : « Maison faisant le coin des rues du Boulloir et des Petits-Champs, consistante en un corps de logis ; sur le devant porte cochère ; deux autres corps de logis en aile, l'un à droite, l'autre à gauche ; un autre grand corps de logis entre cour et jardin, passage à la rue de Grenelle par une allée au bout du jardin, tenant d'une part à l'hôtel de Bourbon, rue des Petits-Champs, d'autre à M. de Rouillé de Roissy, par derrière à M. Lecler et autres, par pevant sur les dites rues. »

Depuis 1750, il appartenait au marquis de Verac ; le plus ancien propriétaire mentionné au censier (1708) est dame Marie-Suzanne Guyhon, épouse non commune en biens de Paul Poisson de Bourvallais, écuyer, seigʳ de Champ. La maison de M. Rouillé de Roissy, attenante à droite, était dite l'hôtel de la Reynie (*Arch. Nat.* S* 1293, p. 45 et 46 et S* 1298, p. 99 nᵒ 15 (1917).

du Boullouer, débouchait dans la rue des Petits-Champs, en face et près de la croix qui occupait le centre du carrefour [1]. Il était situé à l'emplacement actuel de l'immeuble portant le n° 2 de la rue du Bouloi et de la galerie Véro-Dodat [2].

L'immeuble de Guy Davost avait été tout récemment détaché de l'hôtel de Losse dont il faisait partie ; on s'explique ainsi la servitude de père de famille à laquelle une clause du contrat de vente mettait fin. Près d'un an auparavant, le 12 juillet 1578, Jehan de Losse avait fait donation d'un pavillon attenant à son hôtel, à sa droite, du côté de la rue Coquillière, à sa filleule Jeanne Davost, « pour lui aider à trouver meilleur party en mariage. » Il déclarait son intention de reconnaître ainsi les services désintéressés que Guy Davost, le père de Jeanne, lui avait rendus. Celui-ci, trésorier-payeur du corps d'archers de Clermont d'Entraigues, était son secrétaire depuis dix-sept ans, et s'occupait, en son absence, depuis cinq ans, de ses plus grandes affaires à la suite de la Cour, « sans aucuns gaiges ny récompense. » Le pavillon faisant l'objet de la donation, contigu à l'hôtel avec issue sur la rue du Boullouer, était peu important : une salle basse et deux chambres superposées avec leur garde-robe ; sur le derrière, une cour avec

1. L'hôtel est ainsi situé par rapport à cette croix dans un acte notarié du 29 juillet 1579 ; dans d'autres, il est simplement indiqué « près Saint-Honoré. » (*Mss. orig.* Coll de l'auteur.)
2. C'est sur le pilier de gauche de la galerie Véro-Dodat, en regardant l'entrée, que la ville de Paris pourra faire apposer une plaque commémorative de la naissance du cardinal de Richelieu.

privé, aboutissant à l'écurie de l'hôtel. Un mur de séparation entre cette cour et l'immeuble principal était percé d'une porte permettant l'accès à l'écurie par l'hôtel. Cette description très-claire dans l'acte de donation laisse supposer que ce pavillon modeste était primitivement destiné à l'écuyer ayant la charge des chevaux. Le donataire s'en réservait l'usufruit jusqu'à sa mort ; il stipulait de plus qu'à ce moment, c'est-à-dire lorsqu'elle entrerait en jouissance, Jeanne Davost ou ses ayants cause pourraient faire construire un mur en deçà de la porte d'accès pour s'isoler [1].

Cette construction était mise à la charge éventuelle de l'acquéreur de l'hôtel. Toutefois, pour réduire au minimum le rétrécissement en longueur de la cour donnant accès à l'écurie, il était stipulé que le nouveau mur serait édifié au plus près de la porte, en ménageant dans le bas un orifice au droit du caniveau pour l'écoulement naturel des eaux vers l'écurie. L'immeuble entier, hôtel et pavillon détaché, était comme on l'a vu, compris dans la censive de l'évêché de Paris, et d'après la déclaration du vendeur, n'était grevé d'aucune autre charge et hypothèque que ce cens. Le montant en était laissé en blanc dans l'acte de vente, de même que dans l'acte de donation où le donataire déclarait l'ignorer.

*
* *

La rue du Boullouer, où allait vivre Richelieu jusqu'à sa mort, était de peu de longueur, comme aujourd'hui ; sa partie actuelle la plus rétrécie repré-

1. Arch, Nat. Y. 119 f. 382 v°.

sente la largeur qu'elle avait alors. Sa physionomie était modeste : un seul hôtel, celui de Losse, avoisinant, du côté de la rue des Petits-Champs, la maison de Bryon, avocat au Parlement, du côté de la rue du Boullouer, celle du notaire Jean Le Bossu, en face de lui, de l'autre côté de la rue, faisant la pointe, les deux maisons de Jean Charenton, armurier du roi; au milieu, se faisant à peu près vis-à-vis, l'immeuble des marguilliers de Saint-Eustache et celui des chantres et chanoines de l'église Saint-Honoré ; à l'autre bout, du côté de l'hôtel de Losse, faisant l'angle de la rue Coquillière, la demeure d'un personnage important, Charles Le Comte, maître des œuvres de charpenterie de la ville et de sa femme Isabeau, veuve de Mir[1]. Notons encore au hazard, comme voisins du grand prévôt : André Modon, bourgeois de Paris[2], Jehan Bourrienne, sergent du Fort l'Evesque dans sa maison où pend pour enseigne l'Image Saint-Michel[3] ; Guillaume Le Baron, courtier de chevaux, qui fréquente chez son voisin, Nicolas Baudin, tailleur d'habits dont il épousera quelques années plus tard, la veuve Ysabeau Lainé[4]; le brodeur Jacquin Panctot[5]; le porteur de charbon Jean Le Roux[6]; Jean Louis de Digois, écuyer, seigneur de Digois qui épousera plus tard une Angevine, connue des Richelieu, Renée de Pontlevoy[7] ; Pierre Martin « maître faiseur d'esteufs » une célébrité du quar-

<hr>

1. Arch. Nat. S* 1258 f. 11 à 15.
2. Arch. Nat. Y-132 f. 333.
3. Arch. Nat. Y-125 f. 421 v°.
4. Arch. Nat. Y-124 f. 585.
5. Arch. Nat. S* 1258 f. 15 n° 132.
6. Arch. Nat. S* 1258 f. 15 n° 134.
7. Arch. Nat. Y-127 f. 227.

tier, à la maison bien achalandée portant pour
enseigne « La Raquette »[1]; Claude Labbé, un archer
de la prévôté, dont le hoqueton émaillé d'orfèvrerie
est épié par les marmots du voisinage, curieusement terrifiés lorsqu'il émerge de sa porte connue
par sa Croix blanche[2] et sert d'épouvantail pour
leur progéniture malfaisante aux commères de
la rue...

En somme, tranquille est la rue ; seuls l'animent,
de temps à autre, le bruit des sabots de la cavalerie
du grand prévôt qui révolutionne alors le quartier,
et les bruits sourds de la forge, et le fracas des mar-
teaux d'un maréchal-ferrant et d'un menuisier ; et
encore, les habitants n'ont-ils pas à se plaindre, avec
par intervalles, le régal attendu des notes de l'instrument de Pâlamon Rozii, un Italien, violon ordinaire de la chambre du roi[3]...

Une rue peu aristocratique, comme on voit, surtout à côté de sa voisine parallèle, la rue de Grenelle. Celle-là, occupée dans toute sa longueur du
côté de la Seine par le jardin de l'hôtel de la Reine-
mère, peut s'enorgueillir d'habitants autrement hup-
pés : Mery de Barbezière, seigneur de la Roche-
Chemerault, un ami de Richelieu, grand maréchal
des logis du corps du roi ; Claude Boullay, maréchal
des logis du roi ; Fabrice Breton, chevalier de l'ordre
de Saint-Jean de Jérusalem, capitaine de 50 hommes
d'armes d'ordonnance de Sa Majesté ; le Génois
Galeas Fregoso, et le bourgeois lyonnais, de sang
florentin, l'abbé de Gadagne, tous deux personnages

1. Arch. Nat. Y-126. f. 315.
2. Arch. Nat. Y-130 f° 309. v°.
3. Arch. Nat. Y-123 f. 237.

mystérieux, aventuriers, négociateurs et espions aux gages de la Reine-mère.

Richelieu peut, il est vrai, se dire leur voisin et très-immédiat, l'allée de son jardin conduisant à une porte dérobée sur la rue de Grenelle ; avec un peu d'imagination, il peut même se croire dans une dépendance de l'hôtel de Soissons, car de ses fenêtres donnant sur la cour, il aperçoit la lanterne à ogives de la colonne commémorative qui vient d'être achevée d'après les plans de Bullant, sur l'ordre de la Reine-mère, du côté de la rue des Deux-Ecus[1].

*
* *

L'immeuble était désigné au contrat comme composé d'une maison, cour, jardin, et dépendances dont l'écurie déjà mentionnée. Son prix, 3166 écus 2/3, (9500 livres au cours légal de l'écu), n'avait rien d'exagéré[2]. Il rentrait dans la catégorie de ceux que décrit du Haillan en 1586 et qui valaient de 15 à 16.000 livres : « un bon corps d'hôtel, un pavillon ou une tour ronde et une basse-cour de mesnagerie[3] ». Un pavillon en avait été détaché, il est vrai, par la donation à Jeanne Davost, mais il y avait en plus un jardin et une écurie probablement importante. L'hôtel devait, du reste, correspondre à la qualité et à la charge du propriétaire Jean de Losse, qui l'habitait avec sa femme Anne de Saint-Clar.

---

1. Piton, *La colonne de la halle au blé* (Bull. de la Société des Amis des monuments parisiens, 1889, p. 76).

2. En 1633, ce prix avait exactement doublé, d'après les annonces de la *Quinzième feuille d'adresse du 1er septembre* de cette année, pour un hôtel identique.

3. Du Haillan, *Sur les causes de l'extrême cherté... 1586* (Rev. hist. et litt. t. VII, p. 145).

En somme, le grand prévôt faisait, dans de bonnes
conditions, l'acquisition d'une habitation confortable,
conforme à son rang, et répondant aux exigences
de son train [1], bien qu'elle n'approchât point des
« bâtiments superbes » que l'on commence à édifier,
« grands corps d'hostel, pavillons, courts, arrière-
courts, galleries, salles, portiques, perrons, balus-
tres [2] ». Ceux-là atteignaient d'autres prix et la haute
Finance seule pouvait se les permettre : l'hôtel
d'Anjou, près le Louvre, vendu en 1580, 10.000 écus
par la reine de Navarre à Guy du Faur, seigneur de
Pibrac [3]; le logis bâti par Blondel, le trésorier,
acheté 150.000 écus au comte de Maulevrier par le
duc de Joyeuse (un don du roi) [4]; la maison du faubourg Saint-Honoré, bâtie par Hiéronisme de Gondi,
et qu'il vend deux ans plus tard 200.000 livres à la
reine-mère [5]; ou celle que Scipion Sardini, un banquier italien, fait construire rue de la Barre, ou celle
d'Adjaceto, un autre Italien, le riche fermier de la
Grande Douane de France, près les Blancs-Manteaux,
Vieille rue du Temple, qui lui est revenu à 100 ou
120.000 livres [6]...

Tous ces hôtels sont ceux que l'on cite comme
des exemples de magnificence et de confort; il faut
chercher au-dessous pour trouver un second terme

---

1. Elles étaient assez importantes pour que 55 ans plus tard,
en 1635, on construisit pour l'un de ses successeurs, le sieur de
Hocquincourt, un hôtel spécial pour la Prévôté près la Porte
Neuve (le premier guichet du Louvre). (A. BERTY, *Top. hist. du
vieux Paris*, Paris, 1866, t. I, p. 171.)

2. DU HAILLAN, *op. cit.* p. 164.

3. Arch. Nat. Y-122 f. 120 v°.

4. L'ESTOILE, t. VII, p. 71.

5. *Ibid.* t. II, p. 150.

6. *Ibid.* t. II, p. 26.

de comparaison. En 1573, la grande maison de la Grande rue Saint-Honoré à l'enseigne du Mouton blanc se vend 5.500 livres [1] ; dans la même rue, celle qui fait le coin de la rue des Vieilles-Étuves (où serait né Molière, d'après Fournier), 6.200 livres [2]. En 1574, voilà les prix de quelques autres dans des quartiers moins bien famés : 2.500 livres, rue du Four [3] ; 312 livres, 10 sols, rue de la Bucherie, à l'enseigne du Mortier [4] ; 200 livres, rue de Clery, sur le rempart entre la Porte Saint-Denis et de Montmartre, dans la censive des Religieuses des Filles-Dieu [5].

Les conditions de paiement n'avaient rien que de large; une preuve des bons rapports des deux contractants, et plus encore de l'état des finances de Richelieu, dépourvu tout au moins de capitaux disponibles : 200 écus au comptant, et 1.966 écus deux tiers dans une année ; le solde 1.000 écus à employer par l'acquéreur du rachat de 250 livres de rente constituée par feu Jehan de Losse à diverses personnes. Il était enfin stipulé que si le paiement prévu avant un an n'était pas effectué, la vente serait nulle et non avenue, et l'immeuble resterait à la disposition

1. E. CARON, *op. cit.* p. 170.
2. *Ibid.* p. 175.
3. *Ibid.* p. 181.
4. *Ibid.* p. 178.
5. *Ibid.* p. 179. Notons en passant la disproportion de valeur à l'époque entre les biens ruraux et les immeubles de ville, en faveur de ces derniers. En 1573, les terres et seigneuries de Versailles et de la Grange-Lenard étaient vendues à Albert de Gondi 36.000 livres (*Ibid.* p. 154) — en 1578 le comté de Beaumont-sur-Oise 24.000 écus au seigneur de Machaumont.

du vendeur, 100 écus prélevés sur le versement au
comptant lui restant acquis pour ses dépens, dommages et intérets [1].

La forme de ce contrat appelle quelques remarques
d'ordre général applicables à tous ceux qui vont
suivre. Si le grand prévôt est toujours appelé Richelieu par le roi et par ses contemporains, dans les
documents officiels comme dans les lettres missives,
et connu sous ce nom illustré par ses oncles, il est
toujours, en revanche désigné sous son nom patronymique de François du Plessis, dans les actes
notariés, et il les signe ainsi, sauf aux renvois marginaux, peut-être faute de place. Cette signature
avec celles des contractants et des deux notaires
associés apposées au-dessous, en dernier lieu,
authentiquent cet acte, comme tous ceux qui suivront, sans discussion possible. Ce sont, du reste,
formalités indispensables, depuis les prescriptions
récentes confirmant les anciennes Ordonnances. Le
29 janvier de cette année 1579, a été donné à Paris
« un avis notable en grande Chambre du plaidoyé
pour le fait des notaires par lequel il fut ordonné
qu'à peine de nullité et de faux, suivant l'ordonnance de Moulins de 1564 [2], qui n'étoit observé par
lesdits notaires de Paris, *les notaires seroient tenus*

____

1. Le lendemain de la signature de l'acte de vente de la maison
paternelle, Jehan II de Losse consentait un prêt de 1.500 livres
à Jehan d'Aumont, comte de Châteauroux. Le 11 juillet 1609, son
fils, Jehan III, retiré dans son château de Losse en Périgord,
cédait cette obligation à Thibault de Lavereau, « capitaine gruyer
et garde-marteau du logis de Boullogne, près Saint-Cloud lez
Paris, habitant rue du Boullouère ». Il l'indemnisait ainsi des
services d'ordre contentieux qu'il avait rendus à ses parents,
depuis le 4 mai 1599, débours, avances de fonds, frais de voyage
et de procédure, etc. (*Ms. orig.* Coll. de l'auteur.)
2. Art. CLXV et CLXVI.

*de faire signer les parties contractantes, et ou elles
ne pourroient ou ne sauroient signer, qu'il en seroit
fait mention par les contrats comment ils n'escrivent
ni ne signent. Lequel arrest fut signifié au syndiq des
notaires, et publié à son de trompe par la ville*[1]. »

Soit dit en passant, voilà qui prouve sans conteste
que Richelieu s'installait à Paris dans l'hôtel de
Losse avec sa famille, car sa signature et celle de
Suzanne de la Porte se trouvent dans nombre d'actes
postérieurs continus, passés à Paris, lieu de naissance, par conséquent, de leur quatrième fils
Armand-Jean, le futur cardinal.

Suivant les prescriptions de l'article CLXVI de
l'Ordonnance de Blois, et d'après l'usage de Paris,
les deux notaires ont validé l'acte [2] ; tout aussi fidèles
observateurs de l'article suivant, ils n'ont point
omis de mettre et déclarer « la qualité, demeurances
et paroisses des parties... et la maison où les contrats sont passés, et pareillement le temps de devant
ou après-midi qu'ils auront esté faits. »

Regrettons qu'en 1577 le Tiers n'ait pas approuvé
et fait adopter la proposition faite le 3 janvier par
Bodin, député du Vermandois. Il demandait que les
actes fussent datés par les heures, l'indication de la
demi-journée n'étant qu'un pis-aller [3]. Cette précision
nous permettrait de classer sans hésitation ceux qui
suivaient l'acte de vente de l'hôtel.

---

1. L'Estoile, t. I, p. 308.

2. A. de Bouard, *Etudes de diplomatique sur les actes des
notaires du Chatelet de Paris*. Paris, 1910, p. 123 et suiv.

3. Cl. de Bauffremont, *Recueil de tout ce qui s'est négocié en la
Compagnie du Tiers Estat de France en l'Assemblée générale des trois
Estats assignez par le Roy en la Ville de Bloy, au 15 novembre 1576*,
S. l. 1577, p. 10.

Il y en avait plus d'un, ce qui prouve la confiance de Jean de Losse dans l'étoile de Richelieu. Le même jour, immédiatement après la vente de l'hôtel, il lui transportait une rente de 166 livres, 13 sols, 6 deniers sur l'Hôtel de Ville, gagée sur les recettes générales de Paris, Orléans et Tours. Son père l'avait constituée le 22 décembre 1573. Richelieu s'en rendait acquéreur pour une somme de 667 écus deux tiers (le capital au denier 16), payable dans le délai d'un an, comme l'hôtel et sous la même réserve d'annulation si le capital de la rente et ses arrérages n'étaient pas payés à l'échéance convenue [1].

Ce n'était pas tout; l'état du document ne nous livre malheureusement qu'une partie de l'acte suivant sous la même date. Il a trait, lui aussi, à deux opérations de Jean de Losse le père, la vente et constitution de deux rentes de 25 écus chacune à des particuliers, rentes que le fils trouvait dans la succession. Elles étaient de dates récentes, les 23 et 26 mai précédents, et avaient été constituées avec la garantie de Davost que l'on a vu, et d'un sieur « Estienne Coullet ». Le grand-prévôt s'engageait à les décharger de leur obligation, et se substituait probablement à eux. Dans cet acte, il se domiciliait légalement dans l'hôtel qu'il venait d'acheter, le vendeur Jean de Losse dans la maison d'un avocat, son ami, habitant rue de Grenelle [2].

*
* *

Richelieu avait un délai relativement considérable

1. Ms. orig. (*Coll. de l'auteur.*)
2. Ms. orig. (*Coll. de l'auteur.*)

pour payer son hôtel. Il lui fallait, il est vrai, monter sa maison et la meubler, chose facile, car l'on pouvait alors à Paris garnir en deux heures un logis de tout le nécessaire à la vie, peut-être aussi remplir son écurie. Quoiqu'il en soit, il lui fallait des fonds, la dot de sa femme ayant fondu depuis leur mariage, et il s'en procurait par des emprunts, sous la forme classique de constitution de rentes, ce qui nous amène à dire quelques mots de ce genre de contrats.

Le contrat de constitution de rente n'était point regardé par l'Église comme un prêt usuraire ; « c'est une véritable vente et un véritable achapt, dit un théologien, où on donne une grande somme une fois payée, pour le droit d'en recevoir une rente ». Pour qu'il ne fût point soupçonné d'usure, il suffisait de deux conditions : la première que le revenu annuel fût fixé à juste prix, c'est-à-dire « au taux du roi », et que tout l'argent fût donné au moment où le contrat était fait ; la seconde, que le vendeur de ce revenu eût la liberté de le racheter, mais sans y être contraint [1].

Il était alors dans toute sa vogue, à la fin de ce siècle qui en avait vu la création. Bodin, qui en attribue l'origine aux Papes Calixte III et Martin V, a fait son procès dans un réquisitoire saisissant. Il l'explique par la médiocrité des revenus fonciers. Ce pouvait être vrai jusqu'à un certain point avant la période finale des guerres de religion. « Des combinaisons féodales complexes enlevaient alors, en effet, au seigneur le bénéfice réel et la jouissance effective

1. Du Tertre, *L'usure expliquée et condamnée*, Paris, 1673, p. 101, 103, 174.

du bien, en ne lui laissant que la vanité du titre [1]. »

Cette considération perd de plus en plus de son importance avec les guerres civiles, à mesure qu'on se rapproche de la date qui nous occupe. La situation des seigneurs, propriétaires fonciers, devient, chaque année, plus critique. Pour ceux qui n'ont pas quitté la terre, ce sont les lourdes charges de garde, aggravées par le « dégat » ou « la picorée » des voisins ennemis et des bandes de passage. Pour les autres, c'est pis : la ruine complète par l'abandon du sol. Puis, il faut compter avec les mœurs nouvelles, appétits féroces développés par l'habitude des gains faciles de la guerre, et nouveaux besoins. Ces derniers mots expliquent cette profusion de constitutions et de transports de rentes servant d'abord à dissimuler des empreints aux heures de gêne et en arrivant à alimenter, après l'avoir fait naître, une soif de spéculation qui évoque la fièvre de l'époque de Law, deux siècles plus tard.

Au fond, c'est le déséquilibre des fortunes seigneuriales qui est à la base de ce bouleversement économique ; les biens fonciers dont la guerre a réduit ou tari les revenus semblent n'avoir plus de raison d'être que de servir de gage à leurs propriétaires, et dans les études des notaires, ils rapprochent les plus grands noms de France des simples marchands bourgeois des villes...

La disproportion entre la valeur réelle des gages et le chiffre des opérations auxquelles ils servaient, en dit long non seulement sur les besoins des emprunteurs, mais sur l'avilissement de la terre

____

1. G. HANOTAUX, *Hist. du Card. de Richelieu*, t. I, p. 47.

dont la plus-value n'avait pas suivi et de beaucoup, la hausse des denrées et marchandises. La conséquence fatale était la transformation de la fortune foncière de la noblesse en fortune mobilière, exposée à toutes les chances de délabrement. Celles-ci étaient si nombreuses avec tous les aléas de l'équilibre social et politique, alors éminemment instable, qu'il était difficile qu'une seule de ces nouvelles fortunes pût échapper à la débâcle [1].

Plus tard, nous verrons Richelieu disposant de fonds, faire des placements de cet ordre, sans s'enrichir, pour en arriver même à la ruine finale. Mais nous n'en sommes encore qu'à la période des emprunts, sous l'empire de la nécessité, qui la commencent. Ils répondaient, il est vrai, à des besoins immédiats. Bodin, trop synthétique, a omis le cas d'un haut officier de la Couronne, obligé de suivre un train supérieur aux ressources de sa charge, et ne pouvant même en jouir normalement...

Il eût été plus sage, de la part de Richelieu, de faire comme son ancien patron, le duc de Montpensier ou comme le duc de Guise. Le premier vendait à cette époque à Hugues Darragon (un personnage qui reviendra) sa terre de Maudegier-en-Brie, près Tournan ; le second, ses terres, comté et seigneurie de Nanteuil-le-Hédouin à Schomberg, pour payer une partie de ses dettes. Mais pour ces

---

1. Et encore supposons-nous, ce qui était loin d'être la règle, que ce mode d'emprunt n'était pas usuraire, ce qui était facile. L'un des moyens classiques de le dissimuler, d'après du Tertre, était de ne verser qu'une partie du capital stipulé. Bodin nous donne la formule usitée en pareil cas « la clause des notaires qui porte ces mots : Le reste en monnoye. »
(*Les six livres de la République*, Paris, 1576, liv. V, p. 549.)

deux grands seigneurs, ce n'était point là affecter leur puissance seigneuriale, alors que pour le grand prévot ses terres et châteaux du Poitou étaient le patrimoine ancestral et le nom. Peut-être, cependant, en avait-il déjà fait tout autant pour les biens de sa femme ; il est, en effet, assez singulier que, sauf pour l'un d'eux (et encore sous réserves), il n'en soit nullement fait mention dans aucun des actes que nous avons examinés.

Après ses opérations avec Jean de Losse, Richelieu ne quittait pas l'étude de ses notaires ; immédiatement après, il signait chez eux un acte d'emprunt, préparé sans doute d'avance, sous la forme d'une constitution de rente annuelle de 100 écus au denier 12 (le taux légal d'après l'édit de 1567), pour laquelle il recevait par conséquent 1.200 écus [1]. Pour la première fois, nous voyons apparaître dans l'étude Suzanne de la Porte aux côtés de son mari. Elle signait en effet au contrat, après lui, et s'engageait, elle aussi, en renonçant, dans les termes consacrés, au bénéfice des droits *Velleyan, si qua mulier* destinés à protéger la femme mariée [2]. En plus de son nouvel

---

1. Ms. orig. (*Coll. de l'auteur.*)

2. Velleyen, sénatus-consulte de Silanus et Velleius tutor, par lequel la femme a droit sur les biens de son mari avant tous les autres créanciers. (Godefroy ; authentique. *si qua mulier* déclarant nul l'engagement pris par la femme vis-à-vis de son mari.) La clause de renonciation à ce privilège, transportée du droit romain dans notre droit, était devenue de style dans tous les contrats passés par les débiteurs avec leurs créanciers. Plus tard, ces contrats, par la négligence ou la collusion des notaires, ne portaient pas toujours l'expresse mention de la renonciation des femmes à ce privilège ; cela permit à beaucoup de débiteurs d'obtenir, en faveur de leurs femmes, des jugements compromettant la solidité des contrats. Un édit de Henri IV rendu en 1606 abrogea le Sénatus-consulte Velleien et l'authentique *si qua mulier*, et déclara que les femmes engagées par leurs maris demeureraient

hôtel de la rue du Boullouer, Richelieu apportait en gages ses terres et seigneuries de Richelieu, Chillou, Mausson, en Anjou, de la Vervolière en Touraine, et de la Neufville en Loudunois. Il y avait en plus une caution sous la forme d'un co-contractant solidairement et conjointement, Hugues Darragon, seigneur de Passy et de Maudegier près Tournan en Brie, habitant à Paris l'hôtel de la Grateric, près l'école Saint-Germain. Ce dernier apportait pour sa part, en gage, ses terres et seigneurie de Passy « assise près les Bonhommes lez Paris, hôtel seigneurial, terre labourable, pré et vigne », ainsi que ses terres et seigneurie de Maudegier-en-Brie.

L'acte additionnel, passé immédiatement après entre les co-contractants, définit on ne peut mieux le caractère tout spécial de l'intervention de Darragon. Richelieu l'y déchargeait de son obligation, en déclarant que « ce qu'il en avait fait n'avait été qu'à sa grande prière et requeste et pour lui faire plaisir », la formule classique [1].

bien et dûment obligées envers leurs créanciers, qu'elles eussent renoncé ou non dans les contrats au bénéfice de ces deux lois. (POIRSON, *Hist. du règne de Henri IV*, 1856, t. II. p, 226-228.)

1. Elle variait peu ; l'on trouve généralement : « à leur prière, requeste et pour luy faire plaisir. » (Acte du 20 février 1595, entre Mr Loys de Clermont, dit d'Amboise, marquis de Pesnel, et son coobligé Jehan Le Roy, conseiller au Parlement, grand archidiacre et chanoine en l'église de Paris pour une reconnaissance de 2.130 écus à Marie Musnier, veuve de Charles Despreaulx, marchand de soye). — Acte du 5 février 1599 entre Jacques de l'Hospital, comte de Choisy, et ses co-obligés, Pierre Baudouyn, procureur au parlement, et Jehan de Saint-Germain, bourgeois de Paris, pour une constitution de rente de 33 écus 1/3 (*Mss. orig.* coll. de l'auteur). Dans d'autres actes, il y a des variantes de forme : « Pour luy estre agréable », (acte du 12 novembre 1561 entre Léonard de Benoneti et Hicrosme de Bevilacqua) — « Dans son intérest et pour luy faire plaisir » (acte du 30 octobre 1573 entre Antoine du

L'usage de la caution était de tradition courante.
Rarissimes sont les obligations synallagmatiques des
princes et grands seigneurs qui ne contiennent l'engagement solidaire d'un ou plusieurs tiers ; ce sont
quelquefois les officiers de leur maison, ou des amis,
le plus souvent un marchand ou bourgeois de Paris,
à tel point que le terme de « caution bourgeoise »
est resté de style, et que la riposte naïve du balourd
offrant « une caution et une bourgeoise » avait pris
place dans les annales de la Basoche. Caron l'attribue
à une stipulation du prêteur désireux d'avoir un
débiteur responsable, contre lequel les poursuites
fussent plus faciles [1]. Cette explication pratique peut
avoir du vrai, mais l'usage venait de plus haut certainement. On pourrait retrouver son origine dans
la société préhistorique, la suivre dans la société
romaine, avec la *gens*, dans la société féodale avec
les liens de vasselage. Notre histoire en fournit un cas
typique : pour le sacre du roi, l'archevêque et duc de
Reims venait quérir solennellement la sainte ampoule
gardée dans l'abbaye de Saint-Rémy de Reims, et laissait pour otages choisis par le roi quatre barons qui de-
meuraient dans l'abbaye jusqu'à ce que la sainte ampoule fût rapportée par l'archevêque après le sacre [2].

Ponet, président au parlement de Bordeaux et deux cautions, pour
un emprunt de 5500 livres à Jehan de Gondi, gentilhomme florentin.) Emile Caron, *op. cit.* p. 73 et 709.

1. E. Caron, *op. cit.* p. 221, note 1.

2. Lors du sacre de Henri II, en 1547, cette formalité donnait
lieu à une curieuse querelle de préséance au sujet des bannières
armoriées des quatre barons, qui se mettaient dans le chœur de

Pour rester dans l'ordre spéculatif, les exemples curieux fourmillent dans les mémoires et les archives. En 1584, M. de Montmorency cautionne l'emprunt de 53.000 écus fait à Paris par le duc de Bouillon pour payer sa rançon, après sa capture à l'affaire de Cambrai, en 1581[1].

Cette même année, madame de Gontaut, la mère de madame de Noailles, dame d'honneur de la reine de Navarre, répond pour elle d'une obligation de 336 écus donnée à un nommé Gardes, marchand d'Agen, pour fourniture de marchandises[2].

Des considérations d'amitié, de reconnaissance, de réciprocité, de dépendance, d'intérêt aussi probablement intervenaient dans ce genre de services ; mais ils n'en étaient pas moins périlleux (et Richelieu en a fait peut-être la dure expérience) malgré la précaution classique et presque rituelle du débiteur principal de dégager immédiatement son répondant.

De Thou, ancien ami du cardinal de Vendôme, s'offrait à l'accompagner à Rome au conclave qui suivit la mort de Grégoire XIII et d'être caution des sommes qu'il fallait emprunter pour faire ce voyage. Le cardinal mourait avant que tout l'emprunt cautionné fut remplacé : les créanciers de ce prélat « me fatiguèrent, conclut-il amèrement, autant qu'il leur fut possible[3] ».

Christophe de Bassompierre, le père du maréchal, avait la même mésaventure ; il cautionnait le duc de Lorraine pour 150.000 écus empruntés par ce der-

la cathédrale où avait lieu le sacre, aux deux côtés de l'autel (VIEIL-LEVILLE. *Mémoires* (Edit. Michaud , p. 75.

1. Duc de BOUILLON, *Mémoires* (Edit. Michaud), p. 48.
2. B. N. Noailles, f. 187.
3. J. A. de THOU, *Mémoires*, (Ed. Michaud), p. 320.

nier pour le mariage de la grande-duchesse, sa fille. Des années après, en 1600, son fils, le maréchal, allait en Lorraine « traiter avec son Altesse, afin qu'elle le délivrât de la caution de feu son père[1] ».

En 1599, ce même duc de Lorraine contracte un emprunt de 66.000 écus à deux gentilshommes lucquois, Mignelly et Arnolphy. Toute sa maison lui sert de caution, Jacques de Harlay, son surintendant, Charles de Tornielli, premier gentilhomme de sa chambre, Théodore de Lénoncourt, conseiller d'Etat, bailli de Saint-Mihiel, Nicolas de Pullenoy, conseiller de son hôtel, commis à ses finances, et Richard Chauvenel, argentier de sa maison[2].

Quelques mois auparavant[3], Hugues Daragon ou Darragon (ainsi qu'il signe comme son fils), avait acheté au duc de Montpensier les terres et seigneurie de Maudegier près Tournan-en-Brie qui figuraient comme gages au contrat. Il prend rang sur la liste des seigneurs de Passy, après Loyse de Bouillon, mère et héritière de son fils, Henri de Savoie, en son vivant seigneur de Châteauvieux et de Passy, conseiller du roi, trésorier de France, conseiller et superintendant des finances et maison du roi de Pologne.

En 1573[4], ce dernier avait emprunté, pour servir en partie aux affaires de son maître, une somme de 21.000 écus à Isidore du Helde, son premier valet

1. Bassompierre, *Mémoires* (Edit. Michaud), p. 22.
2. Ms. orig. (*Coll. de l'auteur.*)
3. 5 avril 1579.
4. Acte notarié du 10 avril. (Em. Rivière, *Bulletin de la S. H. d'Auteuil et de Passy*, t. VI, p. 58 et suiv.)

de chambre ordinaire. Il est à présumer que Hugues Darragon avait été facteur, peut-être caution, dans cet emprunt presque certainement gagé sur la seigneurie de Passy qui lui était revenue à la mort du débiteur. Les relations de Richelieu avec la famille de Montpensier d'une part, avec l'entourage du roi de Pologne de l'autre, suffisent amplement à expliquer ses rapports d'affaires avec Darragon, dont le fils Jean était secrétaire du duc de Lorraine.

Hugues Darragon était sans doute un riche bourgeois aidant de sa bourse les grands seigneurs, et se livrant à des opérations lucratives, en spéculant sur leurs besoins, peut-être un des nouveaux riches, élevés par les circonstances, dont la fortune avait rapidement éclos à la faveur de la perturbation économique créée par les guerres civiles.

Un François Darragon était, en 1564, capitaine-concierge du château de Beynes, appartenant à Diane de Poitiers, duchesse de Valentinois ; en cette année, cette princesse assistait à son mariage avec Marie Langlois, fille d'un riche marchand et propriétaire habitant à Alluets-le-Roi [1] ; il n'y a rien

1. Arch. Nat. Y 119, fol. 413 et 415 — Y 122, fol. 120 et 313. V. sur François Darragon et la famille de Marie Langlois, sa femme, dont faisait sans doute partie Agricol Langlois, greffier de Beynes : *Arch. dép. de Seine-et-Oise*, Série E-4321 (1573) — 4322 (1574-75) — 4323 (1576-77). Un « Jacques de Laage, seigneur d'Arragon, capitaine de 200 hommes de pied des vieilles bandes françaises pour le Service du Roy » teste à Paris le 22 août 1583 (Arch. Nat. Y-125, fol. 421). — Une famille d'Arragon en Dauphiné a pour souche « noble homme Hugues d'Arragon, contrôleur du domaine en Dauphiné » ayant pour enfants François et Jeanne d'Arragon (B N. Pièces orig. *D'Arragon*). Enfin un Euverte d'Arragon, docteur en médecine à Paris, figure dans un contrat de mariage le 27 avril 1581 (Arch. Nat. Y-122, fol. 468). Nous citons seulement pour mémoire ces trois quasi-homonymes du personnage qui nous occupe, et qui n'ont aucun rapport avec lui.

que de très vraisemblable à ce que Hugues Darragon appartînt à cette famille, dont les relations rentraient dans le cycle des siennes.

En tout cas, ses rapports avec Richelieu devaient être et singulièrement étroits et d'une nature exceptionnelle. Il le cautionnait à nouveau dans un autre emprunt postérieur, et il ne l'aidait pas seulement de son crédit et de ses relations. Il s'associait à lui et à sa femme pour des placements de fonds en rentes constituées, et le nombre de ces opérations est tel (nous n'en connaissons pas moins de cinq) qu'il faut admettre entre eux un lien bien intime. N'y pourrait-on voir la main de François de la Porte qui ne pouvait se désintéresser de sa fille ?

Cette remarque tire un fondement sérieux de la personnalité du prêteur dans cette première opération ; c'en était une, en effet, et d'importance que celle de Jacques Danès, seigneur de Marly-la-Ville, qui consentait à faire des fonds à Richelieu. L'un des plus riches bourgeois de Paris, en même temps que sérieux et avisé spéculateur [1], échappant au mirage de la rente, et ne lui faisant qu'une part très réduite, il s'élevait lentement et sûrement, devenait successivement conseiller au Parlement, puis à la Cour des Comptes, et finalement prévôt des marchands de Paris, laissant un fils Jacques, plus tard évêque de Toulon, qui se fit un nom dans les lettres.

Or, en 1575, Danès achetait une rente de 200 écus

---

1. Le recueil d'E. Caron, déjà cité, donne une idée de sa fortune patrimoniale (dont 3.864 livres de rente) en 1568 et de ses acquisitions successives de rentes bien assises, de terres et d'immeubles jusqu'en 1575 (rues Saint-Martin, Saint-Honoré, de la Tonnelerie, à Paris, hôtel d'Harcourt à Rouen, etc.)

au prince Charles de Lorraine, gouverneur de Bourgogne, et Hugues Darragon intervenait comme procureur dans cette opération, avec son fils Jean, secrétaire du prince de Lorraine [1]. N'en peut-on déduire les relations hautes et étendues de Darragon, qui avait négocié avec Danès l'emprunt du grand prévôt et a dû, plus d'une fois, rendre à ce dernier le même office, de lui trouver des bailleurs de fonds, avant de s'associer à lui, dans un but qui nous échappe ?

Pour en finir avec ce contrat par les gages, ceux-ci étaient d'une valeur énorme, mis en regard d'une rente constituée de 100 écus. Richelieu n'en avait pas le monopole. Donnons un exemple entre mille. En 1583, quelques années avant, Christophe de Bassompierre, et Gaspard de Schomberg, colonel des gens de guerre allemands, vendaient et constituaient à François Dolu, président de la Chambre des Comptes, une rente de 100 écus correspondant à 1.200 écus (exactement la même que celle de Richelieu à Danès) ; ils donnaient en gages, le premier, ses terres et baronnie de Harouel et 3.000 livres tournois de rente sur l'Hôtel de Ville de Paris [2], le second les terres, seigneurie et comté de Nanteuil-le-Hédouin achetés par lui 380.000 livres au duc de Guise, en 1578 [3], ses terres et seigneurie d'Amerye en Champagne, une maison sise à Paris, rue Fromenteau et 14.000 livres de rente sur la ville de Paris [5]...

1. E. Caron, *op. cit.* p. 217, n° 934 (3 septembre).
2. Elles provenaient sans doute du payement de son dû après le licenciement des reîtres au lendemain de la bataille de Moncontour. (Bassompierre, *Mémoires*, p. 39.)
3. L'Estoile, t. I, p. 265.
5. Ms. orig. (*Coll. de l'auteur.*)

Nous avons remarqué plus haut que l'avilissement relatif de la terre était la cause de principe de cette disproportion. Il faut y joindre les difficultés inextricables de procédure et d'influences, les frais énormes, et les délais sans limite qui se présentaient au créancier voulant réaliser le gage. Notre sujet ne peut mieux s'offrir comme type. Les terres, château et seigneurie de Richelieu n'étaient vendus qu'en 1621, trente et un ans après sa mort, à la requête des créanciers privilégiés...

Une semaine après, jour pour jour, le 27 juillet, Richelieu faisait à Jehan de Losse le paiement des 1.966 écus deux tiers convenus entre les mains de Guy Davost, son nouveau voisin, procureur du propriétaire pour la circonstance. Toutefois, au lieu de lui verser les 666 écus deux tiers, capital correspondant aux deux tiers de la rente de 250 livres qu'il devait racheter pour lui à l'échéance (166 livres, 13 sols, 4 deniers), il ne lui en payait qu'une partie, 433 écus deux tiers. La quittance stipulait que le contrat resterait en vigueur pour le solde de 233 écus deux tiers. En raison sans doute de ce que l'acheteur anticipait son paiement, Guy Davost se déclarait néanmoins satisfait, au nom de son commettant, et remettait à Richelieu l'acte de vente de la maison resté comme gage entre ses mains[1]. Celui-ci n'en avait pas moins déjà pris possession, puisqu'il s'y était domicilié légalement, et qu'il était déjà ensaisiné au censier de l'évêché de Paris, depuis le 24 juillet, trois jours auparavant[2].

Deux jours après, le 29 juillet, nouvel emprunt

1. Ms. orig. (*Coll. de l'auteur*.)
2. Arch. Nat. S* 1238, f° 11 V°, n° 108.

de 1.200 écus sous forme de constitution de rente
annuelle de 100 écus. Les gages et cautions étaient
les mêmes que précédemment[1]. Le prêteur, Antoine
Brandon baron de Bladère, conseiller au parlement,
moins connu que Jacques Danès, était, sinon riche,
au moins bien accommodé. Sa femme, Hélène de
Nancy, veuve de Jehan du Castel Saint-Nazard,
écuyer, sieur de Mourlay, lui avait apporté, en
l'épousant, le 23 juin 1574, une dot de 12.000 livres,
non compris des meubles, ustensiles, bagues,
joyaux et vaisselle d'argent[2]. Quelques mois avant
cette opération avec Richelieu, il avait fait donation
d'une somme de 2.000 écus aux deux filles de sa
femme, Lucrèce et Marguerite du Castel Saint-
Nazard[3].

*
* *

Le mois d'août voyait plus d'une fois reparaître
Richelieu dans l'étude de Me Payen ; mais la première fois que nous l'y surprenons à nouveau,
c'est non plus comme emprunteur mais comme
caution ! L'acte principal de constitution de rente de
333 écus un tiers contre un capital de 4.000 écus
nous manque, mais les actes additionnels de décharge
conservés[4] suffisent à donner un aperçu curieux sur
les besoins d'argent des grands seigneurs et leurs
combinaisons ingénieuses entre eux pour en trouver.
Dans le cas actuel, Richelieu en était le pivot.

Honorat Ysoré, baron d'Hervault, vice-amiral
en Guyenne, Poitou et Aunis, d'une des plus

1. Ms. orig. (Coll. de l'auteur).
2. Arch. Nat. Y-120 f. 109.
3. Arch. Nat. Y-120 f. 390 (10 mars 1579).
4. Ms. orig. (Coll. de l'auteur).

anciennes maisons d'Anjou, était allié à la famille
de Richelieu, auquel il s'adressait dans une heure
de détresse[1]. Celui-ci faisait-il en vain appel à Darragon, ou ne voulait-il pas épuiser son crédit de ce
côté? Le bailleur de fonds, René Maillard, probablement un riche bourgeois de Paris, au courant de sa
situation, trouvait-il sa garantie insuffisante, et n'exi-
geait-il pas un répondant plus sûr? Toujours est-il
que Richelieu avait recours à un compatriote, ami
et compagnon d'armes, voisin de campagne, Louis
Chasteigner, seigneur de La Roche-Pozay et d'Abain,
gouverneur de la Basse-Marche, d'un crédit suffi-
sant. Ce dernier consentait à ajouter sa caution à
celle de Richelieu, et tous trois figuraient dans
l'acte de constitution de rente comme co-contractants
solidaires. La suite des actes de décharge montre
on ne peut mieux le processus de ces démarches, le
rôle de Richelieu s'employant auprès de Chasteigner
en faveur d'Ysoré, et aussi le peu de crédit de ce dernier, seul et unique bénéficiaire de l'opération.

Il garantissait d'abord Richelieu en s'adjoignant
le lieutenant de sa baronnie, Pierre Escault, et ils
s'engageaient tous deux solidairement à lui fournir
dans les vingt mois une obligation de Jean Palustre,
trésorier de France en Poitou, un autre Poitevin de
marque, ami intime du grand prévôt.

1. Un « noble homme Guyon Ysoré, escuyer, seigneur de Bois-
garnault, demeurant audit lieu, paroisse de Saint-Léger », figure
comme témoin dans la transaction intervenue le 18 février 1557 entre
Françoise de Rochechouart, et son beau-frère Jacques du Plessis,
plus tard évêque de Luçon, comme curateur de ses neveux et
nièces mineurs. Elle avait pour but le remploi des dix mille
livres de sa dot, qui lui fut accordé sur les terres et seigneuries
de Richelieu, Neuville, la Vervolière et dimes de Faye et autres
fiefs en dépendant (MARTINEAU, op. cit. p. 49 et 50).

A son tour, Ysoré dégageait Escault personnellement, et dans un acte final, il en faisait autant pour Richelieu vis-à-vis de La Rochepozay, mais avec un changement de formule radical. Alors que dans le premier acte, il reconnaissait avoir reçu seul les fonds, il n'en faisait plus mention dans le dernier, ce qui laissait croire que Richelieu était son co-bénéficiaire et gardait toute la responsabilité de l'opération vis-à-vis de la Rochepozay.

Une autre particularité précise le rôle de Richelieu dans cette affaire ; tout en se reconnaissant solidaire d'Ysoré vis-à-vis de La Rochepozay, et responsable au même titre que lui, c'est à lui seul qu'incombait la charge de racheter la rente dans deux ans, le 13 août 1581.

Ajoutons enfin une remarque significative malgré son apparence puérile. Dans le premier acte de décharge qui n'intéresse que Richelieu seul, celui-ci a signé après Ysoré, alors que dans le second qui intéresse la Rochepozay, il signe avant lui, et le premier, comme pour le couvrir[1].

Qu'advenait-il de cette constitution de rente dont nous avons essayé de débrouiller l'écheveau ? Ysoré mourait en 1586, et les guerres de la Ligue n'étaient pas faites pour accommoder ses affaires. Le payement de cette obligation a fort bien pu, finalement, incomber au grand prévôt, et tomber dans sa succession, étant donné son habitude, qu'on verra, de reculer souvent de plusieurs années l'échéance de

---

1. Remarquons de plus que dans le dernier acte, malgré l'usage et la logique, Chasteigner le bénéficiaire, a signé, mais comme témoin, et en dernier (une précaution sans doute) pour suppléer à l'absence d'un notaire ; l'autre, l'instrumenteur, a signé à droite.

ses dettes. Si toutefois dans l'intervalle, cette rente n'a pas donné lieu à quelques transports, ce qui était courant, il est piquant de penser que son fils, devenu évêque de Luçon, a pu retrouver un créancier dans la personne du fils du créancier de son père, son voisin, confrère et ami, Louis Chasteigner de la Rochepozay, évêque de Poitiers.

Cette générosité imprudente de Richelieu faisait-elle hésiter Darragon à lui continuer son crédit pour de nouveaux emprunts? N'amenait-elle même point quelque refroidissement entre eux? L'on serait tenté de le croire, en constatant que le nom de Darragon n'apparaît plus de quelque temps dans les actes. Le grand prévôt en est maintenant réduit, pour trouver des garants, à chercher autour de lui, dans son monde, et user des relations que lui valent sa charge et son nom avec les hauts personnages qui l'entourent et que leur situation privilégiée à la cour mettent à même d'exiger un service des richissimes officiers des finances. Il ne pouvait mieux s'adresser pour cela qu'à un favori fameux du roi, connu pour « ses effroyables dissipations », de réputation détestable, « l'âme et le corps gâtés par toutes sortes de vilenies, » François d'O, « chevalier, seigneur dudit lieu, Bleny et Fresnes, conseiller du roi en son privé conseil, capitaine de 50 hommes d'armes de ses ordonnances, gouverneur et lieutenant général pour Sa Majesté de la Basse Normandie, et maître de sa garde-robe. » Voilà le nom et les titres qui ouvrent les premiers les actes de deux nouvelles constitutions de rente, passés le même jour, le 31 août 1579 [1].

1. Mss. orig. (*Coll. de l'auteur*).

Ils sont suivis de ceux de François du Plessis, et de sa femme, Suzanne de la Porte, avec la formule accoutumée de renonciation aux droits de Velleyan. Il avait deux autres co-obligés, les vraies cautions, dont les noms font sourire en pensant au chiffre des emprunts, 3.600 et 1.500 écus correspondant à des rentes de 300 et 125 écus. Ce n'était rien moins, en effet, que deux financiers puissants, Benoist Millon, intendant des finances et Claude Leroy, trésorier de l'épargne, tous deux conseillers du roi en son conseil privé !

Tous deux étaient fameux. Benoist Millon, seigneur de Videville, « fils d'un serrurier de Blois, et venu en une nuit », d'après la chronique, avait surtout connu la célébrité. En juillet 1576, il avait vendu au roi pour 60.000 livres la terre d'Olinville, près de Chartres, une belle opération, car il l'avait achetée 30.000 livres à du Gast qui l'avait payée 18.000 à son beau-frère Guillaume Baillon. Elle lui avait valu d'être chansonné en vers latins[1], et la muse le prenait encore pour cible un peu plus tard, au sujet d'un voyage à Baings, en Flandre, motivé par sa gravelle[2].

Ce souverain indispensable de la Finance, qui montrait un jour en deux feuilles à Gaspard de Saulx le revenu et les charges de la France[3], s'était assez imposé au roi, pour que celui-ci restât sourd à tous les avis donnés contre lui[4].

1. L'Estoile, t. I, p. 141.
2. *Ibid.* t. I, p. 203.
3. Gaspard de Saulx de Tavannes, *Mémoires* (Edit. Michaud), p. 48.
4. Le chevalier de Seure, grand prieur de Champagne, disait un jour à Millon, dans l'antichambre royale, « qu'il était un larron et assassin de la France, l'ayant chargée de 8 millions d'écus, sous

On lui reprochait amèrement un mot cynique qu'il répétait à tous venants : « Il y a plus de fols que d'Estats [1] », une allusion aux surenchères sans limites que l'on mettait aux Offices, sources de bénéfices scandaleux.

Quant à Claude Le Roy, « Barberousse » d'après un pasquil du temps [2], il n'a pas alimenté le journal de L'Estoile de façon aussi copieuse et pittoresque, mais sa charge seule de trésorier de l'épargne qu'il avait achetée 33.000 écus de Garrault, à la fin de l'année précédente [3], en dit assez sur la valeur de sa caution.

Outre les terres et seigneuries du grand prévôt, déja énumérées, et la maison de la rue du Boullouer, le gage comportait pour François d'O les terres et seigneurie de ce nom, près Flers, au bailliage d'Alençon, les terres et seigneurie de Fresne, pour Benoist Millon, sa maison de Paris, rue Bethizy, avec ses terres et seigneurie de Videville au val de Gallye en la prévôté de Paris, et enfin pour Claude Le Roy les terres et seigneurie de la Grange-Nyvelon près Azigny-en-Brie, où il faisait bâtir plus tard une maison « belle et forte [4]. »

couleur de payer les dettes du roi, qu'il disoit monter à ladite somme, combien qu'elles ne montassent qu'à 5 millions, et par ce moyen surchargeait furtivement le pauvre peuple de 3 millions ». Le roi survenait sur ces entrefaites. Le chevalier de Seure, le prenant à parti, lui disait et répétait : « Sire, vous savez bien ce qui en est », malgré le dire du roi qu'il n'en avait souvenance. Le roi, furieux, se jetait sur le malencontreux donneur d'avis, et le chargeait de coups de pied et de coups de poing. (L'Estoile, t. II, p. 149, 6 mars 1584.)

1. Remonstrances très-humbles au roy de France et de Pologne... par un sien fidelle officier et subject... 1588, p. 48.

2. L'Estoile, t. VII, p. 90.

3. Ibid. t. I, p. 278.

4. Ibid. t. III, p. 295.

La première rente annuelle de 300 écus pour un capital de 3.600 écus (au denier douze) était constituée à Estienne Le Tonnelier, seigneur de Conty, conseiller du roi en son grand conseil dont il mourut doyen; la seconde de 125 écus pour 1.500 écus (au même taux) et avec les mêmes gages à Charles Hotman, conseiller du roi et maître ordinaire en sa Chambre des Comptes. Ce dernier habitait, rue Michel-le-Comte, devant les Étuves Saint-Martin, une maison qui fut plus tard le lieu des réunions des chefs de la Ligue; il y prit une part active et en détenait les fonds[1]. Sa fortune était telle, et lui permettait une si grande pompe et suite, comme à ses confrères, trésoriers de l'épargne, qu'il provoquait un jour, le vendredi 5 août 1594, une véritable révolution dans la rue Vieille-du-Temple en y passant avec quarante-cinq chevaux, un train de prince, pour se rendre à sa maison des champs[2].

Contrairement à ce qu'on a vu précédemment, Suzanne de la Porte ne figurait pas dans ces deux actes d'emprunt; en revanche, dans celui qui suivait le même jour, elle intervenait, en renonçant au bénéfice de son droit Velleyan, et se solidarisait avec son mari pour décharger de leur caution François d'O, Millon et Le Roy, en s'engageant avec lui pour le rachat des deux rentes dans un délai de six mois.

Pour la première fois, l'acte de décharge ne mentionne pas le caractère gracieux et désintéressé de l'intervention des cautions. Il y avait eu pression, évidemment, le seul moyen d'expliquer l'omission anormale d'une formule usuelle et l'intervention du

1. L'ESTOILE, t. III, p. 347, 349, 360.
2. *Ibid.* t. VI, p. 221.

grand favori du roi, François d'O, n'avait pas été pour peu dans le service rendu à Richelieu par les deux financiers, au courant de son crédit. Aussi n'est-il pas étonnant qu'eux seuls reçussent en garantie spéciale, non pas des terres ou seigneuries de Richelieu, mais l'hôtel de la rue du Boullouer. Ils en connaissaient évidemment la valeur ; ce détail seul prouve que le grand prévôt avait fait, en l'achetant, une bonne opération, d'autant que le total des deux créances garanties, y compris les arrérages, dépassait de beaucoup le prix d'acquisition de l'immeuble.

Au milieu de ces opérations financières, un document nous amène en Touraine ; il confirme à haute et puissante dame Françoise de Rochechouart, et à son fils, le grand prévôt de France, un aveu pour une pièce de terre, partie en vigne, partie en « fresche » au lieu-dit Piédsec, dépendant de la seigneurie de Vervoulière, Toussay et le Petit-Puy ; le cens et rente annuels de la pièce « contenant journée de 20 hommes de besoches ou environ » était de 4 sols tournois « payable sau jour de la Saint-Michel au château de la Vervollyère[1]. »

Cette petite bande de parchemin, de si humble intérêt, qui semble égarée au milieu des actes notariés, apporte une note lugubre d'une ironie puissante au milieu du son de l'or qui coule en cascade des bougettes sur la table du cabinet des notaires. C'est le glas de la terre qui sonne comme un avertissement prophétique, aux oreilles sourdes du grand prévôt. Plus d'une fois, il retentira à celles de son

---

1. Ms. orig. (*Coll. de l'auteur.*)

fils, comme un écho du passé, et nous l'entendrons vibrer sur sa tête, lorsqu'il aura à se débattre entre la meute des créanciers vrais ou faux du père.

*
* *

Il serait difficile de trouver dans la vie de Richelieu une période d'accalmie, de quelque durée, sans un voyage d'ordre secret, ou une expédition ressortant de sa charge. Entre deux visites chez ses notaires, il effectuait une randonnée qui a dû lui faire oublier, quelque peu, au grand air, ses préoccupations d'argent. Aussi bien, était-elle d'importance, en lui donnant l'occasion de tirer son épée du fourreau dans une chevauchée batailleuse. Le 18 août, il a pris congé du roi partant pour Saint-Germain, afin d'aller en Normandie à la tête de plusieurs compagnies de cavalerie, à la poursuite du comte de La Roche-Guyon et de ses partisans, gentilshommes de la province. Aux derniers Etats tenus à Rouen par les Normands, « ils avaient hautement parlé pour le peuple contre le Roy et s'étaient mis à la tête des mutins qui ne vouloient plus payer ni tailles ni subsides ». La ville de Rouen s'était soulevée, et on parlait d'une conspiration ourdie pour s'emparer du roi à Saint-Germain.

Richelieu, expéditif, arrêtait quelques coupables, mais sans faire trop de bruit, vu la qualité des chefs de la révolte. Le comte de La Roche-Guyon et ses compagnons se réfugiaient « en Basse-Normandie, où, avec les Bretons, leurs voisins, ils traitaient et monopolaient pour secouer le joug de la tyrannie. »

Le maréchal de Matignon était envoyé avec un

corps d'armée pour s'en emparer [1]. De son côté, après la pacification de Rouen, le grand prévôt rentrait à Paris avec ses prisonniers, car treize jours seulement après son départ de cette ville, nous le retrouvons dans l'étude de ses notaires, la bourse gourmandée par les hôtelleries, comme toujours, avec des missions de ce genre. Il avait dû faire l'avance des frais de capture et de garde des prisonniers, 3.500 écus, dont il n'était remboursé que le 26 décembre 1584 [2] ! Sa lourde charge méritait deux fois son titre comme on le voit, et il est permis de se demander si sa nouvelle visite à maîtres Payen et Marchand, dès son retour à Paris, n'a pas été l'épilogue de son expédition dont il avait fallu payer la dépense pour le roi.

[1]. L'ESTOILE, *t*. II, p. 450. — *Relations des ambassadeurs vénitiens* (J. Lippomano), t. I, p. 321.
[2]. B. N. Pièces orig. 2302, n° 12.

CHAPITRE VII

La fin de l'année 1579 marquait un accroissement d'importance dans la charge du grand prévôt et en même temps un surcroît de besogne et de dépense. Vers décembre, le roi met sous ses ordres « trente gentilshommes et officiers nécessaires ». Dans quel but inconnu ? Pour les nécessités de ses missions secrètes ? Il a reçu, en effet, pour l'une d'elles 200 écus, le 7 novembre [1]. N'est-ce pas plutôt un

1. B. N. Pièces orig. 2302, n° 8.

essai de constitution de garde personnelle pour la
sécurité royale, analogue à celle des fameux Quarante-cinq créée plus tard par les ducs de Joyeuse
et d'Épernon? L'hostilité de la garde du corps, qui
s'accentue vis-à-vis de Richelieu, comme sous
l'empire d'une surexcitation de jalousie, semble l'indiquer. Quoi qu'il en soit, le grand prévôt se trouve de
ce fait en face de charges nouvelles, ayant à pourvoir, sinon aux gages, au moins aux frais partiels
de son nouveau personnel. L'absence d'actes notariés à cette époque ne serait-elle pas due à ce qu'il
ne peut plus emprunter, faute de crédit? En tout
cas, il faut qu'il soit alors aux abois pour élever
des réclamations assez énergiques pour aboutir, jus-
tifiées, comme elles le sont, par les retards dans le
payement de ses gages, le remboursement de ses
avances, et les nouveaux services qu'on attend de
lui. Elles aboutissaient en partie. Le 1er février
1580, il est enfin payé des 3.000 écus qui lui étaient
encore dus pour les frais de son voyage en Guyenne,
en 1577, à l'occasion du cinquième édit de pacification, avant qu'il ne fût grand prévôt [1]. Le 4 mars
suivant, fait inouï dans les annales de la prévôté, il
touche le premier quartier de cette année, à peine
échu, pour ses gages de prévôt de l'hôtel [2] !

*
* *

A l'exposé de ses fonctions, on a vu les difficultés

---

1. B. N. Franc. 26162, f. 1047. Et encore cette somme ne lui
est-elle donnée qu'en un mandement « sur les deniers provenant
de l'office de receveur des amendes et confiscations qui seront
adjugées en la prévosté de l'hostel, grande prévosté de France... »
2. B. N. Pièces orig. 2302, n° 9.

de sa charge, dans ses rapports avec les autres
juridictions. Son caractère fier, absolu et indépendant, son activité et sa rigueur n'étaient pas faits
pour les aplanir. Avait-il porté ombrage à des autorités jalouses de leur pouvoir ? Fait redouter son
ingérence dans les affaires ? Produit des froisse-
ments ? Toujours est-il que le 15 mars, le Parlement
obtenait la réduction de ses pouvoirs. C'était une
revanche sur ses prédécesseurs. Le roi avait jadis,
par sa déclaration du 2 mai 1572, révoqué son édit
d'Amboise qui attribuait au Parlement la connaissance, entérinement et vérification des lettres de
grâce et de rémission, et les avait confiés au prévôt de l'hôtel [1].

Maintenant, le Grand Conseil intervenait sur la
présentation des lettres de provision de la place de
grand prévôt. Son arrêt limitait les pouvoirs du
« sieur de Richelieu » ; il portait « restriction et
limitation de ne pouvoir par [ledit Richelieu, demander ou recueillir des opinions au conseil, des procez
criminels de sa connaissance qui seront jugez en
iceluy [2]. »

Le grand prévôt n'était pas homme à se tenir pour
battu ; il répondait du tac au tac et sans perdre de
temps, en portant devant le Conseil du roi, non pas
cette question qui était de détail, mais celle de principe ; l'arrêt du 20 juin 1578 relatif aux différends
entre les gentilshommes de la suite du roi, et leurs
hôtes, bourgeois de Paris, n'avait en effet tranché,
en réalité, qu'un cas d'espèce. L'arrêt du 26 mars 1580
rendu devant le roi lui donnait gain de cause ; il

1. P. de MIRAUMONT, *op. cit.* p. 275.
2. *Ibid.* p. 144 et suiv.

mentionne, d'après la plainte du grand prévôt, les subterfuges employés par le Parlement et le Grand Conseil pour annihiler sa juridiction : ces tribunaux se retranchaient derrière les reliefs d'appel portés devant eux, et les requêtes des parties intéressées à se soustraire à son autorité, pour lui défendre « de passer outre à l'instruction et au jugement des procez commencez, au détriment et grande retardation de la justice ». Si les cours étaient bien aises de conserver par devers elles les affaires, les parties n'étaient pas moins intéressées, de leur côté, à se soustraire à la justice expéditive et trop sommaire du redoutable grand prévôt, peut-être aussi moins accessible que d'autres à certains tempéraments...

Pour en revenir à l'arrêt du 6 mars, il confirmait formellement les règlements édictés en 1522, 1544 et 1572 ; d'après lui, le grand prévôt était seul juge « es causes criminelles de la police et de la suitte de la Cour, nonobstant oppositions ou appelations quelconques, soit à l'occasion de prétendue incompétence, cléricature, ou autre exception quelqu'elle soit ». Il indiquait ensuite la qualité des sept juges (dont trois pouvaient être des lieutenants de la prévôté) nécessaires pour assister aux jugements de torture et de mort où tout autre peine corporelle. Finalement, le prévôt de l'hôtel restait seul responsable de sa charge au roi et à son conseil, et non à d'autres, ceux-ci se réservant néanmoins de pourvoir ce que de raison, en cas de conflit de juridiction, appel, plaintes ou doléances[1].

Ainsi par là encore, le grand prévôt n'était, en fin

---

1. P. de MIRAUMONT, *op. cit.* p. 260 et suiv.

de compte, que l'instrument du roi, tout au moins en principe. Cette lutte d'autorité dépassait, en effet, et de beaucoup, les limites d'un simple conflit d'attributions entre tribunaux. Sa portée était tout autre. Le parlement personnifiait alors, en réalité, le pouvoir féodal dont il avait pris la place par la force des choses, après avoir été créé pour l'annihiler, et il est piquant de constater ici que le fils du grand prévôt devait continuer, un jour, l'œuvre inconsciente du père, en préparant l'avènement de la monarchie absolue.

*
* *

Avec tout ce qu'elles avaient de complexe, d'étendu et de délicat, Richelieu ne pouvait arriver à suffire à ses fonctions qu'avec la rigueur inflexible, toute militaire, de son tempérament. Ses nombreuses missions secrètes avec leurs périls, ses lourdes initiatives avec leurs responsabilités ne devaient même être pour lui que jeux d'enfants à côté des résistances passives, des hostilités sourdes, des influences cachées contre lesquelles s'émoussaient son énergie et sa vigueur. Ni l'une ni l'autre n'avaient que faire dans les causes criminelles qui lui incombaient de temps à autre, comme celle de cet empoisonneur, docteur régent à Toulouse, un certain Lavalette, qu'il faisait pendre, le 6 avril, devant l'hôtel de Bourbon, dans sa robe longue d'homme de droit[1]. Aussi comprend-on qu'il se fût vite aigri, si l'on y ajoute les difficultés pécuniaires qui l'assaillaient, et que la naissance d'un second enfant, son fils Henri, survenue cette année-

---

1. L'Estoile, t. I, p. 356

là, ne faisait qu'accroître. Ce n'était pas les 2.150 livres tournois qu'il recevait le 29 mars du Chapitre de la Sainte Chapelle de Champigny, pour le prix de la maison du prieuré de Champigny, acquise judiciairement par le sénéchal de Faye[1] (et encore était-ce peut-être pour le compte du duc de Montpensier), qui lui permettaient de vivre, surtout avec les avances qu'il avait continuellement à faire. Elles lui étaient remboursées de temps à autre, mais après quels délais, et dans quelle proportion ! S'il encaissait à cette époque en espèces 583 écus un tiers, montant de débours pour des voyages secrets déjà anciens, Pierre Mollan, le trésorier de l'épargne, lui remboursait en un mandement et une rescription sur les recettes de Challons une somme de 256 écus deux tiers restée impayée jusque-là, faute de fonds[2]...

Aussi, la coupe finissait-elle par déborder. Las d'avoir à lutter sans être soutenu, il exposait, dans un factum du 18 avril 1580 « les articles sur lesquels il requiert estre pourvu par S. M. et MM. du Conseil[3]. »

Le document est d'une valeur inestimable ; il prouve d'abord, par le ton, l'autorité personnelle dont jouissait Richelieu à l'encontre de ses prédécesseurs ; il nous initie ensuite par le menu aux difficultés de toutes sortes qui hérissaient les devoirs du grand prévôt et au désordre qui le mettait dans l'impuissance comme exécution et répression.

---

1. Martineau, *op. cit.* p. 57.
2. B. N. Franc. 26179, *Comptes du règne de Henri III*, fol. 13 v°, (4 avril 1580).
3. B. N. Dupuy, 218 fol. 252-254.

La question du logis, lors des déplacements de la Cour et du paiement des hôtes lors du départ, donnait lieu aux subterfuges les plus ingénieux pour tourner les ordonnances, au nez de Richelieu. Les maîtres d'hôtel du roi, de la reine, des princes et princesses devaient lui remettre un rôle signé par eux des noms et prénoms de tous leurs domestiques, alors qu'auparavant il ne le recevait que par l'intermédiaire du grand maître. Ou ils ne le faisaient point, ou, s'ils le faisaient, c'était incomplètement, et ils n'en couvraient pas moins verbalement nombre de personnes ne figurant point sur les listes. De même pour les maréchaux du logis du roi « glorieux et insolents pour la plupart »[1] ; tantôt ils ne lui remettaient pas copie de ceux qu'ils avaient à loger, et en logeaient d'autres, sans l'avertir, tantôt avec les fourriers, ils changeaient les logis sans le prévenir.

Quelques archers du grand prévôt devaient suivre la Cour pour recueillir les plaintes des habitants, et leur faire payer la dépense faite par les occupants, suivant le taux prévôtal affiché aux lieux accoutumés. Or tous les logis convenables étaient occupés par les cent gentilshommes des archers de la garde du corps, et il ne restait alors aux siens que la ressource de coucher à la belle étoile, ou dans des coins dédaignés de tous.

Quant aux taux, il est à croire qu'ils disparaissaient aussitôt qu'affichés, et que le changement de logis n'était qu'un moyen commode d'esquiver le quart d'heure de Rabelais.

Le règlement d'août 1578, auquel Richelieu n'avait

1. BEAUVAIS-NANGIS, *Mémoires* (Société de l'H. de Fr.), p. 11.

certainement pas été étranger, prévoyait bien le cas, mais pour les capitaines des gardes et leur personnel seulement ; ils ne devaient pas abandonner « les locaux baillés par étiquettes pour leur logis » et devaient payer leurs hôtes suivant le taux du grand prévôt[1]. D'autre part, ce même règlement ordonnait aux archers des gardes qui accompagnaient le roi au dehors de porter des hallebardes « ayant houppes au bout des couleurs du Roy[2] ». Si la première mesure avait dû exciter la rancune des gardes, le privilège que leur donnait la seconde avait certainement blessé l'amour-propre de leurs rivaux. Les sujets de rancœur ne manquaient ni d'un côté, ni de l'autre !

Richelieu arrivait ensuite au point délicat. Les maréchaux des logis, et fourriers, tant des cent gentilshommes de la garde du corps, que gens de pied et autres, s'évitaient un travail long, minutieux et difficile, vu la qualité et la susceptibilité des personnages qu'ils avaient à loger, en délivrant des « étiquettes » en blanc ! C'était le désordre complet, et l'impossibilité d'exercer un contrôle quelconque pour les agents de la prévôté, tournés en dérision, et rendus incapables de justifier leurs plaintes aisément convaincues d'avance de fausseté.

Le mémoire exposait le remède à ces abus. Le grand prévôt demandait au roi que dorénavant aucune étiquette ne fût délivrée sans être signée et datée du jour même de la remise, avec mention des noms, prénoms et qualité du bénéficiaire. Comme sanction, il ne réclamait rien moins que la peine de mort contre les contrevenants, les capitaines des

1. B. N. Dupuy, 218, f. 51.
2. *Ibid.* f. 47 v°.

gardes étant *tenus*, de leur côté, de faire entendre ces prescriptions à leurs maréchaux des logis. Il fallait que son exaspération fût à son comble, et qu'il eût eu à subir plus d'une humiliation pour en venir là ; ne se sentait-il pas, de plus, inattaquable pour parler de la sorte ?

Comme ses prédécesseurs, Richelieu n'avait pas eu moins à souffrir de la rivalité des capitaines des gardes. Ceux-ci avaient continué à s'opposer à son ingérence dans la capture et la punition des contrevenants aux Ordonnances sur les querelles, dont la dernière, d'août 1578 [1], confirmant celle de janvier, lui attribuait pourtant la juridication complète. Il signalait hardiment leurs prétentions injustifiées et demandait que « ses lieutenants, exempts et autres officiers fussent maintenus dans leurs anciennes autorités sans y rien innover » et sur aucun point.

Le factum s'élevait enfin contre les vexations subies depuis un an par les marchands suivant la Cour, au mépris de leurs privilèges qui étaient la contre-partie des « grandes pertes qu'il leur convient faire lorsque S. M. marche ». Il se plaignait que ces marchands fussent victimes « au mépris des volontez et ordonnances de S. M., des entreprises de juridiction des Cours de Parlement, des Aydes, Requestes du Palais, Chastelet de Paris, juridiction des Eslus et des domaines. »

Ce point est d'autant plus intéressant que Miraumont, l'historiographe de la prévôté de l'hôtel, n'en a soufflé mot, comme le fait remarquer Delamare dans son *Traité de police*. Le nombre de ces marchands,

1. B. N. Dupuy, 218, fol. 52.

fixé à 93 par Louis XII, avait été porté à 160 par
François Ier dans ses lettres patentes du 19 mars
1543 ; il comprenait 8 marchands de laine et de soie,
20 merciers (la corporation la plus puissante [1]),
8 chaussetiers, 6 pelletiers, 3 fourbisseurs, 6 selliers,
3 esperonniers, 6 cordonniers, 3 lingers, 12 bou-
chers, 22 poulaillers-poissonniers, 25 taverniers-
cabaretiers, 12 marchands de vin en gros et en
détail, 10 pourvoyeurs de foin, de paille et d'avoine
8 verduriers-fruitiers, 3 apothicaires, 5 tailleurs et
9 carreleurs de souliers. C'était peu pour une clientèle choisie comme celle de la Cour qui avait, dans
ses déplacements, l'importance d'une ville complète ;
aussi leurs bénéfices devaient-ils être considérables,
et le titre recherché ; le soin pris par eux de le
mentionner soigneusement dans les actes est une
preuve de l'importance qui y était attachée. Leurs
privilèges, en dehors du monopole commercial,
étaient considérables, à une époque où les impôts de
toute nature pesaient lourdement sur tous les trafics :
ils étaient « francs, quittes et exempts de toutes
aides, impositions, péages, quatriesmes, huictiesmes,
acquis, redevances et autres quelconques pour les
vivres et marchandises » qu'ils amenaient, vendaient
et débitaient à la Cour [2].

Ils prêtaient serment entre les mains du prévôt de
l'hôtel et ressortaient de sa juridiction souveraine et
sans appel, pour les différends nés entre eux ou
contre eux pour raison du prix de leurs ouvrages ou
de leurs marchandises ; celui-ci, de son côté, les
choisissait, et leur donnait des lettres de commis-

1. La Maison du card. de Richelieu, 1912, p. 426 et 430.
2. R. de LESPINASSE, *op. cit.* t. I, p. 103.

sion, en pourvoyant aux vacances survenues « par mort, absences, négligence, ou autrement ». Inutile de dire la source de revenus importants que ce privilège représentait pour lui, mais dont nous n'avons trouvé trace.

Avant que Henri IV n'eût doublé leur nombre par ses lettres patentes du 11 septembre 1606, il avait été augmenté, nous ne savons de combien, ni à quelle date. Ces lettres nous indiquent seulement que Richelieu avait été autorisé à le faire, et qu'il « tenait estat et registre des marchands, gens de mestier, vivandiers et proviseurs qu'il avait pris et choisis ». Mais on peut se faire une idée des métiers qui avant lui n'étaient pas représentés, par la nomenclature des lacunes qu'elles en donnaient : « boulangers, pastissiers, chaircutiers, chandeliers, parfumeurs, corroyeurs, libraires, brodeurs, passementiers, verriers, tapissiers, chirurgiens, quincaillers, descoupeurs, esgratigneurs », etc. Cette longue liste explique les métiers divers qu'exerçaient nombre de valets de chambre, pour suppléer au manque de professionnels spécialistes indispensables à tout ce monde raffiné, habitué aux ressources de la grand'ville.

*
* *

Nous voilà arrivés à la partie finale de la supplique ; elle est d'un tel intérêt, au point de vue des mœurs du temps et de l'histoire de Richelieu, que nous la donnons textuellement :

« Il supplie aussi très-humblement à Sa Majesté que combien qu'il luy ayt pleu l'honorer de l'Estat de

Grand prevost de France aux mesmes gages que ses predecesseurs attendu la grande dépense pour la residence continuelle qu'il luy fault faire a cause desdits estats tout a la suite de Sa Majeste que autres lieux de son Royaume lorsqu'il luy est commandé, ce neantmoins depuis deux ans et demy qu'il a lesdits estatz il n'a esté payé que des gages de Prevost de l'hostel qui sont deux mil livres par an et de huit cens livres pour les frais de justice qui se sont montez comme il fera apparoir plus de dix huict cens livres par an et mesme qu'il est deu tant aux Officiers de ladite Prevoste de l'hostel, Archers que luy trois quartiers. A ceste cause il plaise à Sa Majesté ordonner payement estre faict aux dits Officiers, Archers de ce qu'ils feront apparoir leur estre deu, attendu le peu de gages qu'ils ont[1] et les commissions et despenses extraordinaires a cause de la Grande prevosté de France.

« Aussi ordonner les gages a cause de l'estat de Grand prévost de France a luy deus, luy estre arrestez et payez de telle partie qu'il vous plaira contant, et assignation du reste, parce que autrement, il luy est impossible de déloger de cette ville...

« Comme au semblable l'estat luy sera faict de trente gentilshommes et officiers nécessaires qu'il a pleu à Sa Majesté luy ordonner plus de quatre mois y a ; assignation estre baillée pour le commencement de cette année, a cette fin qu'il ait moyen de vous servir comme il doit et executer vos commandemens.

---

1. Richelieu revenait à nouveau sur ce point dans l'assemblée des princes, officiers de la Couronne et autres seigneurs du Conseil réunie par le roi à Saint-Germain-en-Laye en novembre 1583, pour délibérer sur certains *Articles et propositions...* (S. l. 1584). L'assemblée se rangeait à l'avis du grand prévôt.

« Fait au Conseil d'Estat tenu à Paris le xviii° jour d'avril MV°IIII^xx [1]. »

Si l'on ne connaissait les deux lettres que Richelieu écrivait au roi et à Villeroy en 1577, à côté desquelles il faut en mettre une troisième au duc de Guise qu'on verra plus loin, l'on pourrait croire que son beau-père avait passé par là et que l'avocat de La Porte avait tenu la plume. Sans nous taxer de faiblesse pour le père du cardinal de Richelieu, ce dernier n'écrira pas au roi de mémoire plus clair, plus précis, plus explicite ; son éducation, sa formation religieuse, sa culture plus affinée l'habitueront à envelopper sa pensée de formes moins brutales, d'émousser les angles trop aigus de cette franchise toute militaire, mais il aura, comme son père, le souci de sa dignité, de ses responsabilités, et une fois au pouvoir, il le manifestera avec autant de fière assurance. Par le père, dans ces quelques pages, en tenant compte de l'époque, on peut déjà juger du fils, n'aimant pas à être trompé, et plaçant sa force dans le sentiment du devoir et de sa personnalité.

Le Grand Conseil donnait son accord à la plupart des demandes de Richelieu, mais il trouvait sans doute quelque peu dure la peine de mort réclamée par lui contre les maréchaux des logis et les fourriers pris en faute, car il laissait le mot en blanc dans sa réponse. Quelques points étaient réservés à l'appréciation souveraine du roi : le conflit avec les

1. B. N. Dupuy, 218. f. 252-254.

capitaines des gardes pour la prise, capture et punition des contrevenants aux Ordonnances sur les querelles ; le payement des gages du grand prévôt de France, et celui des trente gentilshommes placés sous ses ordres.

Pour le règlement de l'arriéré des gages du prévôt de l'hôtel et de ses archers, Richelieu obtenait satisfaction : cet article de la supplique porte en marge :

« Le Grand Prévôt de l'hôtel sera payé de tout ce qui luy est deu de ses gages du passé à cause de ladite prevosté de l'hostel, et auront ses Archers un quartier sur ce qui leur est deu des années passées. »

Comme on l'a vu plus haut, Richelieu avait touché par anticipation le 4 mars son premier quartier de 1580 ; mais il y avait un arriéré comme le prouve la supplique du 18 avril. Ses archers, pour lesquels il réclamait si courageusement (une preuve de sa sollicitude pour son personnel), n'étaient pas mieux traités que lui... Leurs confrères des gardes du corps étaient, il est vrai, à la même enseigne, et les trésoriers de la maison royale étaient parfois obligés de recourir aux usuriers pour leur faire quelques payements [1]...

Il était encore dû à maître Jean Chesneau, greffier, et à quatre archers leur dernier quartier de 1578, faute de fonds ; il n'était payé qu'en janvier 1583 ! Philippe de Mainferme, l'un des deux trésoriers-payeurs, était encore moins favorisé. Encore pouvait-il s'estimer heureux que le roi n'eût pas oublié les dettes du duc d'Anjou. Il touchait seulement en

1. Remonstrances très humbles... 1588, p. 156.

1586, 333 écus un tiers, prêtés par lui à ce dernier en 1568 !

Sortons de la prévôté. Jean Dorat « poëte et interprète ordinaire du Roi es lettres grecques et latines », un ami du grand prévôt, avait eu en 1577 une pension de 1.200 livres, une générosité royale tout honorifique. A la mort de Moreau, trésorier des finances sous les rois précédents, son successeur, Leroy, se refuse à payer au poète des sommes dues depuis deux ans. Dorat s'en plaint au roi en vers latins et obtient une décision du Grand Conseil qui constate le bien-fondé de sa réclamation. Néanmoins, tout demeure inutile, la volonté du roi, les bons offices du duc d'Épernon qui avait appuyé sa demande, l'intervention de Nicolas Moreau auprès du successeur de son père, la recommandation de Philippe Hurault, garde des sceaux... Le chancelier de Birague avançait, sur sa cassette, à Dorat, l'argent qu'il ne pouvait toucher ; après la mort de son illustre Mécène, le 24 novembre 1583, le poète essayait d'apitoyer son successeur Philippe Hurault pour qu'il lui continuât semblable faveur, bien qu'il « n'estimât point l'argent plus que la boue » ; il en était pour ses vers [1]... Un autre solliciteur du temps, perpétuellement éconduit, avait un mot d'une concision pittoresque : « A la Court, en matière d'argent, on n'a point d'oreilles [2]. »

L'énergie de Richelieu, moins patient que le poète, portait ses fruits, quoique tardivement. Nous ne

---

1. Ch. MARTY-LAVEAUX, *OEuvres poétiques de Jean Dorat*, Paris, 1875, p. xxxiii et suiv.

2. Henri de Noailles à sa mère, 25 décembre 1585. (*Les papiers de Noailles* par LOUIS PARIS, Paris, 1875, t. I, p. 234.)

connaissons pas la décision du roi en ce qui touchait les capitaines des gardes. Il ne fallait pas s'attaquer à ceux de sa maison : Beauvais-Nangis en était un exemple, lui qui, à la suite d'un duel avec un maréchal des logis insolent, avait été mis, pendant trois jours, en disgrâce complète, malgré l'affection que lui portait le roi [1]. Le grand prévôt était, il est vrai, de la maison royale au même titre que ses rivaux.

Quant aux Finances, c'était différent. Henri III n'aimait point qu'on s'en prît devant lui à ses Grands Argentiers (le chevalier de Seure en savait quelque chose à propos de Milon). Aussi Richelieu qui avait besoin d'eux, et se servait même à l'occasion de leur crédit, s'était-il bien gardé de récriminer à leur endroit, malgré tout ce qu'il aurait pu en dire, pour son compte. Il avait uniquement fait valoir sa situation et ses conséquences avec fermeté et franchise sans réticences d'amour-propre. Sa réclamation portait, et il lui devait de connaître la période des vaches grasses, mais avec les lenteurs accoutumées, en octobre seulement.

Ce mois lui déversait la manne. Le 4, il recevait, pour la première fois au comptant, ses gages arriérés de grand prévôt de France pour toute une année, 2.000 écus [2] ; le 23, trois semaines après, d'abord, un mandement de 3.000 écus sur les recettes de Tours, à titre de remboursement d'un prêt consenti au roi « pour subvenir à ses différentes affaires et services », sur les deniers de sa charge de l'année suivante [3], puis 300 écus à valoir sur ses gages de

1. BEAUVAIS-NANGIS, *Mémoires*, p. 8, 11 et 12.
2. B. N. Franc. 26163, n° 1162.
3. B. N. Franc. 21163, n° 1171.

grand prévôt en 1580[1], et enfin un don de 6.000 écus. Cette dernière somme lui était remise, non pas en espèces, comme les précédentes, mais en deux mandements de messire Jacques Le Roy, trésorier de l'épargne sur Symon Testu et Nicolas Courtinière, receveurs généraux des finances à Tours et à Poitiers[2]. Ce mode de payement semble bien indiquer qu'il s'agissait là d'une générosité royale, et non d'un remboursement.

Il avait fallu vivre dans l'intervalle, et cette réflexion nous ramène en arrière avec quelques documents ayant trait à des questions d'intérêt privé.

Hâtons-nous de dire qu'aucun de ceux que nous possédons, sauf un seul qui viendra plus tard à sa date, ne concerne les propres de Suzanne de La Porte. D'après ce que nous avons vu des besoins d'argent angoissants de Richelieu, de sa gêne qu'il avoue sans honte, malgré sa fierté, de ses emprunts pour lesquels il met à contribution de hautes relations, ils avaient fondu, à peu près tous, depuis longtemps. Seuls, ses biens étaient restés intacts, quoique hypothéqués, et il les défendait avec âpreté.

Le premier de ces documents nous amène de leur côté, en Poitou. Richelieu avait hérité de sa grand-tante, Marguerite du Plessis[3], veuve de René Savart,

---

1. B. N. Franc. 26113, n° 1172.
2. B. N. Pièces orig. 2302, n° 10.
3. Elle est appelée Aimée, femme de Léon de Barbançois, seigneur de Sarzay, dans les recherches de Martineau, *op. cit.* p. 31.

écuyer, seigneur de Sarcé [1]. Les aveux de l'héritage, terres et pré du Petit-Thouars avaient été indûment obtenus par Gabriel Presvot, écuyer, en sa qualité de tuteur et curateur des enfants provenant de son union avec damoiselle Marguerite Gallan. De là un procès pendant au Parlement. Le 1er mai, Richelieu donnait pleins pouvoirs à son procureur Marin Sagne pour le reprendre et faire le nécessaire [2].

L'acte suivant [3], relatif à des questions d'argent, résout peut-être le problème de la vie matérielle de Richelieu à l'époque critique que nous venons de voir; mais l'absence de date sur les opérations qu'il mentionne empêche de les appliquer à une période précise de sa vie. Il n'en est pas moins troublant à son point de vue, en même temps que d'un intérêt supérieur pour la question d'ordre général qu'il soulève. Grâce à lui, nous voyons par le vécu, et dans le détail intime, non pas tant cette fois la détresse de Richelieu que les hauts et les bas par lesquels passait sa bourse, largement ouverte aux amis poitevins, et dans laquelle ils puisaient, à charge de revanche. Cette minute notariée est un tableau vivant du chassé-croisé des grands seigneurs de l'époque, faisant la tournée de famille ou d'amis pour la chasse à l'écu, aux heures de gêne, se confiant leurs besoins et se livrant à d'ingénieuses combinaisons pour les satisfaire. Plus haut, on a vu quelque chose d'analogue dans la chasse à la caution, à laquelle se livrait Richelieu pour rendre ser-

---

1. Sarzay-Barbançois, commune de Sarzay près La Châtre (Indre).
2. Ms. orig. (*Coll. de l'auteur.*)
3. Ms orig. (*Coll. de l'auteur.*)

vice à Honorat Ysoré. C'est encore le même personnage qui revient, mais dans des conditions différentes et qui posent tout d'abord un problème curieux. Après ce que l'on a vu des ressources insuffisantes de Richelieu, comment pouvait-il être créancier, pour 3.333 écus un tiers, de Guy de Saint Gelais de Lanssac, créancier lui-même à son tour d'Ysoré pour la même somme? D'autre part, quels liens, en dehors de ceux d'une parenté lointaine, unissaient-ils assez Richelieu à Ysoré, pour qu'il acceptât de répondre de 4.000 écus dus par celui-ci à Lanssac, et qu'en outre, il voulût bien accepter en paiement une créance de Sagonne [1] sur le même Ysoré? Ce dernier est qualifié dans l'acte de gouverneur de Blaye et vice-amiral dans la mer du Levant; or Lanssac s'était substitué à lui, dès le début de la Ligue, comme vice-amiral de Guyenne, Poitou, Saintonge et Aunis. Leurs combinaisons politiques avaient eu probablement leur contre-coup avec des arrangements financiers, et l'acte nous révèle une de leurs suites.

La convention du 20 juin mettait fin à cet imbroglio. Richelieu reconnaissait avoir reçu d'Ysoré, d'un côté, les 3.333 écus un tiers dus par celui-ci à Lanssac (ce qui éteignait la dette de ce dernier) et d'autre part les 1.000 écus transportés par Sagonne.

Quant aux 4.000 écus qu'il avait garantis en plus pour Ysoré, il en avait reçu 3.000 et finalement ne restait plus devoir que 1.000 écus à Lanssac.

Ce développement appelle une conclusion : en

1. Sagonne était tué à la bataille d'Arques où il commandait le second escadron de 300 chevaux du duc de Mayenne. (*Mémoires du duc d'Angoulême*, p. 79.)

réalité, Richelieu avait été remboursé, au total, de 7.333 écus un tiers. L'importance relative de cette somme suffit à montrer qu'il était loin d'être un homme d'argent, qu'il traitait de très haut les questions d'intérêt, malgré ses besoins et son train, et enfin qu'il avait des ressources indépendantes de sa charge ; la réalisation des biens de sa femme permet d'en expliquer au moins en partie l'origine, jointe aux bénéfices de ses opérations maritimes.

*
* *

Pénétrons maintenant dans l'hôtel de la rue du Boullouer. Un archer de la prévôté, un fidèle du chef, Claude Labbé, qui habite la rue [1], défend l'accès du logis aux importuns et aux solliciteurs, la hallebarde à la main, vêtu du hoqueton de rigueur ; il nous accompagne au long de la galerie jusqu'à la cour. Nous la traversons sous le regard curieux de l'écuyer de cuisine, Guillaume Druette, en conversation animée de sa fenêtre avec une jolie jeunesse, Marguerite Normand, la fille du libraire de Paris, qui deviendra un jour sa femme [2], et nous arrivons à l'écurie par la porte latérale de gauche percée dans le mur mitoyen qui sépare l'hôtel du pavillon Davost. Quelques bons et beaux chevaux garnissent une partie des stalles ; les autres sont vides, et ce n'est pas l'un des moindres crèvecœurs du maître, amateur de chevaux, de ne pouvoir, faute de moyens, remplir son écurie dont il est fier, des

1. Arch. Nat. Y-130, f. 309 V°.
2. Arch. Nat. Y-129, f. 34.

beaux sujets qu'on lui signale [1]. Le grand prévôt est au milieu de la salle, en conversation animée avec deux courtiers de chevaux, Étienne Biture, juré, et Denys Goyon, dont la corporation de 24 membres vient d'obtenir de nouveaux privilèges par l'édit tout récent du 19 janvier. Le premier, bourgeois de Paris, s'excuse de n'avoir pu arriver à temps de chez lui, rue du Petit-Lion, paroisse de Saint-Sauveur, pour figurer à l'acte que le notaire, appelé à l'hôtel, a dressé tout à l'heure [2] ; ses deux interlocuteurs l'écoutent avec un air de commisération : une nouvelle incartade de sa fille Marie, qu'il finira par exhéréder pour « sa conduite impudique et mariage contracté sans son consentement [3] ». Son confrère, Denys Goyon, a dû le suppléer auprès du notaire. Il s'agit de l'achat de quatre chevaux fait l'année précédente, en septembre ou en octobre, par Biture et un autre courtier, Pierre Jorrans, agissant de concert. Un maréchal-ferrant, Étienne Bleu, intéressé pour la moitié dans le marché, n'y a pas été employé, et s'est retiré à l'occasion de quelques propos un peu durs tenus à son endroit par Richelieu, et dont le déposant a déclaré prudemment ne pas se souvenir. Les intéressés ont eu vent de quelque menace de l'intermédiaire évincé; l'acte notarié les prémunit contre une réclamation possible, et les langues vont leur train. Voilà un incident qui a dû provoquer bien des palabres dans ce milieu spécial, auquel le grand prévôt se mêle par goût, bien souvent, et qui

1. Lettre de Richelieu à M. de Bournazel (1588) (*Archives de la famille de Richelieu*, dans Lacroix, *Richelieu à Luçon*, Paris, 1890, p. 20).

2. Ms. orig. (*Coll. de l'auteur*) (8 juin 1580.)

3. Arch. Nat. Y-125, f 328. v°.

comprend, en plus des deux courtiers attitrés de la prévôté, Guillaume le Baron qui habite la rue [1], Moustiers, Jorrans et jusqu'au maréchal-ferrant, voisin de l'hôtel, le confrère d'Etienne Bleu, un assidu de l'écurie du grand prévôt, de par son métier, et qui y fredonne souvent, tout en clouant un fer, le sonnet de la Bois-Vert, sur un air populaire, très en sourdine toutefois, pour éviter la colère terrible du grand prévôt, peu accommodant...

1. Arch. Nat. Y-124, f. 585.

CHAPITRE VIII

Richelieu était singulièrement avisé, lorsqu'il suppliait le roi de le faire payer « partie au contant » de ses gages de grand prévôt de France ; il avait eu prompte satisfaction, puisqu'il avait encaissé ses fonds en octobre. Quant aux dons, c'était autre chose. En plus des procédés traditionnels indispensables pour s'assurer la bonne volonté des officiers des Finances, un point sur lequel nous reviendrons, il y avait à compter avec une sage mesure prescrite par les Ordonnances de Blois, et destinée à parer, au moins en partie, au désastre financier amené par les folles prodigalités royales. Tout don excédant 1.000 écus ne devait être acquitté qu'en fin d'année, et encore fallait-il pour cela que les dépenses ordinaires de la maison royale et autres eussent été préalablement acquittées et payées [1]. Inutile de dire que cette condition n'était jamais remplie dans la pratique, étant donné la détresse de règle dans la Trésorerie royale ; mais elle devait être une arme singulièrement aiguisée entre les mains des dispensateurs de la manne royale contre les malheureux bénéficiaires qui n'avaient pas su se ménager leurs faveurs.

Aussi, qu'il eût passé ou non sous leurs fourches caudines, Richelieu ne pouvait-il se plaindre, étant donné les traditions de la Finance, de recevoir le 23 février 1585, des mains de Pierre Mollan, le receveur de l'épargne, les 6.000 écus [2] dont le roi lui avait fait don le 23 octobre de l'année précédente. Il pouvait même se dire favorisé, car dix jours avant, le 15 février, il avait été payé des débours d'un voyage effectué en Poitou avec quelques archers « pour l'instruction des procès de certaines personnes audit pays, suivant le commandement exprès de Sa Majesté [3]. »

Richelieu ne comptait-il point sur le payement des 6.000 écus? Avait-il déjà pris ses précautions pour n'être pas pris au dépourvu? Cette somme ne suffisait-elle pas à ses obligations, et lui fallait-il y joindre un appoint? Le fait est que, par une coïncidence curieuse, le 13 février, le jour même où il

1. Art. CCCLIV.
2. B. N. Pièces orig. 2302, n° 10.
3. B. N. Franc. 26163, n° 1231.

acquittait le reçu de 6.000 écus de Pierre Mollan,
il signait aussi un acte d'emprunt[1].

Cette nouvelle opération était effectuée dans des
conditions toutes différentes des précédentes. Gar-
dons-nous d'en conclure, en sacrifiant au pittoresque,
que le grand prévôt a épuisé tout son crédit autour
de lui et que les offres de l'hôtel de la rue du Boullouer comme gage ne rencontrent plus qu'un sourire
discrètement ironique sur les lèvres de maîtres
Payen, Beaufort et Marchand, blasés sur les promesses de leur trop assidu client. Les bailleurs de
fonds sont maintenant « d'honorables personnes »
appartenant à des corps de métier, Nicolas Frissart,
marchand drapier, Estienne Pignolles, marchand
tailleur chaussetier, tous deux bourgeois de Paris et
Jehan Falingant, maître sellier lormier demeurant à
Paris. Faut-il y voir des fournisseurs du grand prévot, acceptant d'aider de leur bourse un débiteur
puissant et redouté, à la suite d'une série de sugges-
tions dignes du génie de Molière? L'absence de toute
stipulation d'intérêts, du motif du prêt, la bizarrerie
du chiffre le laisseraient supposer. Une explication
plus vraisemblable s'impose : comme on l'a vu,
Richelieu a le privilège exclusif de juridiction et de
nomination sur les marchands et artisans suivant
la Cour, et ses nouveaux prêteurs sont précisément
des professions les plus largement représentées dans
la liste des privilégiés; de là, à admettre qu'il ait
demandé ce service, ce qui a dû lui coûter, à
quelques-uns d'entre eux, il n'y a qu'un pas.

En la présence de maître Payen, son notaire habi-

_____

1. Ms. orig. (*Coll. de l'auteur.*)

tuel, ils comptaient au grand prévôt en espèces sonnantes 1.003 écus deux tiers, en échange d'une délégation de pareille somme sur le revenu annuel de l'abbaye de Notre-Dame de Vauluysant, de l'ordre de Citeaux, dans le diocèse de Sens, qui s'élevait à 1.433 écus un tiers, un bien qui était sans doute un des propres de sa femme et par réemploi, car il ne figure pas dans la liste de ses biens dotaux.

Le remboursement devait être fait aux créanciers à la fête du Noël prochain par les soins de Mᵉ Jehan de Jouy, maître des eaux et forêts au bailliage de Sens, co-fermier responsable du revenu temporel de l'abbaye avec Loys Foussier, receveur et fermier de la terre et seigneurie de Voisines-les-Sens.

Dans un second acte annexe séparé, François du Plessis garantissait aux trois marchands le payement de la somme déléguée par lui.

Les 6.000 écus du don royal ne restaient pas longtemps dans les coffres du grand prévot. S'il contractait des dettes, il les payait dès qu'il le pouvait, avec quelque retard il est vrai; Mollan, le trésorier de l'épargne, lui avait versé les fonds le 23 février; moins de deux semaines après, du 7 au 23 mars, ils servaient à racheter les rentes constituées venues à échéance depuis un an, fin février 1580.

La qualité des créanciers et surtout des cautions n'était pas pour peu dans ce remboursement relativement prompt. Une simple constatation : alors que Richelieu remboursait le capital des rentes de Le Tonnelier et d'Hotman, il laissait de côté, quoique bien antérieurs à ceux-ci, les emprunts consentis par Danès et Brandon avec la caution de Darragon, un détail qui ajoute à l'intérêt du rôle mystérieux joué par ce dernier dans les affaires du grand prévôt.

La rente de 300 écus constituée en faveur de Le Tonnelier s'était éparpillée ; celui-ci n'en avait gardé que 50 écus, et avait transporté les cinq autres parts de pareille somme chacune, à différents membres de la famille Amelot, alliée à lui par son premier mariage. Les quittances donnent leurs noms : Nicolas, conseiller du roi, et correcteur en sa Chambre des Comptes, Charles, avocat en la cour du Parlement, Etienne, maître es-arts en l'Université de Paris, frère du précédent, et enfin François avocat en la cour du Parlement, et Jacques, conseiller du roi, maître des Requêtes ordinaires de son hôtel, ses deux beaux-frères.

La rente d'Hotman avait été moins morcelée ; 700 écus avaient passé entre les mains de Le Racouin, commissaire ordinaire de l'artillerie, 800 entre celles du sieur de Bragelonne.

François du Plessis les payait toutes par les mains de Balthazar Gobelin, conseiller du roi, qui devint trésorier de l'épargne [1] et de son clerc Le Bartier.

Etait-ce aberration, ou illusion et négligence, entretenue par quelques intéressés ? Au lieu d'éteindre ses dettes arriérées qui se grevaient de gros intérêts accumulés, le grand prévot, resté terrien dans l'âme, n'arrondissait-il pas ses biens du Poitou, sur les revenus desquels il ne pouvait avoir de doutes. Une partie du don royal, certainement, allait à l'acquisition d'un pré à Tuet sur la Veude, le 6 juin 1581, en vertu d'une sentence d'adjudication à Poitiers [2].

---

1. Le nom de Gobelin revient plus tard dans la correspondance du cardinal de Richelieu, porté par un maître des Requêtes de l'hôtel, et un munitionnaire connu.

2. MARTINEAU, *op. cit.* p. 57, note (*sans indication de source*).

*
* *

Les derniers mois de 1581 nous ramènent à la vie politique du grand prévôt, avec un procès sensationnel qu'il était chargé d'instruire. Il s'agissait d'un personnage fameux, Ludovic Adjaceto, jadis simple petit marchand et banquier de Florence, maintenant puissamment riche, commensal et compagnon de fêtes du roi, devenu par la faveur de la reine-mère fermier général de la grande Douane de France. Sa fortune rapide avait soulevé contre lui l'opinion publique : en plus de 30 à 40.000 livres de rente sur l'Hôtel de Ville de Paris, il était propriétaire d'une maison superbe près les Blancs-Manteaux. Son mariage avait défrayé la chronique ; pour obtenir la main d'une des filles du prince Datri, de Naples, Anne d'Aquaviva, demoiselle et fille de chambre de la reine-mère, dotée de 28.666 écus deux tiers, qui ne voulait épouser qu'un grand seigneur, il avait acheté 500.000 livres les seigneurie et comté de Chateauvilain ; il les lui assignait en douaire, en lui donnant comme habitation le manoir, à moins qu'elle ne préférât habiter dans sa maison, rue Vieille-du-Temple ; il s'engageait, en outre, à lui donner des pierreries, bagues et joyaux pour une somme de 12.000 écus, et à faire porter au deuxième enfant mâle qui naîtrait de leur mariage le nom et les armes d'Aquaviva [1].

Son cas était grave ; il avait failli tuer en querelle et laisser sur le terrain, mal accommodé, Pulvent,

----

[1]. Arch. nat. Y-121, fol. 370 v° (9 et 10 février 1580). Cfr. L'ESTOILE, t. I, p. 353.

jadis marchand de Lyon, et depuis les troubles, capitaine du château de Port-Encise dans cette ville.

« Il espérait néanmoins la grâce du Roi, parce que Sa Majesté alloit souvent chez lui, disner, souper, collationner et se réjouir avec des dames. Mais il trouva lors un petit de disgrâce parce que le roi se souvinst que quelque temps auparavant, lui aiant dit deux ou trois fois qu'il paiat quatre mil écus à un marchand pour des perles qu'il avait achetées, Adjaceto faisant le sourd, n'en fit rien, combien que le Roi l'assurast qu'il l'en feroit paiier incontinent. Ce que le Roi trouva fort mauvais, et fut cause que Sa Majesté lorsqu'on lui en parlât pour ledit Adjaceto, n'en fit autrement compte, et dist qu'il vouloit qu'on en laissât faire à sa justice ». Cette justice n'était pas sévère, et le grand prévôt devait sans doute, malgré sa rigueur ordinaire, céder à de très hautes sollicitations, car il condamnait seulement Adjaceto à 2.000 écus de réparation envers Pulvent, 500 écus pour les pauvres, et aux dépens du procès[1].

Cette mansuétude inaccoutumée valait sans doute aussi plus tard à Richelieu de voir son nom accolé à celui de son justiciable dans les pamphlets contre les agents et favoris italiens de la reine-mère, dont l'intervention n'avait pas été certainement étrangère au sort du coupable.

Au début du mois suivant, nouvelle arrestation sensationnelle : les archers de la prévôté, sous les ordres de leur grand chef, se saisissent du comte de Laudunois, et l'emmènent à la prison du Grand-Châtelet de Paris[2].

---

1. L'ESTOILE, t. II, p. 28 (24 septembre 1581).
2. *Ibid.*, t. II, p. 30 (4 octobre 1581).

*
* *

La mission de Richelieu, dans les premiers mois de l'année suivante, n'a fort heureusement, contre l'habitude, rien de mystérieux, ce qui nous permet de la suivre. Elle était d'ordre militaire en même temps que judiciaire. En mars 1582, il part pour la Bretagne, « courir sus aux gens de guerre levés et ramassés sans commission du roi ». Il se sentait pour cela impuissant, avec une bourse trop légère et des forces insuffisantes ; car il écrivait au roi et lui demandait par un exprès « qu'on lui envoyât de l'argent et Lugolly avec des archers pour exécuter le commandement de Sa Majesté ». Le roi, auquel Villeroy communiquait sa lettre, répondait en marge : « J'ai vue la lettre du grand prévost et avise à quoy l'on peut pour l'assister ». Une ordonnance était délivrée avec son approbation pour payer le voyage de l'exprès. Une autre lettre du 7 avril écrite au roi par Pinart, le secrétaire d'Etat, mentionne le rapport de Richelieu sur ses opérations : les mutins étaient séparés, quelques-uns faits prisonniers, « que l'on est après de faire pugnir exemplairement ». Grâce à l'énergie du grand-prévôt, l'affaire avait été brève, comme on voit ; les levées régulières s'acheminaient vers le maréchal de Matignon [1].

Richelieu demandait « à s'en revenir trouver Sa Majesté, si elle l'a agréable ». Nous ignorons la réponse que Pinart joignait à sa dépêche pour la faire signer par le roi [2], mais l'on devine sans peine le motif du désir exprimé par Richelieu de parler au

1. B. N. Franc. 3385, fol. 111, 112 et 129.
2. B. N. Franc. 6628, fol. 94.

roi. Que pouvait-il être sinon de faire appel de nouveau, sinon à sa générosité, au moins à sa justice, sa détresse et ses besoins croissant avec ses enfants. Ce n'était pas en vain, certainement ; l'on ne peut expliquer que par la munificence royale comment le vent de la fortune tournait brusquement vers lui. Une hypothèse doit venir ici remplacer la lacune des documents pour cette époque, mais elle est si bien étayée qu'elle peut s'affirmer sans hésitation. Elle est de plus singulièrement fortifiée par le fait que ce don inconnu se présente dans les mêmes conditions et circonstances identiques que celui de 6.000 écus que nous avons déjà vu.

Suivant la tradition et les nécessités financières, le roi ne pouvait faire des munificences qu'avec des assignations. Les difficultés et les retards que présentait leur payement n'étaient pas moins de règle ; aussi, pouvons-nous répéter ici mot pour mot, ce que nous avons dit, alors que muni de ces papiers, véritables lettres de change à échéance inconnue et de couverture aléatoire, Richelieu était forcé, pour en attendre le payement, de recourir à la bourse de trois marchands suivant la Cour. Cette fois, c'était à un ami qu'il s'adressait, compagnon d'armes et Poitevin comme lui. Jean Chasteigner, seigneur de Saint-Georges de Rexe, « chevalier de l'ordre du roi, maître d'hôtel et gentilhomme ordinaire de Sa Majesté », lui consentait « un pur, vray et loal prest de seize cens escus d'or sol, pour subvenir à ses affaires[1] ». La somme était remboursable en neuf mois ; la forme du titre, un simple billet sans garanties et sans assis-

1. Ms. orig. (*Coll. de l'auteur.*)

tance de notaires, précise bien le caractère tout désintéressé de ce service.

Que la rentrée de fonds qui suivait cet emprunt
provînt ou d'un don royal ou de toute autre cause,
comme une opération commerciale, elle ne s'en produisait pas moins. Il ne peut y avoir doute, car il
survenait alors dans la vie du grand prévôt un fait
nouveau et inouï. Jusqu'ici, il a fait des emprunts et
remboursé quelques dettes ; maintenant, il met en pratique le sage conseil de Gaspard de Saulx : « L'habile
courtisan met autant en réserve qu'il en acquiert, la
moitié pour sauver le reste advenant naufrage[1] ».

Richelieu le faisait de la même façon que toute la
noblesse d'alors, en constituant des rentes. La rente,
nous en avons déjà dit quelques mots, semblait lui
assurer sans aléas et sans efforts, la sécurité de
l'avenir. « Par la douceur du profit (un mot qui a
conservé jusqu'à nos jours sa valeur sinistre), le
marchand devient casanier, l'artisan méprise sa bou-
tique, le laboureur quitte son bétail, le noble vend
ses héritages, pour tirer 400 ou 500 livres de rentes
constituées, au lieu de 100 livres de rente foncière,
et puis la rente constituée s'éteint, et l'argent s'envole
en fumée...[2] »

Le grand prévôt n'était pas de ceux qui vendaient
leurs héritages ; mais il succombait à l'appât d'un
gros revenu immédiat, comme tant d'autres de son
temps et après lui : « Afin de ne laisser l'argent
oisif et inutile... on s'est advisé des rentes et hypothèques, et approlictements de deniers de bourses
communes, de monts de piété, des interets pupilaires,

1. Gaspard de Saulx, *Mémoires* (Ed. Michaud), p. 139.
2. Bodin, *Les six livres de la République*, 1576, liv. V, p. 550.

de bailler et de prendre quelque profit du prest de son denier… manière de practique qui a tellement mis l'argent en crédit, que *plusieurs ont trop aimé faire fonds de deniers que d'acquérir terres et possessions*, n'y ayant profit pareil à celuy qui vient de l'argent. Les changeurs et banquiers savent ce que je veux dire[1]… »

La spéculation avait peut-être aussi sa part dans ces placements de fonds de Richelieu. Cette année de 1582 voyait pour la monnaie « une hausse désespérée ; l'écu valut quatre livres dix souls, et cent souls en aucuns endroits, par la malice du marchand et connivence du magistrat, et le teston à vingt-cinq et trente souls, avec tel désordre que si les espèces avoient esté mises un jour à certain prix, le lendemain on tachoit de les mettre à davantage ; ce désordre fut occasion d'y mettre de l'ordre : l'escu fut remis à 66 souls et le teston à quatorze souls[2] ». En attendant la remise de l'ordre, l'occasion était tentante d'acheter des rentes pour ceux qui étaient au courant des projets d'édits monétaires de hausse, et Richelieu était de ceux-là par sa situation et ses amis.

En tout cas, il achetait à cette époque une série de rentes constituées, en participation avec sa femme et avec Darragon qui devenait ainsi son associé, après avoir été sa caution. Quels en étaient la forme et les modalités pour les trois co-constituants ? Tout renseignement à ce sujet nous manque, et un point seul nous est acquis, c'est qu'on les retrouvait, à leur mort, indivises dans les trois successions, ce qui nous vaut de les connaître[3].

---

1. Ph. La Barre, *Traité des monnoyes et métaux*, Rouen, 1622, p. 671.
2. *Ibid.*, p. 667.
3. Ms. orig. (*Coll de l'auteur.*)

*
* *

La première, du 1er octobre, est de 1.150 livres
tournois, constituée par Anthoine Portail, premier
chirurgien du roi, qui assistait plus tard Henri III
lors de son assassinat par Jacques Clément[1]; son
fils Anthoine, devenu procureur du roi en la sénéchaussée du Mans, la retrouvait plus tard dans la
succession paternelle.

Quatre jours plus tard, le 5 octobre, nouvelle
constitution de rente de 300 livres sur Jehan de Monstreuil, avocat, suivie le lendemain d'une autre de
pareille somme sur le même personnage.

Le même jour, autre opération de 300 livres encore
avec Me Louis Lecourt, peut-être ce confrère de Jehan
de Monstreuil qui était en 1589, le compétiteur malheureux de Valentin Targer à l'échevinage de Paris[2],
à moins que ce ne soit le médecin qui avait eu son
heure de célébrité dans le fameux procès d'impuissance intenté à Estienne de Bray par sa femme[3].

Avant le cardinal de Richelieu, son père avait
déjà, comme on voit, affaire avec la Faculté, bien que
pour un tout autre motif. Il y revenait, quelques
mois après, cette fois par le corps des apothicaires.
Le 18 juillet de l'année suivante, il constituait avec
ses deux associés, une rente de 125 livres sur
Me Nicolas Gonnier, apothicaire à Paris. Mais il était
dit que le pittoresque, sous toutes ses formes, ne
manquerait à aucun des personnages en rapport

1. L'Estoile, t. III, p. 373.
2. Ibid., t. VII, p. 131.
3. Ibid. t. I, p. 213 (septembre 1577).

avec le grand prévôt. Lorsqu'il mourut, le 15 octobre
1596, maître Gonnier confessait que depuis huit ans
au moins, il n'était entré de bonne rhubarbe dans sa
maison [1], comme s'il avait tenu à justifier la mauvaise presse de la corporation, dont Estienne s'est
fait l'écho [2], après Sébastien Colin. On était alors, il
est vrai, au lendemain de la Ligue, où le Catho-
licon, même sans rhubarbe, était de mode, et Gonnier ne devait pas ignorer le tour de main, signalé
par le médecin poitevin, pour l'emploi de la *vitis alba*,
plus commune [3].

Depuis longtemps, l'apothicaire n'était plus le
débit-rentier de Richelieu ; il l'était resté bien peu de
temps, trois semaines environ, car le 5 août, il transportait sa rente à Me de Villemontée, procureur du
roi au Châtelet.

Ces placements étaient loin d'être heureux. Le
paiement des arrérages s'arrêtait vite ; pour deux
rentes, il était suspendu le 1er avril 1586, pour deux
autres en 1588 ; pour la cinquième, exceptionnelle-
ment en 1604 seulement. On les retrouvera plus
tard. Jamais le mot de Bodin n'a été mieux confirmé, que « les rentes s'en allaient en fumée... »

Vers le milieu du mois suivant, s'allonge la liste
déja si fournie des voyages mystérieux du grand
prévôt ; celui-là était court, et de ceux qui, par excep-

---

1. L'Estoile, t. VII, p. 75.
2. H. Estienne, *Apologie pour Hérodote*, La Haye, 1735, t. I, p. 325
et suiv.
3. Lisset Benancio, *Déclaration des abus et tromperies que font
les apothicaires*, 1553 (Dorveaux, 1901, p. 35 et 62).

tion, ne l'obligeaient pas à puiser dans sa bourse, avec la terreur de l'inconnu, pour le remboursement de leurs frais. Le roi pouvait, il est vrai, se montrer généreux cette fois. Il n'en coûtait au trésorier de l'épargne qu'une avance de 30 écus à Richelieu[1] !

*
* *

Comme son prédécesseur Nicolas de Bauffremont qui s'était vu dédier un ouvrage curieux d'hygiène publique[2], Richelieu avait les honneurs de la sous-dédicace d'un livre. Mais il était plus favorisé des muses, car c'était un poète (si on peut lui donner ce nom) en même temps que compatriote de Loudun, Pierre L'Anglois, écuyer, sieur de Belesbat qui rimait ses louanges[3]. Les nombreux confrères qui en faisaient plus tard autant pour le fils ne les auraient pas désavouées. Tout au plus, auraient-ils accusé son panégyrique de tiédeur. En revanche, aucun, à coup sûr, n'était plus naïvement et inconsciemment ironique :

1. B. N. pièces orig. 2.302, n° 11.
2. *Discours sur la contagion de la peste qui a esté ceste présente année en la ville de Lyon, contenant les causes d'icelle, l'ordre, moyen et police tenue pour en purger nettoyer et délivrer la ville. A Lyon, par Jean d'Ogerolles, 1577 ; à haut et puissant seigneur Mre Nicolas de Bauffremont, seigneur et baron de Senessey, chevalier de l'Ordre du Roy, Conseiller en son Conseil privé, Grand Prevost de son hostel. et son baillif de Chalons.*
3. Tableaux hiéroglyphiques pour exprimer toutes conceptions à la façon des OEgyptiens, par figures et images des choses... par Pierre L'Anglois, sieur de Bel-Esbat. Paris, 1583, Av. p. d. r.

SONNET

à Monsieur de Richelieu sur l'anagramme de son nom
François du Plessis.

FOI AUS PRINCES DES LIS

C'est chose que le ciel à tous ne donne pas
Que se pouvoir vanter yssu de bonne race,
Qui sans craindre jamais des Parques la menace
A montré sa vaillance au hazard des combats.

C'est honneur d'estre loing du populaire bas,
Et voir luire de près de son Prince la face ;
Commander soubs son nom, et avoir cete grace
D'estre haut-eslevé en biens et en estats.

Mais en ce temps remply de troubles et querelles
Parmy tant de fureurs et factions rebelles,
Tant d'esprits remuants, et tant de cœurs faillis :

L'honneur plus remarquable, et de tous le plus digne,
Qui rendra vostre nom aux siècles plus insigne,
C'est de garder tousjours FOI AUS PRINCES DES LIS.

Richelieu, jaloux de son nom, aimait à se vanter d'être issu « de bonne race », mais il n'était riche que de parchemins, et le poète, trop flagorneur, était mal inspiré en le félicitant

D'estre haut-elevé en biens et en estats.

Plus d'un esprit malin de la Cour a dû y voir une allusion malheureuse, à la fois au gibier de potence qui ressortait du grand prévôt et à son dénuement devenu légendaire...

Quant à son dévouement, sa fidélité, et son « esprit prompt et clair », L'Anglois ne nous apprend rien de nouveau, pas plus qu'en lui rappelant qu'il n'était pas enrichy de lettres ». Ce qu'on a vu des débuts de Richelieu dans les armes, comme dans les négociations a édifié sur le premier point ; pour le second, il était de son temps, si notoire, qu'un railleur évoquait spirituellement son ignorance dans un titre de la *Bibliothèque imaginaire de madame de Montpensier* en l'opposant à la culture de son lieutenant Lugolly :

28. Traité de l'Innocence, pris du latin de M. Lugoli, par M^r le Grand Prevost pour la consolation des martirs[1].

Qui pourrait croire après cela, que non seulement Richelieu avait été pris par L'Anglois comme confident de ses projets littéraires, mais qu'il avait déjà commis lui-même une œuvre d'imagination, la composition de devises sur lesquelles Dorat « mettait » des mots[2]? Il fallait même qu'il n'en fût pas peu fier, pour en avoir, en retour, instruit L'Anglois. Ces 18 rébus, aussi incompréhensibles que le texte, ne font-ils pas penser de suite au méchant impromptu de six vers de mirliton que le cardinal de Richelieu faisait célébrer plus tard, dans la *Lettre déchiffrée*, comme un exemple surprenant de sa verve poétique[3]?

*
* *

Regrettons que L'Anglois ait eu l'idée de consacrer sa préface à son compatriote. Il eût été amusant de savoir quelle étiquette il lui aurait réservé

---

1. L'Estoile, t. III, p. 103 (décembre 1587).
2. Arsenal, ms. 3184, *Recueil d'emblèmes de devises*, IIe part. fol 2. — P. L. L'Anglois, *op. cit.* Dédicace.
3. Autour de la plume du Card. de Richelieu, Paris, 1920, p. 427.

dans cette ménagerie où, avant Granville, il plaçait ses contemporains, protecteurs et amis. L'ombre de Strozzi renaissait dans la corpulence d'un éléphant ; le maréchal de Matignon n'avait pas à se plaindre d'être casé derrière les barreaux d'une cage à lion ; Choisnin, en revanche se trouvait dans la rotonde des singes, de la Roche-Pozay dans la cage des serpents, du Plessis-Mornay dans le corps d'une cigogne...

Les incarnations des poètes n'étaient pas moins pittoresques. Racan avait dans son lot le porc et le sanglier ; Ronsard, mieux traité, était chargé comme attributs de la Palme et du Laurier ; quant à Dorat, l'ami et collaborateur de Richelieu, s'il était d'abord flatté par sa comparaison avec le cygne, l'était moins ensuite avec des volatiles comme le perroquet, la pie et le corbeau...

Les femmes n'étaient pas oubliées. Madame de Richelieu, Suzanne de La Porte, avait son tour entre mesdames des Roches, de Poitiers, mademoiselle Camille Morel, mademoiselle de Surgères et la maréchale de Retz. Voici le rondeau à son adresse :

A MADAME DE RICHELIEU

D'un vœu plein d'humilité .
Je donne la tourterelle,
Je donne la colombelle
Portraits de fidélité :
A une Dame loyale
Qui de la foy conjugale
Tout l'honneur a merité.

Il nous est précieusement révélateur dans sa naïve simplicité. Suzanne de la Porte, de goûts simples,

peu cultivée, la physionomie effacée au milieu de
cette cour brillante et raffinée, qui la séparait de
son mari, dominée et annihilée par lui et par son
nom (sans parler des traditions de ménage de la
noblesse [1]), devait mener une vie modeste et bourgeoise d'intérieur entre ses enfants et sa famille,
avec laquelle elle avait conservé, à Paris, de bonnes
et cordiales relations [2].

Pour être louée, comme elle l'était, de sa fidélité
conjugale, il fallait, ou que sa personne prêtât peu
au madrigal, ou, ce qui est plus certain, que son
seigneur et maître fût loin de lui donner l'exemple.

C'était le cas ; non point que le grand-prévôt fût
un « élégant » ; la simplicité de sa tenue, la rudesse
de ses traits et de son allure, comme nous les révèle
son portrait et qui s'harmonisent avec son caractère,
sont loin d'évoquer les grâces naturelles et apprêtées
des mignons séduisants de Henri III. Les aventures
galantes n'avaient point dû néanmoins pour cela
lui manquer, ne fût-ce que par le prestige de terreur
qui l'auréolait avec ses fonctions redoutables. Les
oreilles de Suzanne de la Porte ont certainement
plus d'une fois perçu la rumeur des échos potiniers
de la rue du Boullouer réveillée par le tintamarre
matinal de l'établi du menuisier et de la forge du
maréchal voisins de l'hôtel. Quelque sortie furtive à
des heures indues n'a-t-elle pas même inspiré la

[1] Nobiles feminæ Franciæ dominantur maritis .. In Gallia
magna pars nobilium fœminarum nescit scribere... (SCALIGERIANA,
La Haye, 1669, p. 116 .
2. Le 28 janvier, 1580, elle est marraine à Saint-Eustache, sa
paroisse, d'une fille de Thomas Gayant, conseiller au parlement
et de Marie Bouchard ; le 15 mai 1582, dans la même église, de
François Barbe, fils d'un archer du grand prévôt (MARTINEAU, op.
cit. P. 104).

muse populaire dans ces deux sonnets, une tranche
vécue et intime de l'histoire de Richelieu?

Sur le bruit d'un menuisier servant de réveil matin
à M. de Richelieu
prévost de l'hostel, amoureux de Mlle de Boisvert.

SONNET

Je ne voudrais pour rien n'avoir pour mon voisin
Ce gentil menuisier qui pronct à la besogne
Longtemps devant le jour eschaube, scie, congne,
Et sert à son quartier de resveil matin.

Car j'aime son mestier et son ouvrage ainsin
Que la perfection que j'en fais le tesmoigne
Car j'en ai les outils et quand il faut j'empoigne
Mon rabot, mon guillaume et mon villebrequin.

S'il est chaud au mestier, s'il travaille, s'il veille,
En cela mon humeur luy est pareille.
Nous différons sans plus au bois dont il se sert

Car pour tirer honneur et prouffit de l'ouvrage
Le bois secq luy revient et luy plaist d'advantaige
Et moy j'aymerois mieux besongner en boisvert.

Autre sonnet sur le bruit d'un mareschal
à la dite damoiselle de Boisvert.

Au premier chant du coq le seigneur mareschal
Qui d'un horloge sert à tout le voisinage,
Et ses vallets garnis de tout leur équippage
Se sont mis à congner sur un fer de cheval.

Ces discordans accords, ce grand bruit animal,
L'enclume, le marteau, la musique sauvage,
La sueur de leurs corps, le feu de leur visage
Madame ne font que rafraischir mon mal.

1 B. N, V° Colbert V. 488, f° 530.

La forge c'est mon cœur qui brusle nuit et jour
Celui qu'il faut ferrer c'est ce paillard amour
Qui de son feu cuisant mon pauvre cœur allume.

Je suis bon mareschal, j'ay marteau pour coigner
Membres roides et forts propres à besongner
Mais pour faire un chef d'œuvre il fauldroit vostre enclume.

Qui était la séduisante Bois-Vert, une Poitevine [2], sans doute, dont les charmes révolutionnaient la rue du Boullouer? Faisait-elle partie du fameux escadron volant de la reine-mère? Son nom n'est pas dans la liste des privilégiées que nous a laissée Brantôme. Un « capitaine Bois-Verd » était tué au début de la troisième guerre civile, en 1569, en combattant, sur les bords de la Loire, sous les ordres de M. de Martigues qui allait rejoindre à Saumur le duc de Montpensier avec 500 lances et 300 arquebusiers [3]. Était-il parent, et à quel titre, de la maîtresse de Richelieu? Son père, peut-être?

Les dates rendent l'hypothèse vraisemblable. Nous ne pouvons que regretter qu'un Tallemant, avec sa plume friande de scandale, n'ait pas vécu alors pour nous laisser sur elle quelque anecdote savoureuse.

Nous n'en avons pas fini avec les femmes dans la vie de Richelieu ; mais cette fois l'aventure était à la fois moins agréable et moins discrète. Elle faisait

1. B. N. Ve Colbert V. 488. f° 530.
2. La seigneurie de Bois-Vert, citée en 1363 comme un hameau de la commune de Romagne, était un fief relevant en 1448 du comté de Civray (REDET, *Dict. topog. de la Vienne*).
3. LANOUÉ, *op. cit.* p. 919.

époque dans l'histoire de la rue et des mœurs du temps et attirait sur le grand prévôt les malédictions unanimes, à commencer par celles du beau sexe bien qu'il n'en fut le héros qu'à son corps défendant

Le 13 novembre 1583, un dimanche, en plein cœur de Paris, dans les rues les plus fréquentées et les promenades de la ville, il procédait avec ses archers à l'arrestation de 50 à 60 promeneuses, tant damoiselles que bourgeoises, pour contravention « en habits et bagues » à l'édit de réformation des habits publié le 24 mars, quelques mois auparavant [1].

Il n'était pas besoin, pour cela, d'être grand clerc en toilette féminine. Si le grand prévôt avait examiné par le détail tout l'ajustement des promeneuses, il aurait tout simplement vidé les rues et tous ses archers n'eussent pas suffi à la besogne. Il se gardait bien de s'arrêter aux chaperons, coiffures, chaînes de cou, patenotres et chapelets ou heures et pommes d'or pendant à la ceinture ; il se serait exposé de la sorte à des méprises terribles, vu les privilèges dont jouissaient sur ces points les Dames et Damoiselles de la reine, de la reine-mère, et des princesses royales, comme les femmes et filles non mariées des magistrats, conseillers, officiers de la couronne, trésoriers des finances et autres. Son regard retenait seulement les jolies passantes vêtues d'habits de draps d'or ou d'argent, garnis de porfilures, broderies, passements, cordons, canetilles, velours ou autres étoffes mêlées ou tramées d'or ou d'argent... interdits à tous. Même pour celles-là,

1. Ordonnance du Roy pour le règlement et la réformation de la dissolution et superfluité qui est ès habillements et ornements d'iceux.

Richelieu n'avait que l'embarras du choix, vu le mépris complet et affiché des ordonnances, et de son bâton blanc à viroles d'or, il a eu tôt fait de faire un signe à ses archers pour mettre la main, au milieu des cris d'effroi, sur ces ajustements qui représentent chacun une fortune [1].

Bien que la peine prévue ne fut qu'une amende pécuniaire de 50 écus, Richelieu faisait conduire les délinquantes au Fort-l'Évêque et autres prisons fermées où elles couchèrent ; ni les remontrances ni les offres de parents ou d'amis de cautionner et de payer les amendes n'eurent de résultat. « Les jours suivants, les commissaires de Paris assignèrent d'autres délinquantes devant le Lieutenant civil qui condamna à dès amendes en rapport avec la qualité des personnes et des contraventions. »

On juge de la stupeur, de l'indignation et du scandale ! Interdire les bijoux, les crêpes de soie d'or et d'argent, les satins rayés d'or, les velours à ramages d'or, les passements d'or, d'argent et de soie, passe encore, mais faire observer l'édit ! D'autant que c'était le dixième règlement somptuaire depuis Henri II, et qu'aucun d'eux n'avait eu d'effet ni de suite [2] ! Des épouvantails à moineaux bons tout au plus pour quelques malheureux voyageurs de province qui s'arrêtaient à une étape, au lendemain de la promulgation de l'édit, pour ôter le passement d'argent de leur accoutrement, et mettre à leur pourpoint des boutons de fil blanc [3].

---

[1] DELAMARE, *Traité de la police*, t. I, p. 425.
[2] L'ESTOILE, t. II, p. 139.
[3] V⁺ᵉ P. de CHABOT, *Comptes inédits d'un voyage fait en Italie en 1573 pour y faire une enquête sur la mort de Gilles Chasteigner...* Vannes, 1896, p. 8.

Une réflexion du chroniqueur laisse deviner le
dessous d'une « rigueur aussi extraordinaire e
excessive. » Richelieu, rigide observateur de
Ordonnances, n'avait-il pas été piqué au jeu pa
quelque réflexion mordante du roi? Toujours est-
que ce dernier, malgré sa mansuétude pour le
caprices de son bon peuple de Paris, dont il allégea
la bourse sans scrupules, fermait la bouche au
plaintes que l'on risquait, et se gardait de désavoue
son grand prévôt. Celui-ci y gagnait, en revanche
de connaître l'impopularité, et de se voir traité d
« contrôleur d'habits des femmes, et de bourreau
par ceux-là même qui fulminaient contre le débor
dement du luxe[1].

1. Remonstrances tres humbles... 1588, p. 66.

CHAPITRE IX

Les deux années qui suivent nous ramènent aux opérations maritimes de Richelieu ; elles étaient cette fois d'une autre envergure, la spéculation s'exerçant non plus sur les chargements, mais sur les vaisseaux eux-mêmes. Le 14 décembre 1583, Richelieu achetait à Cossé, comte de Brissac, un lot de 4 navires du port du Havre : le *Grand Brissac*, le *Petit Brissac,* la *Pontpierre* et la barque *Barque Capre*[1]. Les deux premiers avaient fait partie de la flottille préparée pour l'expédition de Brouage en 1575[2], avant de prendre part à la désastreuse bataille des Açores, en 1582 ; nous les retrouverons plus tard dans le port du Havre au service du roi.

Comment ces quatre bâtiments se trouvaient-ils aux mains de Cossé de Brissac ? Les avait-il achetés au roi ou reçus de lui en don ? Toutes les hypothèses sont possibles et rien ne doit surprendre lorsqu'on aborde l'histoire des derniers Valois. Dans ses besoins d'argent continuels, le roi faisait état de tout ce qu'il avait sous la main et vendait un navire comme une charge, un office ou un privilège ; d'autre part sa libéralité effrénée, désordonnée et inconsciente s'appliquait indistinctement à tout ce dont il pouvait disposer et souvent au delà.

Les navires passent de main en main comme une marchandise de trafic courant, et donnent lieu aux spéculations les plus variées. En 1563, *la Salamandre*, de 70 tonneaux et 20 hommes d'équipage, appartient à Albert de Gondi « par le don qu'il a plu au Roy de luy faire ». Il la vend en décembre pour 20.500 livres à Armant Bassefontaine, « avec ses agrès, artillerie, marchandises et ustensiles » ; l'acheteur, poursuivi pour le payement, meurt sur ces entrefaites, et son fils Bertrand indemnise le vendeur[3]. Au commencement de 1574, le navire a maintenant comme propriétaire Michel Durand[4] ; en juillet 1575, à son

1. Ph. Barrey, *op. cit.* p. 131 et 132.
2. Ch. de la Roncière, *op. cit.* t. IV, p. 159.
3. E. Caron, *op. cit.* p. 41 nᵒˢ 143 et 144.
4. Ph. Barrey, *op. cit.* p. 168.

retour du Pérou au Havre, avec un chargement d'au moins 50.000 livres, il est pillé par le *Dauphin*, et prend sa revanche sur la *Foudre* de 100 tonneaux, à son voyage suivant, en mai 1576[1].

Cette même année, Philippe Strozzi est propriétaire d'une autre *Salamandre* de 350 tonneaux qui voyage de conserve avec la *Foudre* vers le Brésil[2]; en 1582, elle faisait partie de son escadre aux Açores, ayant à son bord le maréchal de camp, Etienne Borda[3].

Fin mai 1575, nous retrouvons Albert de Gondi possesseur d'un autre navire, *la Sirène*, une galère du port de Marseille; à cette date, il la vend 24.000 livres à Jehan Fregoz, avec ses forçats, artillerie et place de capitaine de la galère. Fregoz déclare que cette somme lui est due par le roi, et la cède et transporte au maréchal[4].

La *Sirène*, comme les deux *Salamandre*, provenaient certainement de la munificence royale. Sans le savoir, Henri III avait devancé, sur ce terrain, le génie de Richelieu, mais dans des proportions que le grand ministre aurait assurément désavouées[5]!

1. Ph. BARREY, *op. cit.* p. 155.
2. *Ibid.* p. 171 et 172.
3. Ch. DE LA RONCIÈRE, *op. cit.* t. IV, p. 177 et 189.
4. E. CARON, *op. cit.* p. 852.
5. « Quelque utilité que puisse apporter le commerce des deux mers, jamais les François ne s'y attacheront avec ardeur, si on ne leur fait voir les moyens aussi aisés que la Fin en est utile.
« Un des meilleurs expédiens que l'on puisse prendre pour les animer à leur propre bien, est qu'il plaise à V. M. leur *vendre à bon marché tous les ans de ses Vaisseaux*, à condition qu'ils s'en serviront au trafic et ne pourront les vendre hors du Royaume.
« Ce moyen remédiant à leur impatience, qui ne leur permet pas d'attendre qu'un Vaisseau soit fait pour s'en servir, sera d'autant plus convenable, qu'il leur donnera lieu de moissonner presque aussitôt qu'ils auront semé.
« Outre le profit des Particuliers, l'Etat recevra tel avantage d'un tel ordre, en ce que les marchands se trouveront dans six ans con-

Il ne faudrait pas cependant faire aux grands seigneurs plus d'honneur qu'il ne convient de leur
goût pour les choses de la mer, et l'attribuer à une
idée supérieure à l'appât du gain personnel. L'anecdote rapportée par Brantôme est, à ce sujet, on ne
peut plus typique et vaut d'être reproduite :

« Il me souvient qu'au voyage et entrevue de
Bayonne, le Roy estant à Bourdeaux, M. d'Estrozze
l'alla un jour voir disner avec de ses capitaines, et
j'estois avec luy. Aussitôt qu'il le vist, il luy dist :
« Estrozze, vos gens firent hière monstre ; il les faict
beau voir (qui estoient les gardes du Roy). Ils tou-
cheront aujourd'huy de l'argent ; je l'ay commandé ».
M. d'Estrozze luy dict : « Monsieur, ils voudroient
vous faire une prière ; c'est que le bois est cher en
ceste ville, et se ruinent pour en achepter, car il
faict froid : ils vous supplient de leur vouloir donner
un navire qui est sur la grave, qui ne vaut rien,
qu'on appelle le *Navire de Montréal,* pour le despecer et s'en chauffer ». — Je le veux, dist M. le
connestable ; qu'ilz y aillent tantost et y menent leurs
goujats, et le mettent en cent mille pièces, et s'en
chauffent très-bien. »

« Par cas, il y avoit là présens quelques jurats de
la ville, et conseillers de la Cour qui le voyaient
disner et luy voulurent remonstrer que cela n'estoit
pas bien faict, et que c'estoit grand dommage du
desfraudement de ce beau navire qui estoit de
300 tonneaux, qui pourroit encore servir : « Et qui

sidérables par le nombre de leurs Vaisseaux, et en état d'assister
le Royaume s'il en a besoin, ainsi qu'il se pratique en Angleterre
où le Roy se sert en cas de guerre de ceux de ses sujets, sans
lesquels il se serait pas si puissant qu'il est sur mer ». (*Test pol.*
Amsterdam, 1688, IIe Part. chap. xi, Sect. IV, p. 106.)

estes vous, dict-il, messieurs les sotz qui me voulez controller et me remonstrer? Vous estes d'habiles veaux d'estre si hardis d'en parler; si je faisois bien j'envoyerois tout ast'heure faire despecer vos maisons au lieu du navire ». Qui furent estonnez ? Ce furent ces gallants qui tous rougirent de honte ; et le navire fust desfaict en une après-disnée, qu'on n'en vist jamais si grand'dilligence de soldatz et goujatz[1]. »

L'on ne se douterait pas, à lire ces lignes, que le Strozzi qui faisait si bon marché du *Montréal*, et le convertissait d'un mot en bois de chauffage pour les gardes du corps du roi, était le même qui exposait au roi avec les accents énergiques du cardinal Richelieu plus tard, l'importance politique d'une marine puissante pour la France[2], le même qui lui demandait de l'assister dans une entreprise maritime d'aventures de grande envergure, non seulement en vue des bénéfices et de l'accroissement de grandeur du pays, mais au nom du repos de la France et de sa tranquillité intérieure[3]. Le XVIᵉ siècle est tout entier là-dedans, avec ce bouillonnement confus d'appétits personnels et d'idées générales désintéressées, ce mélange d'individualisme étroit et d'insouciance égoïste avec des éclairs de vision supérieure, d'une largeur de conception surprenante. Il faudra, dans le siècle suivant, le cerveau d'un Richelieu pour brasser ces éléments, et en faire sortir par un Colbert le code raisonné de la marine française, frappé au coin de son génie pratique de la mesure, de la méthode et de la volonté.

1. Brantome, *Mémoires*, t. III, p. 305.
2. *Ibid.* t. II, p. 29.
3. H. Taffin, *op. cit.* p. 436.

Nous voici loin en apparence du grand prévôt, et de ses opérations maritimes ; mais ces quelques mots n'étaient pas de trop, nous semble-t-il, pour montrer dans quelle ambiance il évoluait, et aussi avec quelles précautions il faut les apprécier et en rechercher les motifs ; il serait aussi exagéré de les attribuer uniquement à l'appât du gain, qu'à des vues désintéressées.

La spéculation seule guidait Richelieu dans ce cas, car il revendait presque immédiatement le *Grand-Brissac* au roi représenté par l'amiral de Joyeuse, le 27 janvier 1584, pour la somme de 7.000 écus [1] ; le *Petit-Brissac*, de 300 tonneaux, était acheté par Schomberg, entre les mains duquel nous le trouvons le 10 mai 1586, dans les rangs de l'armée navale envoyée au secours de Brouage [2]. Quant au *Pont-pierre* et à la *Barque le Capre*, nous ignorons leur sort ultérieur.

Un terme de comparaison intéressant : le 17 mai 1584, Sarlabous abandonnant son gouvernement du Havre vend au roi, représenté par l'amiral de Joyeuse, la *Marguerite* de 150 tonneaux et 90 hommes d'équipage qu'il avait fait armer pour un trafic de marchandises [3].

Richelieu était payé du *Grand-Brissac* en deux mandements et ordonnances de 3.500 écus chacun, datées la première du 29 janvier, la seconde du

1. Ms. orig. (*Coll. de l'auteur*).
2. Ph. Barrey, *op. cit.* p. 141, note 4.
3. *Ibid.* p. 144, notes 1 et 185.

10 février, et contrôlées respectivement les 13 et 14 février. Mais le trésor royal était à sec, comme toujours, et Richelieu, à court d'argent, utilisait ses ordonnances en gageant sur elles un emprunt de 5.500 écus. Le prêteur était « noble homme Jacques Charles, officier de Monseigneur, frère du roi », peut-être un parent de la deuxième femme de son beau-père, Magdelaine Charles, une cousine de sa propre femme, Suzanne de la Porte, ce qui expliquerait leurs relations.

Il remettait 1.500 écus en numéraire, et une res-cription de 4.000 écus de Mathurin Lebeau, seigneur de Villarceaux, contrôleur ordinaire des guerres, à l'ordre de Michel, seigneur de Choisy, conseiller du roi, commissaire de ses ports et havres en Nor-mandie, demeurant à Rouen. Cette obligation de 4.000 écus datée du 20 février, était donc toute récente, et d'autre part, Lebeau était précisément le payeur désigné par les mandements de l'amiral de Joyeuse en faveur de Richelieu. On voit le rôle que jouait le papier dans toutes ces transactions, preuve de la rareté du numéraire et de l'usage courant des compensations, bien avant la fondation du Clearing House. La forme des mandements « blancs signés » du grand prévôt en permettait la réalisation immé-diate.

Deux coobligés figuraient à l'acte d'emprunt : Hugues Darragon et son fils Jehan Darragon, sei-gneur de Feneux en Chepy. Mais ce dernier seul était caution, et déchargé comme tel, avec la for-mule accoutumée, dans l'acte additionnel signé par Richelieu qui s'engageait à rembourser le prêt le 15 août suivant. Hugues Darragon était donc associé

à ce dernier dans cette opération, à ses risques et
périls ; mais, comme elle ne comportait que des
aléas, sans bénéfices, on peut encore une fois se
demander la nature de leurs rapports. Une particularité ajoute à l'énigme : l'acte fait et passé en double
au logis de Richelieu, rue du Boullouer, mentionnait
comme domicile légal des débiteurs, non point l'hôtel de ce dernier, mais celui de Darragon.

Le document renferme un détail typique comme
mœurs. Après le recouvrement des 7.000 écus montant de la vente du *Grand-Brissac*, le créancier
Charles se remboursait d'abord de son prêt de
5.500 écus. Quant aux 1.500 restants, il devait les
répartir entre trois créanciers de Richelieu ; 300 et
600 écus à deux personnages dont les noms ont disparu, mais dont l'un d'eux remplaçait dans un
renvoi marginal le nom de Thuffany, rayé dans l'acte.
Or ce Thuffany n'était autre que le commissaire
ordonnateur de la marine qui avait contresigné les
ordonnances de paiement de l'amiral de Joyeuse.
Quant au troisième bénéficiaire de 600 écus, c'était
Pierre de Maupeou, trésorier général de la maison du
duc de Joyeuse. Ces titres ne laissent aucun doute sur
la nature de ces pseudo-dettes ; elles dissimulaient
la rémunération d'un concours, ou passé ou futur,
et ce détail, unique dans nos fiches sur Richelieu,
nous amène à dire quelques mots du trafic des
influences.

**
* *

Aucun document ne permet d'affirmer que Riche-
ieu en usait; mais tout plaide en ce sens. Il n'était
pas un officier approchant le roi ou seulement un
des princes ou grands seigneurs qui ne tirât les pro-
fits de sa situation. C'était un négoce reçu et passé
dans les mœurs. Les archives des notaires sont
riches en transactions de ce genre. Si elles n'ont pas
eu les honneurs de l'insinuation, car on n'en
retrouve point dans les Registres du Châtelet de
Paris, elles n'en sont pas moins avouées et couramment admises.

Le 15 mai 1566, le Sr de Brancasse, gentilhomme
ordinaire de la chambre du roi, s'engage à payer, par
fractions échelonnées à René de Sanzay, 150.000 livres
pour le rémunérer « des grands soins, mises et vacations » employés à le faire pourvoir par le roi d'une
ferme importante régie par un édit de janvier 1566,
prorogé en avril [1].

Et encore cette convention est-elle rédigée de façon
à sauver les apparences. Point de désignation de la
régie visée; justification de la rémunération, jusque par le mot de « mises » qui laissent supposer des
débours; la forme même du marché qui affecte celle
d'un cadeau inspiré par la reconnaissance...

Mais celle-là est une rare exception à côté des
autres, qui sont d'une naïveté quelque peu brutale [2].

---

[1]. E. Caron, *op. cit.* p. 52, n° 173.

[2]. En voici quelques exemples : *Juillet 1566*. Engagement par
G. Trouillot, valet de chambre de Mgr le Cte de Retz, de fournir
lettres de provision à l'état et office de notaire vacant à Sens, et

Il n'est pas jusqu'à une indication utile qui ne soit la source d'un bénéfice. Deux officiers de la maison royale, l'un d'eux valet de chambre du roi, l'autre porte-manteau de la reine, sont-ils avisés par un tiers de l'éventualité d'une « aubaine » ? Ils promettent à l'ingénieux intermédiaire le quart de son produit (deniers, biens, meubles et immeubles), s'ils en obtiennent le don de Sa Majesté[1].

Soit dit en passant, les postulants en étaient quelquefois pour leurs frais, témoin ce Riant qui vendait 2.000 écus une métairie pour obtenir un office de Maître des requêtes au conseil privé, et qui était cassé par le roi, lors de la révision de l'Etat de sa maison. Mais le cas était rare, vu le soin et la satisfaction avec lesquels L'Estoile enregistre ce menu fait[2].

La multiplicité des attributions du grand prévôt, son autorité aussi assise et reconnue que son esprit d'initiative[3], le champ énorme de ses relations, la

---

ce moyennant 520 livres tournois. (E. Caron, *op. cit.* p. 55, n° 87).

17 novembre 1566 — Conventions entre Jules Brancasse, gentilhomme de la chambre du roi, Etienne Prévost, marchand bourgeois de Nantes, Dominique Lechany et Jacques Mayoussi, marchand milanais, au sujet de lettres patentes que sous le bon plaisir de S. M., le Sr Brancasse s'est fait fort d'obtenir du roi (E. Caron, *op. cit.* n° 225, p. 63).

23 septembre 1572 — Engagement par Fulcran Mathé, huissier et valet de chambre du duc d'Anjou, de faire pourvoir par le roi, Boue de Réginnot, de l'office de l'un des 4 capitaines de charroi de l'artillerie, aux gages de 200 livres, et ce moyennant la somme de 450 écus. (E. Caron, *op. cit.* p. 141, n° 599).

1. E. Caron, *op. cit.* p 205, n° 894.
2. L'Estoile, t. I, p. 308 (janvier 1579).
3. *Articles et propositions, lesquelles le Roy a voulu estre délibérées par les princes et officiers de la Couronne et autres seigneurs de son Conseil, qui se sont trouvez en l'assemblée pour ce faicte à Saint-Germain-en-Laye, au mois de novembre 1583, avec les advis de ceux desdicts princes et seigneurs...* S. l. 1584, p. 115-126.

portée de son pouvoir discrétionnaire le mettaient à même de monnayer facilement ses faveurs, ou ses recommandations. Il est impossible d'évaluer ces bénéfices secrets, de même que ceux qu'il devait à ses prérogatives pour la délivrance des brevets aux marchands et artisans suivant la Cour. Ils étaient toutefois assez appréciables pour qu'un auteur véridique presque contemporain ait pu écrire que sa charge était très lucrative[1]. Certaines dispositions du règlement de 1585 que l'on va voir ouvrent aussi le champ de ce côté; il était recommandé au grand prévôt d'exercer ses fonctions « à la décharge de sa conscience ». Si l'on peut voir dans ces mots un témoignage de confiance illimitée, n'est-il pas aussi bien permis de les interpréter comme un avis très discret visant des habitudes de partialité intéressée, quelque peu criantes ?

Le reste de l'année 1584 ne nous apporte aucun détail intéressant; il nous faut arriver au 17 novembre pour lire avec Richelieu un ordre du roi lui enjoignant de se dessaisir du dossier d'un procès qu'il détient sur un sieur de Belleville[2]. En revanche, il est permis d'affirmer que ses embarras d'argent n'ont pas pris fin, malgré les bénéfices de ses opérations maritimes. Il ne peut payer le 15 août les 5.500 écus empruntés à Jacques Charles sur le *Grand-Brissac* et le remboursement de 3.500 écus,

1. Abbé de Longuerue, *Vie abrégée du card. de Richelieu* (Doc. d'histoire, 1912, n° 3, p. 438.)
2. B. N. Clairambault, 828, fol. 431.

le 26 décembre, pour la capture et la garde des prisonniers recueillis dans son expédition du mois d'août 1579 contre La Roche-Guyon[1], pas plus que celui de 500 écus, le 31 décembre, pour les frais de plusieurs voyages secrets, ne suffisent à ses dépenses[2].

Les Comptes de la Prévôté de l'hôtel pour 1584, l'année qui vient de s'écouler, sont parlants à ce sujet, à n'examiner que les dates de payement des gages du personnel. Il y a lieu de tenir compte d'abord des disponibilités de la caisse, puis des absences de Paris qui ont pu influer sur la paye de certains officiers, mais la comparaison prête à des déductions curieuses.

Le grand prévôt pouvait envier le sort de ses deux lieutenants clercs, et de trois de ses lieutenants de robe courte ; ceux-là attendaient la fin de l'exercice pour encaisser leurs gages annuels en une fois ; Jehan de Laubigeois et le greffier Jehan Chesneau, moins fortunés, recevaient leurs gages par quartiers ; le grand prévôt faisait comme eux, et pis, car il est réduit comme son greffier aux gages les plus modestes, à demander son deuxième quartier avant l'échéance, le 25 juin au lieu du 1er juillet, et à solliciter le trésorier payeur pour recevoir le troisième quartier, le 2 octobre, dans les vingt-quatre heures.

L'année 1585 s'ouvrait le 1er janvier par trois

1. B. N. Pièces orig. 2302, n° 12.
2. B. N. Pièces orig. 2302, n° 13.

actes du roi, de même date, qui étaient des événements capitaux dans l'histoire de Richelieu : un nouveau règlement pour la Prévôté, la proposition pour sa promotion dans l'Ordre du Saint-Esprit, et la création de la garde des Quarante-cinq.

Ils répondaient tous trois à la même préoccupation du roi, sa terreur des complots qu'un moraliste virulent signalait comme l'effet de ses remords de conscience et un châtiment de Dieu.

Les deux premiers intéressaient directement Richelieu et marquaient une recrudescence de sa faveur, le règlement surtout. Les dispositions qu'il renfermait témoignent de la confiance que faisait le roi à son dévouement et à sa fidélité. Il trouvait que le grand prévôt s'absentait trop fréquemment et tenait à sa présence comme nécessaire à sa sécurité. On ne peut expliquer autrement toute une série de prescriptions. Les unes étaient personnelles : Richelieu devait être continuellement à la suite du roi, n'en point partir sans congé signé de sa main, le venir trouver tous les samedis matin pour l'informer des événements de la semaine : nouveaux arrivants et partants de la Cour, délinquants, leurs châtiments, etc. Une fois le jour, ou lui-même, ou en son absence, un de ses lieutenants avait l'ordre de se présenter à lui pour recevoir ses instructions.

Une série de mesures minutieuses, en apparence d'ordre disciplinaire, dissimulait des précautions de police politique et de sécurité préventive aux alentours du logis royal : surveillance du balayage de la cour dès l'ouverture des portes, rondes hebdomadaires par la ville, fauxbourgs et bourgs du logis du roi, pour le contrôle des habitants,

permanence d'un lieutenant et 6 archers dans l
cour, avec relève aux heures des repas, et patrouil
lage continu, soi-disant pour empêcher les jeux
batteries et désordres...

Le règlement des hôtes, et l'assiette des logi
étaient l'objet des mêmes dispositions que les ordon
nances antérieures, avec plus de précisions toutefois

Certaines recommandations, qui apparaissent ic
pour la première fois, intéressaient directement l
personnalité de Richelieu, et cachent des dessou
mystérieux. Les voici textuellement :

« Le grand prévôt tiendra ordre à ce que la jus
tice soit bien et dûment administrée à la *décharg*
de sa conscience et bien de chacun; le taux juste e
raisonnable qu'il a à donner n'aura d'effet qu'il n'ai
été présenté au Conseil d'Estat du roi les samedi
après disner pour y estre arresté selon la justice e
raison sans souffrir qu'il soit usé d'aucune exaction
ny violence, faisant bonne et roide punition de ceux
qui y contreviendront. »

Richelieu, avec son tempérament absolu et violent
avait-il commis des abus criants d'autorité et de
sévérité dans ses répressions ; peut-être aussi parfois
fait preuve d'une partialité trop intéressée, ne sui
vant en cela que les mœurs courantes ? C'est ainsi,
semble-t-il, qu'il faut interpréter ces restrictions à
son pouvoir discrétionnaire, restrictions envelop
pées de formes peu habituelles, où l'on faisait
appel à sa conscience, et où l'on couvrait ses taux
de l'autorité suprême du Conseil d'Etat pour éviter
de froisser un personnage indispensable.

Miraumont, l'historiographe de la Prévôté, n'a
pas reproduit cette ordonnance, malgré son intérêt.

Serait-ce à cause d'un détail qu'il a jugé humiliant pour le corps, car il n'en fait point mention ailleurs. Il était prescrit que « les archers de service dans la cour devaient avoir leurs hocquetons et hallebardes sans aucunes houpes, estant différents de ceux des archers des gardes de Sa Majesté, de même que ceux qui seraient en quartier, et exerceraient leurs offices ». Or, ces signes distinctifs de la houppe des hallebardes étaient d'abord réservés auparavant aux archers de la garde qui accompagnaient le roi au dehors[1] ; il est à présumer qu'ils avaient ensuite obtenu de les porter toujours pour se distinguer des archers de la prévôté ; ce qu'on a vu de la rivalité des deux corps fait juger de l'importance d'un détail qui diminuait ces derniers devant leurs rivaux.

La création de la garde des Quarante-cinq, destinés à assurer la sécurité du roi dans les pièces réservées de son logis, faisait le pendant des nouvelles mesures de précaution prescrites à la prévôté sur le terrain qui la concernait. Elle avait dû exciter la jalousie et les susceptibilités de ce corps, et encore plus celles des anciens gardes sur laquelle la nouvelle garde empiétait davantage. Les avantages qu'on lui faisait avaient dû achever. Ils étaient engagés aux gages de 1.200 écus, nourris aux frais de la Cour, et dès leur entrée en charge, le roi leur faisait remettre 500 écus pour acheter des chevaux et solder le premier trimestre de leurs gages[2]...

Aussi était-ce pour apaiser leur ressentiment, prévenir leurs récriminations, et se les attacher davan-

---

1. B. N. Dupuy, 218, f. 47.
2. J. Hazon de Saint-Firmin, *Un assassin du duc de Guise*, Paris, 1912, p. 14 et suiv.

tage en reliant en un faisceau leur dévouement, que le roi faisait proposer à la fois, à cette même date, pour leur promotion dans l'Ordre du Saint-Esprit, Richelieu et deux capitaines de ses gardes.

Ajoutons, en passant, que les Quarante-cinq « les coupe-jarrets », comme les appelait le peuple, n'en étaient pas moins regardés par les gardes et par la prévôté, comme des intrus, et traités comme tels. Richelieu ne tardait pas à le leur manifester. Informé sous main par Moustier, un marchand de chevaux, qu'ils avaient reçu du roi l'ordre d'arrêter Nangis, un de ses amis, il s'empressait, bien qu'il fût du parti opposé, de le faire prévenir, ce qui permettait à Nangis de s'échapper [1].

La nouvelle année, commencée sous d'aussi heureux auspices, était favorable à Richelieu. La mer lui avait-elle été clémente avec un important bénéfice sur son opération des quatre navires de Cossé-Brissac? Le fait est qu'une simple ligne des *Comptes de la Prévôté de l'hôtel* pour 1585 en dit plus que tous les documents possibles. Le grand prévôt touche en une seule fois ses gages de l'année et ses frais de justice, et cela le dernier jour de mars 1586 seulement, malgré ses dépenses extraordinaires !

Elles n'avaient pas peu chiffré. Le 11 juillet, il effectuait le remboursement de l'emprunt consenti par Jacques Charles [2]. Quelques jours après, le 15, une mission macabre écornait terriblement ses frais

1. BEAUVAIS-NANGIS, *Mémoires* (Société de l'H. de F.), p. 34.
2. Ms. orig. (*Coll. de l'auteur.*)

de justice. Sur un bûcher dressé devant l'hôtel de Bourbon, il faisait brûler vif un quidam suivant la Cour, convaincu d'un crime atroce, après lecture de la sentence par son greffier, et il présidait lui-même à l'exécution à la tête de ses archers [1].

Les charges, d'autre part, étaient loin d'avoir diminué. Le 9 septembre, l'hôtel de la rue du Boulouer compte un habitant de plus ; un quatrième enfant est né à Richelieu, Armand-Jean, le futur cardinal, mais si chétif et malingre que malgré la proximité de Saint-Eustache, l'église paroissiale, le baptême est remis à une date ultérieure.

*
* *

Le mois de novembre était rempli par des occupations officielles. C'est d'abord un ordre du roi daté du 11 et signé de sa main ayant trait à une affaire dont le mystère cache des dessous importants. Il enjoignait au grand prévôt d'envoyer un de ses lieutenants de robe courte quérir à Beauvais un prisonnier et l'amener à Paris où il voulait lui parler, afin de faire éventuellement son procès. Il s'agissait d'un personnage de marque, car son nom était soigneusement laissé en blanc dans la lettre du roi avisé par de Villequier, le gouverneur de Paris et de l'Ile de France, que le prisonnier détenu à Beauvais avait été l'objet d'un commencement d'instruction par les officiers de cette ville [2].

Le 23 novembre, nouvelle commission royale pour une répression de brigandage. Une bande de

1. L'Estoile, t. II, p. 201.
2. B. N. Franc. 3309, fol. 69.

60 ou 80 bandits ravagent les campagnes, allant de village en village, pillant, rançonnant, et s'emparant des chevaux de labour, ce qui oblige les paysans à abandonner leurs maisons et leurs terres. Les lettres patentes donnaient les noms des trois chefs, Le Chesne près Ablis, La Forest et le Petit Mignon alias La Fontaine, près Dourdan[1]. Au nom de la vérité et du pittoresque, le secrétaire du conseil du roi aurait pu garder à ces trois personnages les titres de seigneuries dont ils s'étaient affublés, et qui rappelaient leurs origines. Les seigneurs du Chesne, de la Forest et de la Fontaine n'étaient autres en effet que des paysans, sortis de la terre, ayant échangé leur coutre contre une épée et leur vache contre une arquebuse, au début de la guerre civile, et ayant préféré, une fois ennoblis par les armes, continuer leur vie fructueuse de picorée et d'aventures, plutôt que de revenir au sol[2].

Le grand prévôt recevait les pouvoirs les plus étendus et discrétionnaires pour en faire prompte justice. Avec son activité, ces campagnes ne traînaient pas en longueur. Trois roues ont dû bien vite marquer la fin des exploits de ces trois capitaines improvisés. Six jours après, en effet, il signait un contrat commercial avec la marine royale.

Huit ans auparavant, en 1578, Richelieu avait pris part comme lieutenant de la compagnie du prince

1. B. N. Franc. 3309, fol. 81 et 82.
2. Le Paysan français... p. 10 — La crise économique au XVI⁹ s. p. 29.

de Dombes au siège de Brouage ; les opérations de terre étaient appuyées par une campagne navale que menait avec son escadre Guy de Saint-Gelais de Lanssac, vice amiral de Guyenne et gouverneur de Blaye. L'une des unités, *la Roberge*, de 160 tonneaux et 14 pièces d'artillerie[1], commandée par Johannès dit le capitaine Cheverry, avait pris part avec éclat au combat de Chef de Baye qui décida de la prise de Brouage[2] et fait sur *le Prince*, l'amiral de la flotte ennemie échoué et incendié à Chef de Baye, une prise de deux pièces de métal dont l'amiral lui faisait don le 1er décembre[3].

Voilà le navire dont Richelieu était propriétaire en 1585, après l'avoir acquis de Landreau, un Poitevin lui aussi, ancien vice-amiral de Guyenne, qui avait guerroyé avec toutes sortes de péripéties dans la province. Le 11 novembre, après l'avoir fait réparer à ses frais, il l'affrétait au roi, moyennant 1 écu un tiers par tonneau et par mois, soit 640 écus par trimestre. Le bâtiment était commandé par Guillaume Chambrelan, l'un des 54 capitaines du port du Havre, appointés par le roi à raison de 133 écus un tiers à l'année pour ses « gages et estat[4]. »

Schomberg en avait fait autant de son côté, et affrété au roi le *Petit-Brissac* acheté à Richelieu. Avec le *Grand-Brissac*, les deux navires faisaient le gros de la flottille des 8 vaisseaux normands mobilisés pour porter secours à Brouage ; après une revue finale au Havre, le 11 août 1586, elle appareillait et

---

1. Ph. BARREY, *op. cit.* p. 132, note 1.
2. De la RONCIÈRE, *op. cit.* p. 160 et suiv.
3. Arch. Nat. Y-120 fol. 69.
4. B. N. Nouv. acq. franc. *Trésorerie générale de la marine du Ponant*, 21160, fol. 148.

allait jusqu'à Royan où l'apparition d'une force britannique supérieure l'obligeait à battre en retraite ; elle rentrait à son port d'attache, et y désarmait le 1er novembre 1586 [1].

*
* *

Cette opération maritime est la dernière que nous ayons retrouvée dans la vie de Richelieu. Aussi bien semble-t-il qu'il n'y en ait plus d'autres. « La campagne de 1586 fut la dernière manifestation vitale de notre marine de guerre, le dernier spasme avant la mort. Il n'en restait plus que l'ossature, les cadres… mais plus de solde ! Pour vivre, les capitaines de vaisseau montent à cheval et suivent les troupes en Poitou. Plus d'amiral ! Joyeuse est mort à Coutras… Plus de vaisseaux [2] !… »

Le nom de Richelieu est mêlé à cette agonie, comme il s'inscrira plus tard en lettres de gloire lumineuse à la première ligne de l'histoire de sa résurrection. Quel rapprochement !

Le grand prévôt y perdait, pour sa part, une source de revenus considérables. Elle allait être remplacée par les faveurs royales qui remontaient, l'année suivante, sa fortune, dans des conditions aussi imprévues que romanesques.

---

1. Ch. de la Roncière, *op. cit.* t. IV, p. 213 et 214.
2. *Ibid.* p. 215,

CHAPITRE X

L'année 1586 marque l'apogée de Richelieu. Elle s'ouvrait pour lui par un grand honneur ; le 1er janvier, il faisait partie de la promotion dans l'Ordre du Saint-Esprit fondé en 1579 par le roi. Elle comprenait vingt-six membres dont le premier était Charles de Bourbon, comte de Soissons et de Dreux, Grand-maître de France. On y relève les noms de quelques personnages qui ont figuré dans cette étude : François d'O, maître de la garde-robe du roi, surintendant des finances et gouverneur de Paris et de l'Ile-de-France, qui avait servi un jour de caution à Richelieu, Guillaume de Saulx, vicomte de Tavannes, Méry de Barbezière, seigneur de la Roche-Chemerault et du Bois le Vicomte, Grand maréchal des logis de la maison du roi. Après ce dernier, venait François du Plessis, suivi de deux capitaines des gardes du corps, Hector de Pardaillan et Jean d'O, frère puîné de François. Le hasard n'avait pas présidé, non plus que le caprice royal, à cet ordre et à ce choix ; il faut y voir un écho des plaintes du grand prévôt contre les empiéte-ments d'autorité de la garde du roi à son endroit, ainsi qu'une arrière-pensée de celui-ci d'associer en un faisceau le dévouement de l'un et des autres à la cause royale, devant les tendances prononcées des Guise contre elle.

La Prévôté de l'hôtel y était encore représentée par le nom d'Antoine de Bauffremont, fils aîné de Claude, le prédécesseur de Richelieu dans sa charge.

Suivant l'usage, les nouveaux chevaliers rece-vaient, à cette occasion, de la main du roi, une bourse d'or de 2.000 écus [1], plus favorisés en cela que nombre de leurs anciens confrères, vis-à-vis desquels le roi s'était parfois excusé de ne point leur don-ner cette étrenne, tantôt, disait-il, parce qu'il l'avait affectée aux réparations de l'église des Augustins, tantôt parce qu'elle lui avait servi à payer les Suisses [2]. Comme ses confrères, Richelieu avait dû, il est vrai avant d'être reçu, faire faire à ses dépens l'habit obligé pour les fêtes et cérémonies : une sage pres-cription des statuts de l'Ordre, pour empêcher que les nouveaux chevaliers ne fussent contraints d'en emprunter!... Henri III connaissait bien sa cour!...

1. L'Estoile, t. II, p. 179.
2. *Ibid.* t. III, p. 115.

*
* *

Deux mois plus tard, en mars, Richelieu exerce en province ses fonctions de Grand prévôt de France. Deux capitaines des troupes ligueuses qui s'étaient emparés l'année précédente du château de Montargis, Chapeau et la Callande, jetaient la terreur dans le pays, « s'étant mis à lever des hommes sans permission ni commission du roy », pillant, rançonnant, violant femmes et filles, « allant jusqu'à battre et tuer et meurtrir leurs hostes et hostesses ». Richelieu en avait vite raison. Les deux chefs de bandits étaient pris près d'Osouy, à trois lieues de Montargis, et amenés dans cette ville, et leur châtiment aussi sommaire que la sentence du grand prévôt, rendue comme « es camps et armées » avec le tribunal improvisé qui évitait les lenteurs du Grand conseil. Ils expiraient sur la roue, le 17 mars 1586, et pour faire un exemple, suivant les termes de la sentence, leurs têtes étaient apportées devant le château du Louvre, à Paris[1].

*
* *

Il était d'usage, lorsqu'on faisait trancher la tête en un Parlement, d'emporter la tête où le crime

______

[1]. *Discours de la Prinse du capitaine Chapeau et capitaine la Callande, de par monsieur le prévost de France, ensemble l'exécution qui en a esté faite dans la ville de Montargy, pour avoir lever des compagnies sans commission et pour avoir voller et ransçonner les bourgs et villages tant de autour de Montargy que du chasteau Renard et Osouay, dont les testes des capitaines ont esté apportées devant le chasteau du Louvre. A Paris, pour Laurens du Coudret, maistre-imprimeur. 1586.* (Variétés hist. et litt., t. VII, p. 227).

avait été commis. Cette tradition donnait lieu, un jour, à une singulière aventure contée par Scaliger. Sa mère, voyant en voyage le bourreau inconnu d'elle porter un sac, lui demandait ce que c'était. « Des prunes », répondait-il. Elle les voulait voir, et son homme de tirer des têtes qu'il portait de Toulouse, « chacune en son lieu où le méfait avait été commis. Quoy veu, conclue-t-il, elle évanouit grosse de moy [1]... »

Ce détail macabre de la sentence de Richelieu n'était pas seulement un hommage au roi ; il le flattait dans ses goûts, car Henri III prenait plaisir à voir pendre, rouer, et tâchait toujours de voir les exécutions de quelque fenêtre [2].

L'Estoile l'a dédaigné, mais il a retenti assez dans l'imagination populaire pour qu'un écrivain fournisseur des colporteurs en tirât un parti lucratif. Voici comment le grand prévôt a eu les honneurs de la presse du Pont-Neuf, bien avant que son plus jeune fils, encore au berceau, n'en connût, lui aussi, à ses dépens, la trompette aux cent bouches.

A son retour de cette expédition, Richelieu repartait au débotté pour une mission d'un autre genre. Le roi l'envoyait avec cent chevaux prendre le frère de Guillaume de Tavannes, enfermé au château de Pagny, sous la garde du comte de Charny, et l'emmener à Paris à la Bastille. Il trouvait le nid vide. Prévenu par son frère, quoique d'un parti opposé au

1. SCALIGERIANA, La Haye, 1669, p. 325.
2. *Ibid.* p. 111.

sien, le prisonnier, partisan du duc de Mayenne,
« s'était fait descendre par son homme de chambre
avec des cordes, depuis le dessus du logis de Pagny,
dans le fossé, pendant que ses gardes déjeunaient ;
il avait passé la muraille du parc, et trouvé un cheval
d'Espagne avec quelques amis qui l'accompagnaient
au comté de Bourgogne[1]. »

Le transfert de Tavannes de la ville d'Auxonne au
château de Pagny avait été exécuté sur l'ordre du
roi qui voulait le sauver, à la sollicitation de son
frère et de leur mère, la maréchale de Tavannes ;
après son évasion, il lui donnait même des lettres
d'abolition. Richelieu avait-il été dupe de cette comé-
die ? N'était-il pas plutôt dans le secret, et n'avait-
il pas servi au roi pour apprendre indirectement au
frère du prisonnier la mission dont il était chargé ?

*
* *

Faut-il en reporter la cause à quelques services
délicats de ce genre ou à l'exhibition des deux têtes
des bandits de Montargis qui témoignaient de
son dévouement énergique et rassurant, plus
apprécié à ce moment où les Guise plus menaçants
criaient bien haut contre la faveur du duc d'Épernon ? Toujours est-il que Richelieu ressentait les
effets de la faveur royale, et d'une façon inusitée !

A la fin de mars, il recevait à la fois et le même
jour, ses gages complets de grand prévôt de France,
2.000 écus[2], et de prévôt de l'hôtel, 666 écus deux

1. Guillaume de Saulx-Tavannes, *Mémoires* (Edit. Michaud.), p. 472
et 473.

2. B. N. Franc. 26.168, n° 2.010.

tiers [1], et près d'un mois après seulement, il connaissait la générosité prodigue du roi dans des circonstances toutes particulières qui jettent une note nouvelle d'un intérèt singulièrement pittoresque dans l'histoire du cardinal de Richelieu.

*
* *

Le 4 mai 1586, la rue du Boullouer est en ébullition. Le quatrième enfant du grand prévôt, né huit mois auparavant, malingre et souffreteux, a fini par sortir indemne, où à peu près, des maladies infantiles : la Faculté, représentée par Miron, le médecin du roi, beau-frère de Lugolly, et vieil ami de la famille, a autorisé la première et solennelle sortie pour son baptême à Saint-Eustache. La porte cochère qui fait l'angle de la rue du Boullouer et de la rue des Petits-Champs, face à la croix qui se dresse au milieu du carrefour, a vu défiler depuis la veille tous les curieux du quartier, attirés jusque de la rue Saint-Honoré. Toute la journée, le carrefour a retenti des coups de marteau de Jean Flouant, le charpentier voisin du pavillon Davost ; il ajuste sur la carcasse en bois les panneaux peints que lui apportent au fur et à mesure quatre archers de la prévôté en souquenille, du fond de la cour de l'hôtel où Anthoine Le Carron, le peintre de décors en vogue, a installé son chantier pour les brosser. Des groupes de badauds font cercle, obstruant les deux rues, au désespoir de Jean Le Roux, le porteur de charbon, habitant près de l'hôtel, fournisseur attitré du grand prévôt qui n'ose manifester contre un

---

1. B. N. Franc. 26168, n° 2011.

client de telle marque. Au milieu de l'un d'eux qui se détache des autres par ses vêtements d'église — chanoines de Saint-Honoré mêlés à quelques chantres de Saint-Eustache, des voisins de l'hôtel — pérore, le verbe haut, le populaire curé, René Benoist, le futur pape des Halles[1], célébrant le génie de Dorat et commentant les devises du portique... Car si le grand prévôt en a fourni les sujets, c'est le poète fameux qui a « mis les mots. » Il faut l'arrivée d'un nouveau personnage pour arrêter le flot des commérages et des commentaires ; on se le montre curieusement du doigt tandis qu'il jette sur le portique le coup d'œil satisfait du maître. Son nom a circulé sur toutes les lèvres : Charles Le Comte, « maître des œuvres de charpenterie de la ville, des eschaffaulx, théâtres et arcs triomphans ». Il est bien connu du quartier, car il habite au bout de la rue, à l'angle de la rue Coquillière, et l'on y bavarde souvent, en répétant son nom, sur les merveilles de décoration qui l'ont rendu fameux, dans tout Paris, lors de l'entrée triomphale du roi de Pologne en 1573[2].

Le décor du portique est simple. Le fougueux René Benoist n'y trouve d'abord à redire que le manque de tout emblème religieux et de grandes figures symboliques comme celles du célèbre arc triomphal de Notre-Dame, il y a douze ans[3]. Mais il

1. Epitre consolatoire à Messieurs les Paroissiens de Saint-Eustache à Paris, contre le présent épouvantement, causé et provenant des guerres civiles, séditions et misères de siècle et temps présent. Escrite à iceux par M. René BENOIST leur pasteur et curé. Paris, 1575.
2. F. BONNARDOT, *Registre des délibérations du bureau de la Ville de Paris*, 1893, t. VII, p. 92 et 112.
3. *Ibid.* p. 119.

s'exalte en haussant la voix, et devient le centre de tous les regards et de toutes les oreilles, lorsqu'il fait par le menu, sur un ton qui atteint peu à peu le diapason de sa chaire, le commentaire des devises, qu'il accompagne de grands gestes de son bras tendu. Elles sont ingénieuses, en effet, plus qu'ingénieuses, parlantes. Au milieu du linteau en fronton, Anthoine Le Carron a peint l'écu des Richelieu, les trois chevrons de gueules sur champ d'azur, d'où partent deux épées nues en pal, la pointe opposée à l'écusson, une disposition qui accuse heureusement la forme triangulaire du panneau, avec une figure qui symbolise la Prévôté. L'artiste ne s'est pas moins signalé dans les pilastres. Chacun d'eux est divisé en deux caissons superposés. Sur celui du haut, à droite, un tout jeune enfant nu est à moitié enlisé dans les roseaux de la rive d'un lac; son bras droit élevé tend une épée. Au-dessus, la devise *Regi Armandus*, une allusion ingénieuse à la fois aux dangers qui ont menacé les premiers jours du jeune Armand voué au roi, et à la fidélité traditionnelle de la famille qui vient de s'accroître. C'est encore celle-ci que rappellent les deux caissons inférieurs : *Ut sint unum*, pour l'un au-dessus d'une gerbe d'épis mûrs dressée sur le sol, comme un faisceau de vivaces énergies bandées vers une cause commune : *Vicissim servant fidem*, pour le second, la fidélité résistant à toutes les vicissitudes, au-dessus d'un chêne resté seul, debout, dans la tempête, au milieu d'une forêt abattue. La devise qui fait vis-à-vis à celle du jeune Armand excite, en revanche, l'indignation du bouillant curé de Saint-Eustache, et il ne peut s'empêcher de la manifester tout haut, si haut, que petit à petit ses auditeurs prudents s'écartent de lui et se retirent, connaissant tous, par ouï-dire, les colères terribles du grand prévôt et leurs effets. C'est qu'elle est, en effet, quelque peu païenne, audacieuse et risquée dans la confusion qu'elle provoque très intentionnellement : *Dominus providebit*, au-dessus d'un château fort battu par les flots : la confiance pour l'avenir dans la Providence divine, et aussi, et surtout, un appel quelque peu cynique à la générosité royale...

***
** **

Nous sommes au lendemain matin.

Le cortège a fait son apparition sous le portique flamboyant de couleurs, devant un demi-cercle de curieux qui s'écrasent, de chaque côté de la croix du carrefour dont les marches de pierre usées et la base de fer rouillé disparaissent sous les grappes confuses de marmots dépenaillés. Il a pris à sa gauche, — une déception pour la rue du Boullouer aux fenêtres bondées de curieux, — et tourné vers la rue des Petits-Champs ; il la descend en passant devant la venelle obscure et empuantie du Pélican, et gagne par la rue Saint-Honoré, celle de Grenelle qu'il va suivre jusqu'au bout en longeant la grille du jardin de l'hôtel de Soissons habité par la reine-mère.

Ce n'est pas impunément, qu'à deux pas du logis royal, se produisait un incident rompant avec la monotonie régulière du cours normal de la vie, même dans une ville aussi remuante que Paris, et surtout lorsqu'il s'agissait d'une personnalité comme celle du Grand prévôt, le point de mire de bien des curiosités, de bien des sympathies, et aussi de bien des haines. La description seule du portique de l'hôtel de la rue du Boullouer, avec l'originalité ingénieuse de ses devises, a fait l'objet de commérages sans fin à la Cour, à l'affût de tout ce qui est nouveau, fût-ce insignifiant. D'autant que la reine-mère est intriguée par le travail mystérieux de son valet de chambre, Patras, le brodeur fameux, qu'elle a autorisé, sur la demande de Richelieu, à déroger pour une fois à ses hautes fonctions et à faire courir son aiguille pour d'autres que pour elle. Puis les langues ont marché, et l'on parle de folies nouvelles d'élégances et de luxe pour ce baptême si longtemps différé, bien que le grand prévôt ait répété à satiété qu'il n'y aurait aucune fête à l'hôtel, vu l'état de santé de la mère.

Aussi la reine-mère est-elle à une fenêtre de son hôtel donnant sur le jardin, par cette claire et lumineuse matinée de printemps, entourée de ses filles d'honneur, regardant la rue vers leur gauche. Leur babil joyeux et spirituellement égrillard évoque les origines rabelaisiennes du nom moderne de la rue du Pélican, mêlées à des allusions plus que risquées sur la Bois-Vert et l'effet de ses charmes, et le double menton de la vieille Florentine se trémousse d'aise à ces joyeusetés, auxquelles elle donne la réplique alerte de « son gosse parisien qu'elle parle aussi bien qu'une revendeuse de la place Maubert[1]... »

Le cortège a débouché à leur vue à l'angle de la maison de la Corne du Daim : subitement, le silence s'est fait dans le cercle bavard, suivi d'un murmure

---

1. SCALIGERIANA, p. 66.

d'admiration, changé en exclamations de surprise joyeuse, à mesure que la chaîne des acteurs se rapproche, plus visible, du côté de la chapelle de la reine.

Les yeux sont d'abord attirés par le couple enfantin qui ouvre la marche, comme deux hérauts d'armes, Françoise et Henri, la sœur et le frère, de huit et six ans, s'avançant avec grâce. Françoise porte l'ajustement des grandes dames aux fêtes de la Cour, mais accommodé à sa taille et à son jeune âge, allégé des lourds ornements trop riches qui les engoncent. La haute collerette de nuance très légèrement crémeuse, au bord dentelé accusé par quelques menus fils d'or, fait ressortir la carnation nacrée de sa figure, dont le bonnet de dentelle vaporeuse, aux ailes transparentes de libellule relevées en conques autour des oreilles, accuse encore la fraîcheur. Son costume est aussi délicatement discret, tout en étant d'accord avec les exigences les plus rigoureuses de la dernière mode du jour : corsage de satin bleu azuré à raies gris perle, et manches godronnées à fentes, mais avec des passemens et des nœuds de velours de cette nuance, au lieu des boutons d'or, des agrafes et des ferremens de pierreries et de perles, d'une lourde richesse, usitées à la Cour ; la robe de taffetas paille, bordée d'un triple galon festonné de même teinte plus foncée émergeant de « la roue de moulin », le nec plus ultra de l'élégance nouvelle, mais d'une roue de moulin vaporeuse en tulle godronné, pour respecter, tout en les soulignant, la gracilité des formes naissantes ; sur le devant les trois longues fentes classiques reliées par des nœuds légers comme ceux des manches, laissant entrevoir le robon vert de mousse agrémenté de trois galons parallèles de nuance plus claire qui remontent dans le milieu vers la ceinture...

Mais son frère Henri attire surtout les regards connaisseurs des femmes, avec sa démarche assurée et fière, et son allure cambrée qui sent la race, accentuée par le geste de son poing finement ganté sur la hanche. Ses longues boucles frisées blond cendré, qui s'échappent de la toque de velours bleu clair ornée d'une simple plume blanche, se reposent sur la fraise godronnée qui paraît n'avoir jamais eu d'autre objet. Quant à son costume, tout nouveau, il semble une gageure. Un triple vêtement s'étage sur ses épaules : la cape minuscule raidie, élargissant sa poitrine grêle, ne cache point un hoqueton de satin blanc comme neige, largement échancré dans le haut pour laisser voir la naissance du pourpoint, une reproduction en miniature du hoqueton des archers de la prévôté. Nicolas Baudin « le tailleur d'habits » de la rue du Boullouer a épuisé sur ce vêtement tout son art avant de le confier à Patras qui a brodé sur le devant en soies de couleur les armes des Richelieu, d'argent à trois chevrons de gueules. La saillie du hoqueton dans le bas laisse deviner le panseron minuscule dont la bosse émerge à peine sur le bourrelet circulaire du haut-de-chausses collant. Des bas d'attache bien ajustés le prolongent pour finir par le soulier à gros nœud, déchiqueté sur les bords et surélevé pour gagner en hauteur...

Mais où l'artiste a rompu audacieusement avec la mode dans cet ensemble, c'est par le jeté des couleurs toutes variées, et le nom de la Bois-Vert court par le cercle des spectatrices dans un susurrement interrogateur. Bleu foncé la cape de velours, vert le pourpoint, blanc le hoqueton, incarnat le haut-de-chausses, jonquille les bas, bleu clair les nœuds bouffants de la chaussure au cuir mordoré. Et ce n'est pas une cacophonie que cette salade de nuances harmonisées dans leurs notes graves avec celles du costume de Françoise et se mariant heureusement dans l'embue de cette matinée de printemps, grâce au chatoiement des étoffes et à la brisure savante des plis ; une révélation, au contraire, pour toutes ces élégantes raffinées qui n'en peuvent détacher leurs yeux, et suivront le lendemain cet exemple...

*
* *

Derrière le couple enfantin, leur tout menu frère, caché sous un amoncellement de dentelles, est porté sans effort, à bout de bras, par une robuste et fraîche Poitevine, une nourrice de Braye, la paroisse du château de Richelieu. Elle aussi a sa part de la curiosité, grâce à ses traits avenants, sa prestance, et surtout ses atours de velours rouge cramoisi : le justaucorps lacé sur la chemisette fine éblouissante de blancheur, où s'étalent les trois rangs d'un gros collier d'ambre, trophée de mer du grand prévôt, qui provoque des sourires ironiques, la veste aux larges manches courtes, et l'ample cotte sur laquelle pendent, attachées au demi-ceint d'argent, par de lourdes chaînettes de même métal, trois « finesses de Croutelle » aux reflets verdâtres de vieux buis, des Heures minuscules du Poitou sous leurs ais marquetés d'os en entrelacs, un miroir à main et un étui incrustés d'argent ; sur la tête, au lieu du chaperon à « toupet quarré » classique, un hennin, qui évoque les temps d'Isabeau, en satin blanc recouvert d'un lacis de soie pourpre d'où se détachent jusqu'à terre deux larges rubans de velours crème, ornés par l'aiguille de Panctot, en un vigoureux relief de soies jaune et bleue, de la longue épée nue, l'insigne donné par le roi à la prévôté...

Ces couleurs chatoyantes, un peu fondues dans l'atmosphère ouatée de ce matin de printemps, ressortent encore plus sur le fond, sombre des deux groupes qui les suivent en devisant, à quelques pas. Devant le premier, se profile la figure austère et fière de la grand'mère et marraine, Françoise de Rochechouart, avec son costume de veuve encore endeuillé depuis la mort tragique de son aîné Louis, qu'elle a consenti pour la première fois à éclairer d'une note moins triste ; à ses cotés, les parrains, des alliés des Rochechouart, les maréchaux de Biron et d'Aumont ; puis le grand prévôt avec quelques vieux amis qui l'interrogent sur la santé débile de la mère, restée au logis en mal état, La Roche-Chemerault, de Renty, Guy de Saint-Gelais de Lanssac, Beauvais-Nangis, Nicolas Harlay de Sancy, Lugolly ; suit un groupe plus modeste, quelques conseillers et avocats au Parlement, des parents ou anciens amis de François de La Porte, et enfin et surtout, les deux capitaines des gardes du corps du roi, de la promotion de Richelieu dans l'Ordre du Saint-Esprit, qui ont tenu à faire taire, en ce jour, leur rivalité pour donner, par leur présence, une marque d'estime à leur voisin accoutumé dans le logis royal, devenu leur confrère.

Sur leur tenue simple et sévère, rejaillissent plus brillantes les notes données par l'éclat de quelques points : l'arcelet de pierres merveilleuses qui illumine le chaperon noir et blanc de la marraine, l'or des gardes et des poignées d'épées, les croix de Malte de l'Ordre, en or émaillé de blanc sur les bords, pendues aux cols par un ruban de couleur céleste, les grandes croix de même forme en broderie d'argent avec la colombe au milieu, les angles de rais et fleurs de lys, aussi brodés d'argent, sur les capes des dignitaires...

La Prévôté a tenu à donner à son chef une marque de sympathie ; une double rangée d'archers en demi-cercle termine le cortège, tenant les curieux à distance respectueuse, et les passants se montrent du doigt leur hallebarde qu'ils tiennent gravement au poing, ornée dans le haut d'une houppe blanche qui remplace pour ce jour la houppe aux couleurs royales réservée à leurs rivaux des gardes du corps, une attention ingénieuse et touchante à l'endroit de Richelieu...

*
* *

Caché dernière l'une des fenêtres de l'hôtel de Soissons, le roi ayant à ses cotés ses deux favoris suit curieusement, et par le menu, le défilé et ses détails ; en dépit des racontars venimeux qui l'assaillent depuis une semaine pour attirer, à cette occasion, ses foudres sur la tête de son grand prévôt, il est ravi de constater que celui-ci a scrupuleusement observé, lui et ses invités, toutes les prescriptions du fameux édit somptuaire qu'il a si rigoureusement fait observer un jour. Emerveillé de l'ingéniosité de Richelieu, de son raffinement d'élégance insoupçonnée, il se jure de reconnaître, comme elle le mérite, sa façon délicate de lui dédier ce nouveau sujet, un enfant disputé victorieusement à la mort.

*
* *

Martineau a publié in-extenso l'acte de baptême du cardinal, et s'est appuyé sur une note marginale pour soutenir la thèse de sa naissance au château de Richelieu. Il y ajoute deux arguments que nous examinerons tout d'abord.

Le premier est que la famille de Richelieu n'avait point de résidence à Paris et qu'elle habitait « continuellement » au château de Richelieu. Les nombreux actes notariés de notre collection cités ici, signés de François du Plessis et de sa femme Suzanne de La Porte co-contractants, prouvent à l'évidence, au contraire, qu'ils habitaient tous deux à Paris l'hôtel de Losse, rue du Boullouer et s'y domiciliaient légalement [1].

Le second est tiré de l'assertion d'un témoin dans l'enquête préliminaire à la promotion du grand prévôt dans l'Ordre du Saint-Esprit : il y dit que ce dernier « faisait sa résidence habituelle » à Richelieu. Cette affirmation, si elle ne provient pas uniquement du désir du témoin de donner plus de poids à son dire, peut s'attribuer à une erreur basée sur la pré-

1. On peut s'étonner que Martineau, et après lui les historiens qui ont traité la question, n'aient pas fait état de deux faits qui venaient à l'encontre de sa thèse et qu'il a cependant signalés le premier : la présence de Suzanne de La Porte comme marraine dans deux baptêmes à Saint-Eustache, le 28 janvier 1580 et le 15 mai 1582 (*op. cit.* p. 104).

sence fréquente de Richelieu à son château, à Poitiers, ou dans la province, soit pour des missions, soit pour des affaires personnelles. Nous en avons vu plusieurs exemples, dont un typique pour le second cas.

Quant aux témoignages des contemporains sur la naissance du cardinal à Paris, ils sont unanimes.

Le plus probant est la déclaration catégorique du cardinal lui-même dans la *Lettre déchiffrée*, un factum écrit sous ses yeux, et avec sa participation directe, qui répondait à un pamphlet injurieux écrit à l'étranger, mettant sa naissance sur les bords de la Loire [1].

Il en est de même de l'*Epitaphe*, en français et en latin, de Mathieu de Morgues [2] qui connaissait par le détail la vie du cardinal, ainsi que des oraisons funèbres et panégyriques composés au lendemain de sa mort [3].

La légende de la chambre du château de Richelieu où il aurait vu le jour, est d'origine bien postérieure, et ne mérite pas d'autre nom.

*
* *

Reste l'acte de baptême. Une note marginale en renvoi, due sans doute à une omission, assigne

1. Lettre déchiffrée, 1627 (*Rec. de div. pièces pour servir à l'histoire*, 1635, p. 17).

2. Joannis Armandi Plessei Richelii S. R. E. Cardinalis... Vitæ synopsis inscribenda tumulo. S. l. n. d. (*Edit. orig.*) p. 6. — Abrégé de la vie du cardinal de Richelieu (*Rec. de pièces pour la défense de la Reyne-mère*... Anvers, 1643, p. 14).

3. Le mausolée cardinal ou éloge funèbre de feu mgr le card. de Richelieu, contenant sa naissance, sa vie, sa mort et sa sépulture, dédié au prince de Monacho (*Ars.* Recueil 3852, f. 37 V°.) La Sorbonne en gloire et en deuil (*Ibid.* f. 62).

comme domicile la rue du Boullouer à Suzanne de La Porte. D'après Martineau, l'on aurait oublié la mention de cette demeure, « précisément parce que cette demeure n'était pas celle où se trouvaient momentanément François du Plessis et Suzanne de La Porte [1] ». Il ajoute à l'appui de sa thèse que le domicile du grand prévôt n'est indiqué dans aucun des actes de baptême où il figure.

Cette dernière remarque nous donne la clef du problème. La mention de la demeure dans l'acte de baptême du cardinal s'applique uniquement à Suzanne de La Porte, comme il résulte d'ailleurs de la lecture naturelle du contexte. Elle était inutile pour les autres qui étaient de la suite de la Cour [2]. C'est si vrai que dans l'acte du 18 mars 1585, passé à Saint-Eustache, figurent Henri du Plessis, le fils aîné du grand prévôt, Gabriel, « jouailler suivant la Cour », et Anne de Berry, demoiselle de la reine-mère, sans indication de domicile pour aucun d'eux.

Inversement, dans l'acte du 5 octobre 1586, le domicile du grand prévôt n'est pas indiqué, pas plus que celui de Louis de la Rivière, fils du gouverneur de Nevers, suffisamment spécifié par son titre, tandis que celui de la marraine, madame de Forges, est indiqué au cloître Saint-Merry [3].

---

1. MARTINEAU, *op. cit.* p. 143.
2. C'était le cas de la marraine Françoise de Rochechouart. Elle est qualifiée dame de la reine, demeurant ordinairement à la suite de la Cour dans un acte de procuration pour échange de terres, passé au château du Louvre à Paris, le 26 janvier 1585. (*Coll. Bonsergent*, Société des Antiq. de l'Ouest, E. 149, n° 64.) La même règle se note dans les actes notariés que nous citons, et le cas est ici encore plus typique, étant donné l'obligation faite aux notaires de mentionner la demeure des contractants par l'art. CLXVII de l'ordonnance de Blois.
3. MARTINEAU, *op. cit.* p. 141 et 142.

La vérité est, qu'en réalité, il n'y a pas eu d'omission, mais erreur, lors de la rédaction initiale de l'acte du baptême du cardinal de Richelieu. Le scribe a cru que tous les intéressés figurant à l'acte étaient de la suite de la Cour, et il a ajouté la note marginale en apprenant au dernier moment qu'il n'en était pas ainsi de la mère, peut-être en constatant son absence à la cérémonie[1]. Inutile de dire qu'il l'a fait sans hésitation ; l'hôtel de Richelieu, dont le propriétaire vient de payer trois années de cens arriérées[2], est assez connu dans le quartier, pour ne pas dire dans tout Paris.

*
* *

Le problème du lieu de naissance du cardinal de Richelieu est donc définitivement résolu ; le grand ministre a vu le jour à Paris, dans l'ancien hôtel de Losse, à l'angle de la rue du Boullouer et de la rue des Petits-Champs, que nous avons situé plus haut.

1. Ajoutons que la mention du domicile des parents n'était pas une condition requise pour l'inscription du sacrement sur les registres paroissiaux. V. la formule d'inscription des statuts synodaux d'Étienne Poucher, évêque de Paris, de 1503 à 1519 (François de Harlay, *Synodicon Ecclesiæ Parisiensis*, Paris, 1674, p. 103) L'art. LI des *Ordonnances royaux* de 1539 sur les registres de baptêmes n'a trait qu' « au temps et heure de la nativité » pour lesquels ils feront foi pour la preuve de minorité ou majorité.

2. *Arch. Nat.* S* 1258, f. 21, n° 108.

CHAPITRE XI

A l'occasion du baptême du futur cardinal de Richelieu, le roi faisait à son père, le grand prévôt, un don de 118.000 écus.

A quoi était due cette largesse vraiment royale? Il serait tentant de l'attribuer à un geste de divination mystérieuse déposant ce cadeau magnifique dans les langes de l'être chétif appelé à de si hautes destinées; il suffirait à relier au berceau de la monarchie absolue la Cour des Valois avec sa foi dans les sciences occultes et ses pratiques courantes de magie [1], mais

---

1. Lanoue, *op. cit.* De la pierre philosophale, p. 653. Cfr. R. Defrance, *Catherine de Médicis, ses astrologues et ses magiciens envoûteurs,* Paris, 1911.

ce serait pénétrer dans un domaine encore interdit au réalisme de l'Histoire.

Henri III, amoureux à l'excès de la forme, s'intéresse avec passion à tout ce qui regarde la représentation, l'étiquette et la toilette ; il raffole des beaux ajustements, des costumes impeccables. N'est-ce pas la vue de ce cortège d'une mise en scène raffinée, nouvelle et pittoresque, si respectueux pour ses Ordonnances (encore une de ses faiblesses) avec l'invite si ingénieusement flatteuse de Richelieu, qui a provoqué ce caprice subit de libéralité, brusquement réalisé, et sans réflexion, suivant son habitude ?

Le dire seul d'un ambassadeur vénitien très documenté autoriserait à le croire, tant il paraît s'appliquer à ce cas.

« Il re ama in estremo la belleza e politezza e abbellimento del corpo e de vestimento cosi nella persona sua come in quella dé servitori suoï più domestici, à quali anco dona abondantemente per questo effetto... facilissimo a conceder à suoi tutto quello che gli demandano [1]. »

Mais il y a plus et mieux. Le témoignage formel nous est fourni par un écrivain du temps, sérieux et bien renseigné sur toutes les choses de la Cour, l'auteur des *Remonstrances*, écrites précisément au lendemain de cet événement.

Il s'élevait avec une indignation vigoureuse contre la dissipation des « deniers employés en dons et dépenses inutiles », et sur la nécessité où l'on se trouverait de recourir à des expédients ridicules pour trouver de l'argent. Or, bien que les personnalités

----

1. LORENZO PRIULI. (*Relazioni degli ambasciatori veneti*, Série I, t. IV, p. 424 et 425.)

soient très rares dans son livre, il prenait, à ce propos, violemment à partie et le roi et Richelieu, ce dernier sans le nommer, mais de façon à éviter toute équivoque :

« Que vous restera-t-il plus, sinon des inventions, erections ridicules d'Estats, comme de *controlleurs d'habits des femmes, les bourreaux des villes de ce Royaume qui sont en grand nombre, force Prevosts de vostre hostel, aussi bien la saison en va fort propre pour de telles gens; tesmoin celuy, lequel, parlant nagueres en plein bureau de vostre chambre des comtes, s'est comparé à Tristan l'hermite, et a dict qu'il esperoit vous servir autant en son estat, comme avoit faict ledit Tristan l'hermite au Roy Loys le onziesme. Par apres vous prendrez tribut sur les baptesmes des enfants et sur les mariages*[1]... »

C'est bien Richelieu qui était mis en jeu, sans doute possible. La réflexion ironique de l'auteur sur les baptêmes pourrait en laisser quelqu'un, s'il n'y avait joint les mariages. Or à l'occasion du sien, le duc d'Epernon venait de recevoir, un peu avant, du roi un don de 400.000 livres en un comptant[2]. La double allusion ne peut être plus claire et plus probante.

*
* *

L'importance du don fait à Richelieu n'a rien qui doive surprendre. Sans parler de celui du duc d'Epernon, c'était monnaie courante, et il suffit de feuilleter au hasard les écrits contemporains pour être édifié :

---

1. Remonstrances très-humbles... S. l. 1588, p. 66.
2. 17 août 1587. GIRARD, *Vie du duc d'Epernon*, Ams. 1739, p. 59.

Du Gas, un capitaine dauphinois qui avait suivi le roi en Pologne, en recevait en cadeau, à son retour en France, les évêchés de Grenoble et d'Amiens qu'il revendait 40 et 30.000 francs, et 50.000 livres en 1575. Lorsqu'il est assassiné cette même année, le roi lui fait faire un service et un enterrement solennels, et prend à sa charge ses dettes, se montant, dit-on, à plus de 100.000 francs.

Philippe Desportes, le poète, lui aussi du voyage de Pologne, comme secrétaire du duc d'Anjou, qui a salué de ses vers l'avènement du prince au trône de France, reçoit 4 abbayes valant plus de 40.000 écus de rente[1].

Que dire des mignons? En 1581, dans une partie à Olinville avec le roi, Darques et Lavalette se voient gratifiés de la meilleure part des 400.000 écus provenant de la vente des nouveaux offices créés dans les 17 généralités du Royaume, malgré les remontrances accoutumées[2]. Cette même année, le mariage du duc de Joyeuse coûte au trésor royal plus de 2 millions de livres[3]... L'on escompte qu'en quatre ans, de 1578 à 1582, le roi a donné à quatre favoris seuls, près de 4 millions d'or, et encore deux seulement sur les quatre favoris sont-ils en grâce cette dernière année[4]!

Et la pluie ininterrompue de générosités de moindre importance et à des personnages plus humbles! Leur bruit ne franchit pas les murailles du logis royal, il

1. *Catalogue* des Princes... (*Rev. hist. et litt.* t. IX, p. 95.) — TALLEMANT, *Hist.* t. I, p. 64.
2. L'ESTOILE, t. II, p. 4.
3. GIRARD, *La vie du duc d'Epernon*, Amsterd. 1739, p. 24.
4. Rel. de LORENZO PRIULI. (*Relaz. degli ambaciatori Veneti*, Sér. I, t. IV, p. 411).

s'assoupit discrètement entre les feuillets des liasses
des notaires. En voilà une parcelle puisée chez l'un
d'eux, et pour une courte période, mais elle suffit à
donner une idée du reste :

Partage entre quatre archers des toiles de chasse
du roi et noble homme Jehan de Jourdan, écuyer,
gentilhomme de la Vénerie du roi, de 100 écus d'or
sol provenant d'un don du roi[1].

Pouvoir par Alphonsine Strozzi, comtesse de
Fiesque, dame ordinaire de la Reine-mère du roi
pour toucher la somme de 20.000 livres dont le roi
lui avait fait don à prendre sur les amendes du comté
de Melun[2].

Don par le roi de 9.900 livres à noble homme
Jehan Le Fevre, premier président de la Cour des
Monnaies[3].

Vente moyennant 2.000 livres par Étienne Picard,
porte-malle du roi, à Honoré Dominos, docteur
et avocat au parlement de Grenoble, de l'office de
lieutenant de senechal en première instance au siège
de Draguignan dont le roi lui avait fait don, le
10 juillet[4].

Encore, la manne ne se bornait-elle pas à la suite
du roi, de la reine et des princes ; elle s'étendait aux
grands et à leurs amis ou clients, et Tavannes
demandait qu'ils en fussent rebutés, comme une
réforme d'importance[5].

Aussi ne faut-il pas trouver fantaisiste le chiffre
de cinq millions d'écus auquel l'auteur des *Remons-*

1. E. Caron, *op. cit.* p. 87, n° 326 (12 octobre 1567).
2. *Ibid.* p. 89, n° 337 (6 décembre 1567).
3. *Ibid.* p. 132, n° 553 (14 mai 1571).
4. *Ibid.* p. 140, n° 583 (17 juillet 1572).
5. Gaspard de Saulx-Tavannes, *Mémoires*, p. 503.

trances évaluait le total des dons pour l'année 1584[1].
En dénonçant cette prodigalité désordonnée et exa-
gérée, ainsi que la façon dont elle s'exerçait, il visait
certainement le grand prévot, lorsqu'il adjurait ainsi
le roi :

« Vous n'estes jamais tant joyeux que quand vous
avez donné à despendre le plus clair de vos deniers ;
il semble aucune fois que c'est vostre passe-temps
de donner en tout excez à ceux à qui vous ne devez
rien, gens de peu de service et de mérite, mais *plus
impudens et hardis demandeurs* que vos bons servi-
viteurs qui sont gens d'affaires, et qui le méritent
mieux, et lesquelz ordinairement ne sont pas payez
de ce qui leur est deu[2]... »

Plus loin, il poursuivait son allusion au même
personnage, en s'élevant contre les dons faits en
cachette :

« Si vous donnez en secret, on dira que vous
n'estes pas liberal, qu'on ne sçait à qui vous donnez,
et que vous donnez trop à aucuns, et que pour cela
vous leur donnez en secret : et que vous ne récom-
pensez pas ceux qui le méritent[3]... »

Le caprice du roi[4] suffisait à valider ses générosi-
sités. Dès son arrivée à Lyon, à son retour de
Pologne, on avait obtenu de lui « le changement de
la forme ancienne des expéditions des dons et bien-
faicts », contrôlées, du temps du feu roi son frère,
par ses officiers et sous leur responsabilité. On lui
avait fait valoir, pour cela, les abus qui en résul-

1. Remonstrances très humbles... 1588, p. 41.
2. *Ibid.* p. 34.
3. *Ibid.* p. 37.
4. Facilissimo a conceder a suoi tutto quello che gli demandano... (Relaz. di Lorenzo Priuli, *op. cit*, p. 425).

taient. D'après Villeroy, la nouvelle mesure n'avait
fait que les accroître : « devant, les secrétaires ou
leurs commis, étaient responsables des expéditions
qu'ils faisaient et n'eussent osé en signer une contraire aux ordonnances et reglements du Roy, sans
courir le hazard d'un chastiment et d'un reproche ; de
quoy ils furent deschargez par ce nouvel ordre,
d'autant qu'il leur estoit enjoint de signer et expédier sans difficulté tout ce que le Roy auroit une
fois accordé par placet signé de sa main : ce qui
ouvrit la porte à plusieurs surprises[1]. »

Il fallait que « les concussions, larcins, dons
immenses et despences mal employées » que Villeroy qualifiait de « surprises » eussent soulevé bien
des récriminations pour inspirer l'article CCCLIV des
Ordonnances de Blois. Il prescrivait la vérification
par les gens des comptes du roi de tous les dons
supérieurs à mille écus. Comme on l'a vu plus haut,
ils ne pouvaient être acquittés qu'en fin d'année,
après paiement préalable des dépenses ordinaires

---

1. VILLEROY, *Mémoires d'Etat* (Ed. MICHAUD), p. 108. — Villeroy
ajoute à ces réflexions un exemple typique : Un jour, le comte
d'Escars fait signer au roi un placet, l'autorisant à imposer et à
lever sur les habitants de ses terres la solde de certain nombre de
soldats qu'il disait vouloir employer à la garde de ses châteaux.
Villeroy refusait de l'expédier, « parce que l'on n'avait encore
commencé à faire garder les maisons des particuliers aux dépens
du peuple ». Mais il lui en coûtait chaud, et on l'avisait lui et ses
collègues, en le réprimandant, de n'avoir pas à contrôler les commandements du roi, et de depecher promptement tout ce qui leur
apparaîtrait par placet signé de la main de Sa Majesté, sans entrer
à l'avenir plus avant en cognoissance de cause ; « ce qui a été
par moy, comme par mes compagnons, suivy depuis ». Notons en
passant ses considérations sur les avantages qu'il y a « à cor-
riger les abus d'une loy depravée ou mal observée plutôt que
de l'innover ou changer ». Dans le *Testament politique*, le cardinal de Richelieu reprendra cette thèse avec obstination. (*Autour
de la plume du cardinal de Richelieu*, p. 36 et 37.)

de la maison royale et autres. Le donataire était
tenu, enfin, sous peine de déchéance, de déclarer
dans ses lettres de don, les autres dons reçus du roi
durant les trois années précédentes.

Autant en emportait le vent, comme pour les
autres Ordonnances ; le cas du Grand prévôt allait en
être un nouvel exemple.

*
* *

Les dons royaux, surtout de l'importance de celui
qui nous occupe, étaient une véritable aubaine pour
les officiers des Finances autant que pour les bénéficiaires. Le vieux Montluc avait raison de conseiller à Henri III, alors duc d'Anjou, et héritier
présomptif de la Couronne, de récompenser par de
l'argent les pauvres gentilshommes méritants. « Si
vous le faites de votre main, ajoutait-il, cinq cents
écus seront pris de meilleure part que par vos trésoriers, car quelque chose leur demeurera toujours
par les pattes [1]. »

L'auteur des *Remonstrances* lui en disait tout
autant, avec moins de ménagements : « Pour payer
ce qui est deu de voz dettes, vos Financiers n'ont
jamais d'argent, parce qu'il n'y a que gaigner pour
eux ; mais pour payer un don, jamais on ne demeure
court, car messieurs les larrons ont part au gasteau :
chose qui est si commune et fréquente que l'on ne
s'en cache comme point. Les marchés s'en font publiquement, et toutesfois on n'en fait aucune justice [2]. »

1. MONTLUC, *Commentaires*, p. 369.
2. *Remonstrances*… 1588, p. 35. Ces combinaisons se continuaient
encore longtemps après. En voici une, classique. Le duc de Wur-

La part du gâteau n'était pas négligeable ; il fallait compter avec la longue chaîne des officiers des Finances, si longue que « le meilleur parti de notre revenu, se lamentait le roi aux Etats de Blois, se consomme au payement de leurs gages[1] : « collecteurs, receveurs généraux et particuliers, trésoriers de l'ordinaire et de l'extraordinaire, trésoriers de l'épargne, président, intendant, super-intendant, contrôleur et chefs des Finances, cour des Aydes, Chambre des Comptes, bureaux des trésoriers, eslus de pays[2]...

Le don de 118.000 écus du roi à Richelieu était affecté sur un nouvel emprunt d'Etat. Un édit royal décrétait la constitution de 100.000 écus de rente sur les recettes générales du royaume[3] : Richelieu était autorisé à prélever la somme promise sur les premiers deniers reçus par les receveurs, et recevait à cet effet des mandements sur eux.

Les cinq premiers qui lui étaient remis s'élevaient au total à 60.000 écus : 20.000 écus sur les recettes d'Orléans, 15.000 sur Châlons, 10.000 sur Poitiers,

temberg poursuivait en 1601 le remboursement de quelques sommes d'argent prêtées au roi, moyennant la modeste somme de dix mille écus promise par son président, Bunichause. Dumesnil Basire, procureur général de la Chambre des Comptes de Rouen, négociait avec Sully des arrangements pour le paiement (BASSOM-PIERRE, *Mémoires*, p. 40). Il en coûtait moins à Richelieu.

1. Art. CCXLII sur la réduction des Officiers des Finances.

2. GASPARD DE SAULX-TAVANNES, *Mémoires*, p. 302.

3. Le cardinal de Richelieu, qui avait été inconsciemment l'occasion de cette libéralité, a ignoré ou feint d'ignorer le fait : « Du règne de Henri IV, ni même de Henri III, dit-il, il n'a été créé aucunes rentes. » (*Test. pol.*, Paris, 1764, II° Part. p. 153, note).

8.000 sur Lyon, 4.000 sur Paris, autant sur Rouen.

Pour la perception de ces sommes, Richelieu s'adressait à un personnage connu, Nicolas Harlay de Sancy, conseiller du roi, plus tard surintendant des finances sous Henri IV, et ce n'est pas l'un des incidents les moins piquants de l'histoire du père du cardinal de Richelieu, que de voir ici accolés ces deux noms destinés à être réunis dans l'histoire de la génération suivante. Voilà, en tout cas, une contribution nouvelle à l'histoire future de la victime des haines d'Agrippa d'Aubigné[1] et de Scaliger. Ce dernier portait sur Harlay de Sancy un jugement passionnément fantaisiste, à en juger par les termes de la convention passée entre lui et Richelieu ainsi que par les suites de cette affaire.

Le grand prévôt lui faisait, le 19 juillet, le transport des cinq mandements, moyennant la somme de 54.353 écus deux tiers. La commission était donc de 5.646 écus un tiers, exactement au taux de 9,4151 pour cent, taux modéré en tout temps, et plus encore pour l'époque, si l'on en rapproche celui qui était alloué officiellement aux trésoriers-payeurs de la prévôté, et si l'on tient compte des difcultés de la tâche.

Mais les recouvrements étaient besogne de longue haleine, et avant d'attendre jusque-là, Richelieu essayait, en vain, de se faire payer d'une somme de 30.000 écus qui lui étaient dus à titre d'avances, et qu'il regardait, avec quelque raison, comme indépen-

---

1. Cfr. C⁰ᵉ Baguenault de Puchesse, *Le père de l'évêque de Saint-Malo, Nicolas de Harlay, S' de Sancy* (Bull. de la Société de l'H. de Fr., 1920, p. 212).

2. Omnes Harlai sunt *bizarres*, sunt quippe familiæ, et omnes avari... (Scaligeriana, La Haye, 1669, p. 144).

dante du don royal. Le trésor était à sec, et il lui fallait de plus compter avec le paiement du troisième quartier des gardes du corps qui allait échoir.

Une fois de plus, son ingéniosité éclatait en cherchant et en trouvant un même prêteur pour lui et pour le roi. Le bailleur de fonds lui avançait 30.000 écus, et proposait aux secrétaires d'État de prêter au roi 50.000 écus payés comptant et 50.000 répartis sur l'année suivante avec les 30.000 écus avancés au grand prévôt.

Le roi acceptait, mais il faisait la grimace quant à ce dernier : « Je trouve bon ce que dessus, répondait-il, exceptant les parties qu'on fait à Richelieu. » Le bailleur de fonds, un ami de celui-ci, sans doute, ne l'entendait pas de cette oreille ; il refusait net de disjoindre les avances. Aussi les secrétaires d'État, affolés devant la situation critique du trésor et l'urgence des besoins, revenaient-ils à la charge auprès du roi, le 14 septembre, pour lui exposer l'état des finances, et insistaient pour qu'il acceptât la proposition qui était faite « en faveur de Richelieu », disaient-ils carrément « et pour sortir d'avec lui[1]. » Le grand prévôt parlait ferme aux secrétaires d'État, comme on le voit, et ce « hardi demandeur » devait être redouté.

*
* *

Une absence du roi hors de Paris, dans le mois d'août 1586, nous vaut de tenir de la plume de Richelieu lui-même le récit vivant de son rôle dans une

---

1. B. N. Franc. 6634, f. 72.

affaire curieuse qui ressortait de sa juridiction, d'un
genre assez rare cependant pour qu'aucune Ordonnance n'en fasse mention. Quel parti en eussent tiré
et la légende haineuse et le romantisme échevelé qui
ont poursuivi le cardinal, s'ils l'avaient connue assez
tôt? Ils auraient associé au bûcher d'Urbain Gran-
dier l'aventure de cette possédée de Gonesse dont le
père avait eu à connaître. Dans une lettre précieuse
du 23 août, il en narrait la procédure au roi, dans
des termes qui mettent en un relief saisissant et sa
personnalité et son degré d'intimité et de faveur
auprès de lui. A la suite du scandale provoqué par
la « démoniaque » et sa mère qui rappelle celui que
d'Aubigné a mis dans la bouche de Sancy[1], il les
avait arrêtées, et fait mettre au Fort-l'Évêque. Avec
« sa façon de procéder », qu'il ne qualifiait pas
autrement, mais qui laisse à penser, et qui devait
être pour le moins radicale et expéditive, il y avait
eu un jugement du grand Conseil composé de
25 juges dont il faisait partie. Les deux coupables
avaient été condamnées à la question ordinaire et
extraordinaire, un décret de prise de corps avait été
rendu contre Me Marin, le prêtre qui avait « débau-
ché » la fille; le valet de chambre et l'aumônier du
Sr de Mouchy ajournés en comparution. Richelieu se
proposait d'assister à la question; elle permettrait au
Conseil de juger « qui peult importer au service et
contentement de vostre Majesté ». Il savait combien
le roi « affecte que la vérité soit cognue », et protestait de son espoir de le satisfaire, et de sa diligence,
tout en assurant qu'il différerait son départ jus-

1. A. d'Aubigné, *La confession du Sr de Sancy* (Œuvres complètes,
Paris 1877, t. II. p. 270).

qu'après le jugement définitif. Finalement, il lui demandait ses ordres pour la mort « dont je ne doute point » (le grand prévôt n'était pas tendre), ou pour un sursis [1].

En parlant de retarder son départ, Richelieu ajoutait entre parenthèses : « combien qu'il vous ayt pleu me donner congé de m'en aller cheuz moy. » Il était alors à Paris ; il ne peut donc s'agir pour ce « cheuz moy » que du Poitou et du château ancestral. Ces deux mots éclairent la mentalité du grand prévôt. Malgré son hôtel de la rue du Boullouer, ce déraciné est resté Poitevin et terrien dans l'âme, comme le restera son fils [2].

*
* *

Un mois après, le 22 septembre, Richelieu se faisait délivrer cinq mandements sur les recettes générales pour une somme de 53.000 écus, mais sans trouver aucun financier pour les escompter. Deux ans après, en effet, le 31 septembre 1588, il donnait quittance au trésorier de l'épargne de 4.721 écus, 9 sols, 6 deniers, représentant l'intérêt de ces 53.000 écus au denier douze depuis le 1er janvier 1587. Ce règlement avait été fait au Conseil, avec toutes réserves pour l'entier acquit et paiement du capital.

*
* *

Pour revenir aux 30.000 écus, pour lesquels il avait trouvé au roi un banquier, il y avait sans doute

1. B. N. FRANÇ. 6631, fol. 49.
2. La maison du cardinal de Richelieu, p. 421 et suiv.

un compromis qui lui avait assuré 10.000 écus.
Pour les 20.000 restants, il ne se tenait pas pour
battu et s'adressait cette fois à la reine-mère en 1587,
joignant ses réclamations à celles du maréchal de
Biron qui était dans le même cas que lui. « Il ne me
laissera jamais en patience, écrivait-elle au roi sur ce
dernier, de Fontenay-le-Comte, le 24 février 1587, ni
un autre qui est ici de la part du grand prévôt (aussi
importun et grand criart que je vis oncques), qui dit
aussi que le grand prévôt est assigné de 20.000 escus
sur les dites rentes. » Sa seconde lettre du lendemain
nous donne un supplément d'informations; elle
avait fait prendre de son autorité les 7.500 écus
réclamés par le roi de Navarre et le prince de Condé
dans les coffres du receveur de l'élection de Fontenay; il fallait les remplacer et tout en s'excusant
de son empiètement sur les finances, elle lui demandait sa réponse pour faire face vis-à-vis de Biron et
de Richelieu à un engagement pris par lui « en son
propre et privé nom comme par tous les princes et
seigneurs de son Conseil ». Richelieu avait été loin,
comme on le voit. Une troisième lettre aux président, trésoriers généraux et receveur général de
Poitiers les mettaient au courant de son emprunt
forcé et de ses causes imprévues...

Que répondait-elle aux deux intéressés, son cousin Biron et le sieur de Richelieu « par l'advis des
princes et seigneurs du Conseil du Roy son dit seigneur et fils » qui étaient alors avec elle[1]? Les
Lettres sont muettes à cet égard, mais l'incident est
de tout premier intérêt, ne fût-ce que pour témoi-

---

1. Lettres de Catherine de Médicis (*Doc. inéd.*), t. IX, p. 185 à 188.

gner de l'empire de Richelieu sur la reine-mère, et confirmer sa participation à ses desseins secrets.

***

Quoi qu'il en soit, que ce fût de Harlay de Sancy, ou de la reine-mère, il finissait par recevoir des fonds. Ceux qui provenaient de la libéralité du roi ne lui arrivaient que terriblement écornés, car il devait en verser préalablement le cinquième à la caisse de l'Ordre du Saint-Esprit suivant l'édit du 7 décembre 1581. Il lui en restait encore cependant assez non seulement pour faire face à ses besoins, mais pour faire une série de placements de telle importance qu'on se demande si le détail de sa mort dans le dernier dénuement n'est pas une légende.

Qu'on en juge ! Instruit par l'expérience sur le sort des rentes constituées à des particuliers, il achète, le 11 mars 1587, 3.000 écus de rente sur l'Hôtel de Ville de Paris[1] ; le 23 avril, 1.000 écus de rente sur les recettes générales de Rouen, Orléans et Tours[2] ; le 1er juin, 501 écus 40 sols de rente sur l'Hôtel de Ville, un titre appartenant à sa mère, Françoise de Rochechouart, constitué par elle le 4 novembre 1581[3]. Au denier douze, c'est un capital de 54.000 écus environ ; et encore ne comptons-nous là ni ses gages de Grand-prévôt de France, et de Prévôt de l'Hôtel, ni le loyer de la *Roberge* au roi, ni les revenus de ses terres du Poitou, si infimes qu'ils fussent. Un cadre d'or rehausse maintenant l'éclat des parchemins de

---

1. B. N. Nouv. acq. Franc. 3644, n°ˢ 1149 et 1150.
2. Ms. orig. (*Coll. de l'auteur.*)
3. B. N. Pièces orig. 2302, n° 14.

Richelieu, et son reflet magique se glisse jusque dans les grimoires de la Basoche. Pour la première fois, il est qualifié avant ses titres officiels de « seigneur baron de Richelieu » dans le contrat de mariage de « Pierre de Chillan, écuyer, seigneur de la Prethunière, gentilhomme à sa suite et service » avec Marthe du Bruin, la veuve de René Bruneau, greffier de la Grande-prévôté de l'hôtel [1]!...

*
* *

La provenance exacte par le détail du capital qui tombait dans ses coffres nous est inconnue, sauf toutefois pour 17.000 écus. Cette somme provenait des 5 mandements de 60.000 écus confiés à Harlay de Sancy. Celui-ci n'avait pu et à grand peine en encaisser que cette partie. Aussi, un an et un mois exactement après le jour où il avait pris en charge ces titres, se voyait-il obligé de se retourner contre son commettant pour les 37.353 écus deux tiers restants. Afin d'éviter un conflit judiciaire, une transaction intervenait. Le 20 août 1587, Harlay transportait à Richelieu les rétrocessions et obligations contractées par lui pour les 37.353 écus deux tiers en litige : ce dernier s'engageait à lui payer cette somme avant le 1er janvier 1588, mais il laissait en gage à son créancier 5 des mandements restant à encaisser, représentant ensemble 40.000 écus. Une fois de plus, malgré sa bonne fortune relative, le grand prévôt pouvait se dire à part lui que « les rois promettent tant qu'il n'est pas possible qu'ils trouvent tout [2]. »

1. Arch. Nat. Y-128, f. 385.
2. MONTLUC, op. cit. p. 158.

***

Sa bonne fortune allait plus loin : car il touchait, au moins pendant toute l'année 1588, les arrérages de la rente achetée à sa mère [1], et de la sienne de 3.000 écus sur la Ville de Paris. Les deux acquits de cette dernière prouvent son savoir-faire et ses excellents rapports avec François de Vigny, le receveur de la ville de Paris ; ils sont tous deux du même jour, le 22 janvier 1588, et correspondent aux premier et second quartiers [2] ; il avait donc encaissé par avance les arrérages de ses rentes !

La précaution n'était pas inutile ; fréquemment elles n'étaient « payées qu'en partie, faute d'argent, sur lequel, disait-on au roi, vous prenez et destournez comme il vous plaist, sans parler de mille tours de passe-passe en la récepte de ladite ville, infinies cérémonies nouvelles, tantôt sur la réception des quittances, tantôt à une distribution de billets, tantôt en des remises affectées des payements, toutes inventions et ruses pour reculer le revenu [3]. »

Le cas de Richelieu était un bel exemple de ces tours de passe-passe, et pour le reste, le moraliste n'exagérait point.

En mars 1582, le roi prenait dans les coffres de François de Vigny 80.000 écus pour ses favoris Joyeuse et d'Epernon [4] ; en janvier 1583, 200.000 livres, la quote-part de la Ville à une subvention de un

1. B. N. Pièces orig. 2302, n°° 18 à 21.
2. B. N. Nouv. acq. Franc. 3644, n°° 1149 et 1150.
3. Remonstrances très-humbles, 1588, p. 39.
4. L'Estoile, t. II, p. 61.

million cinq cent mille écus demandée aux villes du royaume, à quoi elle s'était refusée, étincelle qui alluma la Ligue[1] ; au commencement de septembre 1584, 200.000 livres destinées, disait-on, à ses mignons et à ses moines[2].

Des rentes de la ville on retient deux années.

Qui font six millions...

disait un pamphlet en vers de 1588 contre le duc d'Épernon[3]...

Enfin, détail piquant, le 1er mai 1587, le roi délibérait de prendre les deniers destinés au payement des rentes de la Ville pour le quartier échéant le dernier juin 1587[4]. Il est tentant de voir la hâte prudente de Richelieu inspirée par la menace de quelque mesure de ce genre, que sa situation et ses relations le mettaient à même de prévoir !

*
* *

Nous n'en avons pas fini avec les avatars du grand prévôt. Le 28 août 1587, le roi faisait à la Ville la proposition de faire « un party général de toutes les fermes » ; le bureau de l'assemblée de l'Hôtel de Ville avait refusé, et sa délibération laisse deviner les dessous de cette affaire ; « il accordait, au cas ou le Conseil voudroit passer outre, de protester contre Rousseau et ceux qui manient cette affaire, et les poursuivre par toutes les voies de droit

1. L'ESTOILE, t. II, p. 165.
2. *Ibid.* t. III, p. 43.
3. *Hist.* tragique et mémorable de Pierre de Gaverston... Avec la requeste sur les Estats de la France. S. l. 1588, p. 32.
4. L'ESTOILE, t. III, p. 43. — Charles VALOIS, *Hist. de la Ligue par un contemporain* (Société H. de F.), t. I, p. 149.

et de justice ». Devant cet échec, l'on faisait appel au grand prévôt, redouté de tous, et habitué à ne pas trouver de résistances ; son concours, sans doute, n'était pas désintéressé, et il intervenait pour trouver de l'argent au roi.

Deux jours après, en effet, le 30 septembre, il revenait à la charge, mais en son nom propre et dans des conditions différentes. Il proposait à la Ville de prendre à bail les fermes des aydes pour six ans ; il s'engageait à trouver un financier qui ferait avance de 60.000 écus, moitié pour le roi, moitié pour la Ville, des 10.000 écus dont il offrait d'augmenter par an ces fermes.

En rappelant le précédent du 28 août, l'Assemblée se refusait net à écouter ces offres, « comme trop dommageables pour la ville et de dangereuse conséquence [1] ». Pas d'autre commentaire ! Ne craignait-on pas plus de froisser Richelieu que le roi ? Ne semble-t-il pas qu'il suffise de changer les dates pour lire un épisode de la vie du cardinal de Richelieu au pouvoir ?

Il serait curieux de savoir si Lugolly, le lieutenant de la prévôté, assistait à cette séance ; il faisait en effet partie du bureau de ville comme échevin, depuis le 16 août 1586, date à laquelle il avait été élu à cette charge par ordre du roi, désireux d'y avoir une créature au point de vue politique et financier. Il assistait pourtant fréquemment à des assemblées du Conseil et y joua un rôle actif dans certaines questions, notamment dans celle de la ferme du poisson de mer [2].

1. J. BONNARDOT, *op. cit.* t. IX, p. 63 et 78.
2. Registre des délibérations... t. IX, p. 4. — Le jeton de Lugolly nous est resté avec ses armoiries, en partie empruntées

Avec cette année de 1587 s'arrêtaient les libéra-
lités du roi ; elles ont occupé presque exclusivement
ce chapitre ; le suivant nous montrera le grand prévôt dans ses fonctions purement officielles.

à celles de son chef, un précédent pour Le Masle, l'alter ego du
cardinal de Richelieu (*La maison du cardinal de Richelieu* p. 112).
Elles étaient d'azur écartelé aux 1 et 4 de trois étoiles d'or, aux
2 et 3 de trois chevrons de gueule ; au revers les armes de Paris
avec la devise : *Remigio fluctus sperans* (D'AFFRY DE LA MONNAYE,
Les jetons de l'échevinage parisien, Paris, 1878, p. 50).

CHAPITRE XII

Richelieu mêlé aux rivalités des ducs de Joyeuse et d'Épernon. — Son rôle après la journée des Barricades. — Il signe le serment de l'Union. — *Sa mission comme mestre de camp à l'armée du Poitou.* — *Une lettre au duc de Guise.* — Rôle honorable de Richelieu dans le drame de Blois. — *Il arrête, en séance, le bureau de l'assemblée du Tiers.* — *Mission à Poitiers avec de la Roche-Chémerault.* — Son autorité et son prestige. — Aventure avec Malicorne. — *Son nom dans les pamphlets de la Ligue.* — *Il est associé à la haine populaire contre les Italiens.* — *Un autre rapprochement avec son fils.* — Les empiétements de Nicolas Rapin sur la Prévôté ; Richelieu a gain de cause. — Simplification du tribunal prévôtal.

Par sa situation exceptionnelle à la Cour, Richelieu se trouvait fatalement impliqué dans les intrigues de rivalité des ducs de Joyeuse et d'Épernon qui se disputaient alors la faveur du roi. Celui-ci « avait voulu les joindre et relier ensemble de plusieurs sortes de liens, mais ils estoient si jaloux l'un de l'autre, que l'un haïssait mortellement les serviteurs de l'autre : et toutesfois, il estoit comme imposssible qu'un jeune homme fust fortuné à la Cour, s'il ne prenait le party de l'un des deux ». C'est ce qui se produisait pour Richelieu, malgré son caractère indépendant. On a déjà vu ses relations amicales avec le duc de Joyeuse et surtout avec Villeroy qui le connaissait de longue date, l'appréciait, et s'était récemment employé en sa faveur auprès du roi. Il n'en fallait pas davantage pour qu'il servît de prétexte à une rupture violente entre le duc d'Épernon et le secrétaire d'État.

Elle se produisait au début de la guerre des trois Henri. Le roi venait de rejoindre son armée sur la Loire, à Saint-Agnan. Villeroy, qui l'avait suivi, lui faisait « un rapport d'un advis de messieurs du Conseil que l'on avoit laissé à Paris, touchant certains deniers (20.000 écus) qui y restoient à recevoir du douaire de la feue royne d'Escosse au pays de Poictou, que l'on conseilloit à Sadicte Majesté de bailler au grand-prévôt, pour luy donner le moyen de partir de Paris, et acheminer en l'armée ses archers, dont l'on avoit grand besoin ». Le duc d'Épernon, présent, protestait : « ces deniers avoient esté donnez à son frère pour les frais de son armée du Dauphiné, et partant, on ne pouvoit plus les destiner ailleurs sans lui faire tort, comme il sembloit qu'on prenoit plaisir de le faire, et de luy retrancher et oster tous moyens de servir ». Une scène violente s'ensuivait. Le duc d'Épernon reportait sa colère sur Villeroy; il lui reprochait de favoriser le maréchal de Joyeuse à ses dépens, et de tailler et rogner des affaires de Sa Majesté à sa discrétion, sans charge ni commandement de Sa dite Majesté; il allait jusqu'à le menacer et lever la main sur lui[1].

La mort du duc de Joyeuse, tué à la bataille de

1. VILLEROY, *Mémoires*, p. 114 et 115 (1587). — GIRARD, *Vie du duc d'Epernon*, Amst. 1736, p. 50.

Coutras le 20 octobre 1587, et la nomination du duc d'Épernon au gouvernement de Normandie où il se rendait, et au poste de l'amirauté de France où il remplaçait son ennemi, concentraient sur la tête du survivant l'envie et les haines que se partageaient les deux favoris.

*
* *

Richelieu avait rejoint le roi à l'armée, car, le 1er février 1588, il était remboursé de ses frais de voyage en Guyenne l'année précédente.

Ce même mois voyait se produire un incident relatif à sa juridiction. Des abus étaient commis par des cabaretiers de la suite de la Cour résidant à Paris ; les commissaires du Châtelet les constataient dans leurs visites et faisaient assigner et condamner à l'amende les délinquants. Ceux-ci se pourvoyaient devant le grand Conseil qui défendait aux commissaires de les visiter. Là-dessus, plaintes du lieutenant civil au Conseil du roi alors à Paris. Le Parlement prit fait et cause pour la justice ordinaire ; il députa deux Présidents et quelques conseillers pour en porter les plaintes au roi et faire des remontrances. Cela donnait lieu à deux arrêts du Conseil du 19 février et du 19 avril 1588 par lesquels « les défenses faites aux commissaires étaient levées, et il fut ordonné que le grand prévôt et les cabaretiers viendraient au premier jour pour être ouïs ». Ils se soumirent aussi à la police, et cette affaire n'eut pas d'autres suites. On pouvait le prévoir, la police de Paris n'ayant jamais été dans les attributions de la prévôté de l'hôtel[1].

1. Delamare, *Traité de police*, Paris, 1705, t. I, p. 156.

*
* *

Le Grand prévôt était mêlé directement par ses fonctions à tous les événements qui se déroulaient autour de la journée des Barricades. Le soir du lundi 9 mai, après l'arrivée inopinée du duc de Guise à Paris, et sa visite au roi, une bravade et une menace, il faisait « donner par la ville un cry que tous vagabonds eussent à vuider avant la nuit, et que personne n'eust à sortir de sa maison neuf heures passées, ce qui est contre les formes accoutumées de la dite ville », ajoute le chroniqueur. Richelieu n'était pas homme à s'en embarrasser, et il était connu comme tel, d'après la réflexion qui suit : « Cette façon de faire fit que chacun print garde à soy[1]. »

La nuit des Barricades, Lugolly, son lieutenant, qui était échevin, restait à l'Hôtel de ville, jusqu'à trois heures du matin du jeudi 12 mai, et se rendait de là au logis du quartenier Canaye, garde des clefs de la porte de la rue Saint-Honoré, où se trouvaient les « conjurez qui tindrent conseil sur ce qu'ils auroient à faire[2] ». Essayait-il, par ordre ou non, de jouer le rôle de médiateur, ou d'espion ? En tout cas, il quittait vite la partie et « abandonnait traîtreusement son pays, avec Le Comte (un autre échevin) pour les crimes dont ils se sentaient chargés[3] », suivant la relation d'un ligueur.

1. Saint-Yon, *Hist. très-véritable de ce qui est advenu en ceste ville de Paris, depuis le sept⁰ de mars 1588, jusques au dernier jour de juin ensuyvant au dit an*, Paris, 1588, p. 6 et 7.
2. *Ibid.* p. 28 et 29.
3. *Ibid.* p. 31.

Richelieu aurait protégé la retraite du roi hors des portes de Paris. Ce qu'il y a de plus sûr est qu'il le suivait à Chartres, et l'accompagnait à Rouen où la Cour séjourna du 13 juin au 22 juillet. Un peu avant son départ de cette ville, était rédigée et dressée la formule du serment d'Union qui engageait à la cause du roi toutes les personnalités marquantes. Richelieu la signait et son nom y figure entre ceux de Charles de Biron et de François de Montpezat, un nom relié à l'histoire des Richelieu [1].

Le roi se rendait de Rouen à Vernon, puis à Mantes où les reines venaient le retrouver, et de là à Chartres où le rejoignaient le cardinal de Bourbon et le duc de Guise pour s'acheminer ensemble à Blois.

Des mesures préventives de sécurité dans cette randonnée motivaient les déplacements de Richelieu qui était remboursé le 6 août de ses frais et dépenses s'élevant à 300 écus [2].

Il était dit que Richelieu remplirait toutes les fonctions; on l'a vu soldat, diplomate, grand juge, policier, commerçant, partisan; il est maintenant mestre de camp. En août et septembre, il passe vingt-cinq jours à l'armée du Poitou avec un lieutenant, un greffier et deux archers, une sorte d'état-major, dont la composition écarte l'idée de toute mesure de répression ou de police. Après son retour,

1. De BEAUREPAIRE, *Séjour de Henri III à Rouen, aux mois de juin et de juillet 1588*, Rouen, 1870, Introd. p. XLIX et Doc. p. 20 et suiv.

2. B. N. Franc. 26169, n° 2258.

le 8 octobre, il donnait acquit de 300 écus pour son
voyage et celui de sa suite, d'autant pour son séjour
propre ; de 258 écus, 1 livre pour celui de son personnel ; 1 écu 1 livre par jour pour son lieutenant,
1 écu pour son greffier, 40 sols pour chaque archer [1].

Le temps était loin où il lui fallait attendre un
an, sinon deux, le remboursement de ses avances ;
cette régularité si anormale dans les payements est
une marque typique et de l'affolement de la Cour et
de l'importance de ses services.

Ils étaient cette fois d'ordre purement militaire.
Sa mission était de répartir des garnisons dans certaines villes, pour prévenir les surprises des troupes
du roi de Navarre. Il s'en acquittait avec énergie et
en prenant des initiatives ; un document nous le
montre achetant 400 livres de poudre pour 100 écus
et la faisant distribuer [2]. A son retour, il dressait pour
le roi un état des forces de l'armée du Poitou, et des
garnisons occupées ou assignées lors de son départ [3].

Nous touchons ici à l'un des points les plus
curieux de sa vie politique, ses relations avec le duc
de Guise. Celui-ci escomptait-il trop facilement les
liens de quasi-clientèle qui avaient existé entre sa
famille et les oncles du grand prévôt ? Croyait-il le
dominer aussi facilement qu'il avait fait de beaucoup
d'autres, et plus, en usant et abusant de sa situation
hiérarchique ? Toujours est-il qu'il lui donnait directement, de son autorité, des instructions différentes
de celles que Richelieu tenait du roi et du Conseil
dont lui-même faisait partie, et qu'il avait approuvées

1. B. N. Pièces orig. 2302 n° 24.
2. B. N. Franc. 4556, fol. 7.
3. B. N. Franc. 4556, fol. 64.

verbalement. Celui-ci savait y résister et la lettre suivante, écrite à la veille de la tragédie de Blois, jette une lueur nouvelle sur ses dessous; le roi en a eu connaissance certainement, et avec la confiance qu'il avait dans la fidélité et le dévouement de Richelieu, il se peut, qu'étant donné la rude franchise et le caractère de son grand prévôt, elle ait joué dans le drame le rôle, obscur mais décisif, des éléments infimes en apparence, dont l'apparition suffit à provoquer le dénouement d'une crise arrivée à son apogée. La voici tout entière :

A Monseigneur le duc de Guyse.

« Monseigneur, j'ay veu la lettre qu'il vous a pleu m'escrire du XIII° de ce moys, et vous supplie vous ressouvenir come en votre présence et instance j'ay esté despesché icy avec pouvoir et commandement exprès tant de bouche du Roy que par mon instruction signée de Sa Majesté de mettre garnison à Saumur. Je serois tres marry, monseigneur, qu'autre de ce royaume désirast plus obéir à vos commandemens que moy ; mais de passer outre l'instruction que j'ay eue en chose qui importerait le bien du service de Sadite Majesté et la charge que vous avez, je faillirois par trop, outre que vous avez vous-mesmes jugé en présence de Sa Majesté des lieux nécessaires pour establir les garnisons et les empescher qu'elles n'ayent sur les doigts. Je n'ay faict que le département des troupes, d'autant que les villes me sont prescrittes par l'instruction qui a esté ordonnée en votre présence au conseil de Sadite Majesté; et les bruits qu'ils ont fait courir de l'exemption est fort préjudiciable au bien de son service, car par ce moyen

ceux de Montreuil-Bellay et toutes les autres villes
se veulent prévaloir de telles et semblables faveurs
que je crains fort causer la ruine de ces troupes.
Toutefois, Monseigneur, je n'obmets à fere avec diligence la charge que j'ay et sy cy après, il en arrive
inconvénients, on ne pourra se rejetter sur moy.
Monseigneur, je supplie notre Seigneur vous donner
en parfaicte santé très heureuse et longue vie. De
Chinon, le xvie jour de septembre 1588. »

Votre tres humble et tres obéissant serviteur,

RICHELIEU[1].

C'est une lettre de soldat, mais de soldat diplomate, donnant une leçon à un supérieur, et déga-
geant sa responsabilité en lui faisant sentir la
sienne, en même temps que son inconséquence,
avec une allure d'autorité et de franchise rude
enveloppée cependant de toutes les formes voulues.
Lorsque le cardinal de Richelieu écrira les *Principaux points de la foy*, il n'aura pas de froide et hautaine ironie plus sanglante, de logique plus nette et
plus irréfragable. Si elles n'ont pas influé sur la tragédie sanglante prochaine de Blois, ces lignes ne
l'annoncent-elles pas comme l'unique moyen, pour
Henri III, de sortir de l'impasse où l'avait acculé sa
faiblesse et son manque d'énergie dont Richelieu
lui donnait une leçon.

Par une bizarre coïncidence, le 28 septembre,
deux jours après cette lettre, le roi, arrivé à Blois
depuis le 11[2], écrivait au duc de Nevers :

1. B. N. Franc., 3407. f° 73.
2. CHARLES VALOIS, *op. cit.* t. I, p. 233.

« Mon cousin,

« Le roi de Navarre est venu avec 400 chevaux suivi de 2.500 harquebusiers jusques à Douay pensant surprendre quelques-uns de mes régimens qui avoient pu passer la riviere de Loire mais *par le bon ordre et la diligence du Sr de Richelieu*, que j'avois envoyé pour départir les troupes de mes gens de guerre en quelques lieux asseurez attendant vostre arrivée, son voyage est demeuré inutile et sans aucun effect Dieu mercy... »

Blois, 28 septembre 1588[1].

Richelieu était intimement mêlé au drame de Blois, et dès le début, car le 16 octobre, il assistait à la séance solennelle d'ouverture des États, dans le rang des Conseillers d'État de robe courte, entre Pogni et de Liancourt[2]. Disons tout de suite, en dépit de l'affirmation coutumièrement fantaisiste de Michelet, que son rôle n'y fut que très honorable; non seulement ses mains ne trempèrent point dans le sang des Guise, mais il y montra son caractère indépendant et fier. Il y avait quelque mérite, il est juste de le reconnaître, après la tentative de subornation dont il avait été l'objet de la part du duc de Guise, peu de temps auparavant[3].

On le retrouve seulement dans quelques épisodes macabres de cette tragédie. D'ordre du roi, il appor-

1. B. N. France, 3407, fol. 20.
2. *Hist. des derniers troubles de France...* Lyon, 1594, IVe part. p. 16.
3. Peut-être faudrait-il rattacher au meurtre des Guise la mission mystérieuse pour laquelle Richelieu recevait 500 écus le 8 décembre 1588 (B. N. Pièces orig. 2302, n° 25).

tait à la duchesse de Nemours une bague d'or tirée de la main du cadavre de son fils, le duc de Guise, aussitôt après l'exécution, aussi d'ordre du roi, par d'Entragues, capitaine d'une compagnie des gardes du corps[1].

Après s'être adressé en vain à quelques-uns des Quarante-cinq, pour tuer le cardinal, le roi en donnait l'ordre à Larchant, capitaine des gardes écossaises, puis à Richelieu. Tous deux s'y refusaient. C'est alors que devant sa rage et son dépit, Laugnac, le meurtrier du duc de Guise, lui proposait Michel Legast, son meilleur ami, qui accepta[2].

Après l'anéantissement des deux cadavres, le grand prévôt recevait la mission d'aller assurer « avec de très grands serments » la mère des victimes, gardée au secret, qu'elle ne pouvait avoir les corps de ses fils qu'elle avait réclamés pour les inhumer, « pour ce qu'ils avaient été inhumés fort honorablement en terre sainte[3]. »

*
* *

En revanche, il prenait une part active et directe dans l'arrestation des principaux membres du Tiers,

---

1. CHARLES VALOIS, *op. cit.* p. 280.

2. J. HAZON DE SAINT-FIRMIN, *Un assassin du duc de Guise*, Paris, 1912, p. 48.

3. « Pendant deux jours, les corps des deux victimes furent exposés à la vue et au mépris de ceux qui les voulurent aller voir... La duchesse de Nemours les demanda pour les inhumer, mais elle en fut refusée; ils furent brûlés en la cheminée de la grande cuisine du château de Blois, et les cendres jetées en la rivière de Loire. Les autres disent qu'on les fit consommer avec de la chaux vive, après qu'on les eut devalés d'en haut avec une corde, afin qu'il n'en restât aucunes cendres. » (CHARLES VALOIS, *op. cit.* p. 279 et 280.)

Guisards forcenés, et les renseignements qu'il devait à Lugolly n'étaient peut-être pas étrangers à la rigueur qu'il déploya contre eux.

Après le meurtre du duc de Guise[1], entre huit et neuf heures du matin, l'assemblée du Tiers État réunie dans la Chambre de Ville apprend, par deux survenants, « qu'il y a grande rumeur au château, et que les portes sont fermées ». Les membres, émus, se lèvent pour se retirer ; le président Marteau, conseiller et maître ordinaire en la Chambre des Comptes, prévôt des marchands de Paris, un homme de trente-quatre ans, leur recommande de ne pas bouger et prie l'un d'eux et le greffier des États d'aller s'enquérir au château de ce qui se passe ; l'un de ses domestiques vient l'avertir de se retirer, qu'il y a sans doute quelque malheur au château. Sur ces entrefaites, Richelieu, arrivant du château, entre brusquement dans la salle, et s'arrête à la porte, en déclarant à voix haute : « Messieurs, personne ne bouge ; l'on a voulu tuer le roi ; il y a deux soldats qui sont pris. » La Compagnie de s'étonner et quelques-uns de se lever. Richelieu met l'épée au poing, et s'avance suivi de 30 ou 40 archers de la prévôté et soldats des gardes françaises à pied, la mèche sur le serpentin, dressant les piques contre la poitrine des députés, et criant : « Tue, tue, mordieu, tue ; que personne ne bouge ». Le président arrive jusqu'à Richelieu, lui demande ce qu'il veut faire, le prie de remettre l'épée au fourreau, et l'assure, sur sa vie et son honneur, qu'il fera en même temps remettre tous les députés en

---

1. 23 décembre 1588.

place. « Vous le promettez », répond Richelieu, et ce disant, il tire de sa pochette un petit rôle, et se tournant vers Marteau : « Vous êtes le premier accusé d'avoir voulu tuer le roi ; je dis vous, M. le président de Nully, M. Compans, M. d'Orléans, le président du Verger de Tours, Le Roy lieutenant d'Amiens et de Vert ». Marteau répond qu'il loue Dieu et qu'il espère que son innocence sera bientôt reconnue ; puis il est saisi avec de Nully, Compans et Le Roy par les archers du grand prévôt sans qu'on leur donne le temps de prendre leurs chapeaux et leurs manteaux. Sous une forte pluie, ils sont conduits « fort rudement et indignement » jusqu'au château dont les portes sont fermées, et l'entrée défendue par toutes les gardes suisses et françaises rangées en bataille. Ils y pénètrent par le guichet qui s'ouvre, sont conduits par le grand escalier, introduits dans la Chambre du Conseil, d'où sortent en foule les Quarante-cinq riant et se gaussant, et où ils trouvent nombre des conseillers ordinaires fort pâles et émus. Le grand prévôt les mène jusqu'à la porte du cabinet du roi où il leur dit d'attendre ; à l'entrée de cette porte « deux grands tas de sang fumant » attirent leurs regards. Les Quarante-cinq rentrent, et viennent les dévisager, en les regardant sous le nez. Un valet de garde-robe entre avec un flacon d'argent plein d'eau et un balai pour nettoyer le sang. Ils entendent donner l'ordre de faire dresser promptement des potences et des échaffauds. A dix heures, Larchant, le capitaine des gardes, sort du cabinet et remet les prisonniers entre les mains de son exempt Hamilton. Douze gardes du corps les amènent dans une chambre basse, de là dans une petite chambre haute où on les laisse avec quatre archers, jusqu'à ce que, à quatre heures, un exempt des gardes vienne leur annoncer de penser à leur conscience, que leur mort est proche...

En les quittant, Richelieu n'était pas resté inactif; il allait fouiller par toutes les maisons de la ville pour arrêter les Ligueurs qui auraient pu fuir et se cacher. Assisté de quelques agents comme Grillion le Superbe, il trouvait d'abord Cotteblanche, un échevin de Paris, qu'il amenait en prison avec les députés du Tiers, puis MM. de Saint-Aignant, de la Bourdaizière, Boisdaulphin et le comte de Brissac qu'il conduisait au roi[1].

Le lendemain, vers quatre heures, suivi d'un capitaine des gardes, il venait annoncer aux députés du Tiers la visite du Garde des sceaux pour les interroger. Ce détail clôt son rôle dans l'affaire[2].

A la suite de la requête introduite devant le Parlement de Paris par Catherine de Clèves, duchesse douairière de Guise, pour obtenir réparation du meurtre de son mari, et de son beau-frère le cardinal, le nom de Richelieu figure dans les trois défauts prononcés par la Cour les 29 avril, 3 et 5 mai 1589, contre les incriminés; il est associé à ceux du maréchal d'Aumont, de Larchant, le capitaine des gardes

1. Particularités notables concernantes l'assassinat et massacre de Mgr le duc de Guise, et Mgr le cardinal son frère, Châlons, 1589, p. 33 et 34.

2. Là s'arrête la déposition de Marteau, en ce qui concerne Richelieu; on lui doit de savoir le refus du grand prévôt de porter la main sur le cardinal de Guise; Le Gast le lui avait confirmé à plusieurs reprises, dit-il, au château d'Amboise, où il fut ensuite renfermé. (*Revue rétrospective*, 1ᵉ série, Paris, 1834, t. IV, p. 225 et suiv.)

écossaises, Monsigny l'aîné, La Bastide, Château, et Révillon [1], le valet de chambre, occupé lors du meurtre à détendre la tapisserie pour aller apprêter le logis du roi à Cléry, et qui en mit une des pièces sur le cadavre du duc [2].

*
* *

La surexcitation des esprits, l'effervescence des foules, la recrudescence des passions de la Ligue dues à cet événement, justifient assez les missions confiées à Richelieu dans les premiers mois qui le suivaient. Les unes étaient secrètes. Deux reçus du 25 janvier de 200 et 300 écus [3], un autre du 7 février de 766 écus [4] portent la mention accoutumée « pour certaines affaires concernant son service dont le Roy ne veut estre fait mention ny déclaration. »

Celle du mois d'avril suivant ne l'était pas, et elle faisait époque dans la vie de Richelieu.

Poitiers avait été l'une des villes les plus agitées par le renouveau des passions de la Ligue lancée en pleine démocratie par la disparition du duc de Guise, son contrepoids et régulateur. Elle était remplie de cris, de groupes tumultueux et d'insolences. Le conflit déjà ancien et d'abord de caractère personnel des habitants avec le gouverneur Malicorne s'était aigri et prenait tournure inquiétante. Richelieu était délégué avec son ami de la Roche-Chémerault pour l'apaiser; leur origine poitevine et leurs relations dans le pays les avaient tout naturellement désignés

<hr>

1. Rev. Retrosp. *op. cit.* p. 238.
2. Palma Cayet, *Chronol. nov.* t. I, p. 85.
3. B. N. Pièces orig. 2302, n°ˢ 26 et 27.
4. *Ibid.* n° 28.

pour cette mission. S'il y avait en plus pour Richelieu le prestige de son nom et le souvenir de son oncle, de son côté, La Roche-Chémerault avait à Poitiers un frère, François de Chémerault, ancien lieutenant d'une compagnie des gardes du roi créée par Charles IX, qui jouissait auprès du bureau de Ville et des autorités d'une influence incontestée, et était même investi de la surveillance d'un quartier.

Ils arrivaient à Poitiers le 17 avril. Richelieu, le chef et l'âme de la mission, demandait sur-le-champ une assemblée générale qui se tint à l'évêché le lendemain. Y assistaient les gouverneurs, l'évêque, le maire, François de Chémerault, les dignitaires du clergé, les notables et les principaux officiers de justice et des finances.

Richelieu prenait la parole :

« Malgré les bruits sinistres parvenus à la Cour, disait-il, le roi a toujours compté sur la fidélité de cette ville. Dans des temps aussi troublés que les nôtres, nos rois y ont trouvé un asile assuré pour leur personne et leurs Cours souveraines, et l'ont dotée en récompense d'honorables privilèges. Sa Majesté n'entend n'y porter aucune atteinte, non seulement pour le maintien de la religion catholique dans laquelle elle est née et demeurera avec l'aide de Dieu, mais aussi pour les autres façons et manières de vivre. Nous avons pour mission de vous en renouveler l'assurance et de prier les citoyens d'abandonner leurs défiances, leurs inimitiés particulières ou couvertes pour se conserver fraternellement sous l'autorité royale. Comme les portaux de la ville en sont les clefs et la principale force, le roi désire qu'ils soient gardés spécialement par ceux qui lui en font l'hommage et qui sont notoirement connus pour ses partisans. Il voudrait que la durée de la garde ne fût plus de huit jours, comme par le passé, mais seulement de vingt-quatre heures. »

Si ce ne sont les propres termes de sa harangue, ils s'en rapprochent certainement fort ; Richelieu était clair et précis autant qu'incapable d'emprunter des figures à l'histoire profane et sacrée. Pour cette raison, peut-être appuyée de l'autorité de son nom, il gagnait sa cause, la cause du roi. L'assemblée adoptait à l'unanimité un règlement transactionnel.

Restait celui de la garde du château. Le 22 avril, Richelieu provoquait une délibération à ce sujet : « Je me fais fort, leur expliquait-il, d'obtenir du roi qu'il le rende au maire et aux échevins, si M. de Boisseguin (le capitaine) y consent, et il semble disposé à se démettre de cette capitainerie moyennant une indemnité. »

Les bourgeois sentirent le piège d'évincer Boisseguin, et l'on en resta pour la garde de la ville au règlement de l'évêché. Une nouvelle tentative, le 30 avril, pour amener le corps de ville à prendre une décision sur la démolition ou la garde du château restait infructueuse. La nouvelle de la trêve générale avec les Huguenots (29 avril) augmentait l'irritation du peuple : les ligueurs de la ville, réunis en secret, convoquaient ceux des environs qui venaient à Poitiers s'aboucher avec eux dès le 6 mai.

Pourtant, le même jour, le corps de ville envoyait au roi des protestations de fidélité, et le 8 mai, le maire allait avec ses échevins remercier Richelieu et La Roche-Chémerault « des bons offices qu'ils font à la Ville. »

Les ligueurs étaient-ils assurés de la connivence du maire? Le lendemain, ils se déclaraient, en se réunissant ouvertement. Malicorne y répondait le 11, en faisant arrêter les principaux d'entre eux. On faisait courir le bruit qu'il avait fait massacrer six notables catholiques dans leur maison, et l'émeute se déchaînait. Les factieux en armes allaient au logis de Richelieu absent, et finissaient par le trouver dans un tripot jouant avec Malicorne. Le grand prévôt leur en imposait-il assez pour qu'on le respectât et qu'on se contentât de le mener en prison, d'où il s'échappait, facilement sans doute, pour sortir de la ville et revenir auprès du roi? Le fait est que, seul, Malicorne était l'objet des fureurs de la populace. Elle l'entourait, le promenait dans les rues avec la hallebarde à la gorge, l'amenait sur le rempart, et le faisait sauter dans la boue et les herbes d'un fossé, en lui criant : « Va trouver le tyran. »

Ajoutons, pour en finir avec cet épisode, que cette injure amenait le roi devant la ville avec son armée, le 17 au matin, sans qu'il donnât suite à son premier mouvement de châtiment, qu'il se retirait sans combattre à Auzance où il recevait le 18 des députés de Poitiers, lui apportant leur soumission, avant de partir pour Chatellerault d'où il gagnait Tours [1].

* *
*

La Ligue s'ingéniait à réchauffer et aviver le zèle de ses partisans par une nuée de factums populaires violents. L'incident de Poitiers, où elle avait eu le

1. H. Ouvré, *Essai sur l'hist. de la Ligue à Poitiers*, Poitiers, 1855.

dessus dans des conditions quelque peu enfantines, lui donnait l'occasion d'en lancer un à Paris. Richelieu avait à nouveau les honneurs du Pont-Neuf, et aussi du carrefour de la croix des Petits-Champs, associé à Malicorne, cette fois, dans un petit livret de douze pages muni de l'estampille officielle : *La grande trahison descouverte en la ville de Poitiers, sur les entreprises de Richelieu et Malicorne. A Paris, par Denis Binet. Avec permission, 1585.*

*
* *

Il avait déjà connu l'impopularité et la muse de l'opposition ne l'avait pas oublié dans ses satires. En 1585, c'est au sujet de la Ligue, dans *l'Asnesse à la poule*, avec une allusion qui nous échappe :

> Qui veut parler plus librement,
> Du saint ordre de Hieronime,
> Et de la tant secrette mine
> Qu'il se souvienne du fort lieu,
> Ou va présider Richelieu [1]

. . . .

En mars 1588, une entreprise de la Ligue contre le duc d'Épernon fait surgir un pamphlet en vers, *Au peuple catholique de Paris*, qui nous apprend que le sourire de son portrait n'est qu'un rictus :

> Le prévôt de l'Hôtel fait-il pas bonne mine ?
> Vous diriez à le voir que son âme est divine.
> Le lieutenant civil est de ses compagnons,
> Et Lugoli aussi, du Navarrois mignon [2].

. . . .

1. L'ESTOILE, t. II, p. 297.
2. *Ibid.* t. III, p. 126.

A la fin de cette année, deux lettres courent Paris, signées Chicot, le fou du roi :

... « *Les corbeaux y feront le festin, et Richelieu traînera le bassin* [1] »... lit-on dans la première.

La seconde est plus intéressante ; l'écrivain s'y lamente ironiquement... : « *J'ai été chassé comme officier de la Couronne, sans avoir jamais fait part avec Cheverni, Do, Zamet, Ruscellaï, Richelieu et Sardini, ni esté secretaire comme Caboche et Nicolas* [2]... »

Il est piquant de trouver le nom du père, comme on verra plus tard celui de son fils entre ceux des mêmes Italiens, au moment le plus critique de sa vie. Nous avons déjà vu figurer d'O dans les opérations financières du grand prévôt ; il n'y aurait rien d'étonnant à ce que quelques autres de ses compagnons de pamphlet fussent aussi dans le même cas, notamment Zamet, le grand banquier du roi. En tout cas, la rancœur populaire devait certainement associer le nom de Richelieu à celui des Italiens, compatriotes et favoris de la reine-mère, « les étrangers », comme on les appelait [3], qui étaient les boucs émissaires du désordre et de la dilapidation des finances, comme de toutes les folies royales [4].

---

1. L'Estoile, t. III, p. 211.

2. *Ibid.* t. III, p. 216.

3. La fortune des étrangers servait de prétexte à bien des troubles, ceux de Poitiers notamment en septembre-octobre 1577, qui motivaient la suspension des Grands-Jours (*Chronique de Langon*, p. 93). La Haye, le lieutenant général du Poitou, et plus tard le duc d'Alençon, en 1575, essayaient de provoquer le soulèvement contre l'autorité royale, en agitant le même spectre. (*Chronique de Pierre Brisson*, p. 249, 250 et 396.)

4. Fromenteau, *Le thrésor des thrésors de France*, S. l. 1581, fol. xii V°. — N. Montaud, *Le miroir des François*... 1581. V. l'allusion discrète de Claude de Bauffremont, le fils du prédécesseur de Riche-

Trente-deux ans plus tard, le cardinal de Richelieu devait, lui aussi, subir le contre-coup de l'opinion publique excitée contre un Italien favori d'une
autre reine-mère, et il essayait, à son tour, de se
dégager de ces liens compromettants en faisant, dans
la *Restauration de l'Estat*, le procès des « étrangers »,
le maréchal d'Ancre et sa femme Leonora Galigaï,
dont il séparait la reine-mère[1].

.Mais l'importance est faible de ces rares mentions
du grand prévôt dans ces quelques factums où son
nom est associé, sans commentaires, à ceux des
grands traitants, compatriotes et favoris de Catherine
de Médicis. Un ouvrage bien documenté et sérieux,
malgré sa virulence, auquel nous avons déjà eu
recours, le prenait autrement à parti. Il l'avait déjà
présenté comme un *inutile et hardi demandeur*, insa-
tiable, obtenant du roi un don scandaleux à l'occasion du baptême de son fils Armand. Plus loin, il
revenait sur lui dans un passage violent contre
Henri III livré à la terreur des complots. Il montrait
les rois échappant à la rigueur des lois humaines,
mais soumis à celles de Dieu et à ses vengeances,
« tourmentez et bourrelés par le ver de leur conscience, le quel nemeurt jamais : et enfin ces remords

lieu à la prévôté de l'hôtel, dans sa *Proposition de la noblesse de
France* aux Etats de Blois en 1577 (fol. 12 V°). Seul, peut-être,
Lanoue (*op. cit.* p. 120 à 123) ne faisait pas chorus, en rendant
justice à « la diligence, labeur et industrie des Italiens, et au
dévouement désintéressé de quelques-uns d'entre eux ». L'Estoile
nous a conservé les échos de leurs spéculations sur les folies
royales, et de leur impopularité qui faisait jaillir un flot de pamphlets précurseurs de la Ligue (t. I, pp. 77 à 80, 193, 203, 223,
227, 266). Cfr. *Les vertus et propriétés des mignons*, 25 juillet 1576;
Discours de la fuyte des imposteurs italiens .. Paris, 1589 (Var.
hist. et litt. t. VII, p. 261 et 333).

1. *Autour de la plume de Richelieu*, Paris, 1920, p. 158.

de conscience leur engendrent un espouvantement
qui les effraye, principalement la nuit par des songes
horribles, fantosmes espouvantables et spectres
effroyables[1] ; de sorte qu'on les voit fuir le monde,
s'enfermer et se faire prisonnier volontairement... ?
L'exemple de Louis XI venait là à propos pour
mettre en scène « son vilain prevost de l'hostel
(nommé Tristan l'hermite) le plus fidèle bourreau
et tyran de tyrannie qu'il eust sceu rencontrer. Ce
qui feit haïr le Roy d'un chacun, et tomber en ceste
extrémité de misère, que comme chacun le craignoit
et se deffioit de luy, aussi craignoit-il, et se deffioit
de toutes choses[2]... »

Richelieu ne pouvait être plus clairement visé.
Ne semble-t-il pas entendre les accents de passion
haineuse que Mathieu de Morgues trouvera plus tard
contre son fils, dans une diatribe furieuse portant
le même titre[3] ?

Mais nous n'en sommes pas encore au meurtre
des Guise. Jusque-là, pour être impliqué dans l'impopularité de la Cour, il suffit de la situation qu'il
y occupe, de ses fonctions policières et politiques, de
ses relations avec la camarilla de la reine-mère.
Après le drame de Blois, le rôle qu'il avait joué dans
l'arrestation des membres du Tiers ne pouvait

1. En 1584, notamment, « Henri III avait fait tuer tous les lions
et bestes farouches qu'il faisoit nourrir au Louvre, pour avoir eu
une vision qu'ils le dévoraient ». (PALMA CAYET, *Chronol. nov.*
t. I, p. 81.

2. Remonstrances très humbles... 1588, p. 198 et 199.

3. Très-humble, très-véritable et très-importante Remonstrance
au Roy, 1631. (*La maison du Cardinal de Richelieu*, p. 32 et suiv.)

moins que le désigner aux fureurs populaires. Aussi est-il peu de pamphlets inspirés par cet événement qui ne le mentionnent avec horreur comme un des auteurs du drame [1] ; l'un d'eux, même, semi-officiel, n'omettait pas de lui décerner l'épithète connue de Tristan l'hermite [2]. Les lettres missives de la ville de Paris, soit aux villes de l'Union [3], soit au cardinal de Joyeuse, sur la mort du duc de Guise [4], le montraient violant la Salle des séances, accompagné du bourreau...

Le cardinal de Richelieu n'aimait ni les Guise ni la Ligue, et maint passage de ses Mémoires reflète une rancœur toute spéciale à leur endroit ; ne serait-ce point un souvenir des attaques où son nom avait été désagréablement mêlé ?

*
* *

La Prévôté subissait le contre-coup des troubles de la Ligue. Nicolas Rapin, un Poitevin, usurpait le titre et les fonctions de Richelieu, « se faisant nommer et intituler en ses actes de justice, grand prévôt, et conservateur des Privilèges donnez et octroyez aux marchans volontaires, Pourvoyeurs, vivandiers et autres suivants les camps et armées, Juge civil, criminel et Politique en icelles, s'ingérant de donner passeports, mettre taux aux vivres, *porter baston au*

---

1. *Le martire des deux frères...* S. l. 1589, p. 34. — *Particularités notables...* Châlons, 1589, p. 32 à 34.

2. *Discours véritable de ce que est advenu aux Estats généraux de France, tenu à Bloys en l'année 1588,* Paris, 1588, Av. p. p. 23. Cfr. L'Estoile, t. III, p. 200.

3. F. Bonnardot, *op. cit.* t. IX, p. 232.

4. *Ibid.* t. IX, p. 240 et 243.

logis de Sa Majesté, faire captures à la Cour et suitte d'icelle, sans en avertir ledit Grand prevost, faisans ceux de la suitte dudit Rapin, se disant Archers dudict Grand prevost, plusieurs exactions contre l'honneur et l'autorité dudit Sieur de Richelieu... »

Celui-ci portait plainte au conseil d'État ; l'arrêt rendu à Tours le 3 juin 1589, le confirmait dans ses droits exclusifs et prérogatives, en interdisant à Rapin, auquel il était signifié, ainsi qu'à tous autres prévôts des bandes, d'empiéter sur les qualités et juridiction du seul grand prévôt[1].

*
* *

La guerre compliquait encore d'autre façon le fonctionnement de la justice prévôtale ; à l'armée, elle s'exerçait non seulement sur les infractions ordinaires aux ordonnances royales, aux alentours du logis du roi, qui passaient sans doute au second plan, mais sur les pillards, mutins ou prisonniers. Les circonstances ne permettaient plus à Richelieu, comme en temps normal, de trouver à la suite des camps et armées les 7 juges requis[2] pour les jugements de torture ou de mort, ou autre peine capitale et corporelle. Les prisons regorgeaient de prisonniers dont « les procez en estat d'estre jugez, ne le pouvoient estre », d'où impunité des crimes et délits. Le grand prévôt présentait des remontrances sur

----

1. P. de MIRAUMONT, *op. cit.* p. 347.
2. Ordonnance du 26 mars 1580. Il fallait 4 maîtres des Requêtes ou Conseillers de cours souverains et 3 autres juges pris dans les lieutenants de la prévôté, généraux ou particuliers, baillifs, seneschaux, etc., ou en cas d'impossibilité ou d'urgence, 7 juges pris parmi les gens du prochain présidial. (P. MIRAUMONT, *op. cit.* p. 262.)

cette situation. Un arrêt du roi, donné le 11 juillet 1589, au camp de Cerzy, devant Pontoise, réduisait à 5 le nombre des juges requis[1].

Cet acte est le dernier de la vie de Richelieu sous Henri III, qui tombait, moins de trois semaines après, sous le couteau de Jacques Clément.

1. P. de Miraumont, *op. cit.*, p. 287.

CHAPITRE XIII

Le soir du 1er août 1589, Richelieu jouait à la prime avec Chémerault, La Vergne et Renty, chez le duc d'Angoulême, à Saint-Cloud. Ce dernier les rejoignait à onze heures, après avoir quitté le roi à son coucher, accompagné de Bellegarde, premier gentilhomme de la chambre. La partie se prolongeait jusqu'à quatre heures du matin. Le duc d'Angoulême venait de les laisser pour se mettre au lit, lorsqu'un de ses valets de pied entrait en coup de vent dans sa chambre pour lui apprendre que le roi était blessé. Il se jetait hors du lit et courait avec ses commensaux au logis royal, l'hôtel de Gondi.

Richelieu assistait à la longue agonie de Henri III,

à la messe dite par l'aumônier Boulogne devant son lit de mort, à sa dernière prière, à son discours au roi de Navarre, auquel il jurait obéissance et fidélité, sur l'ordre de son maître expirant, avec les gentilshommes présents. Sur les onze heures du matin, il quittait la chambre du roi, où ne restaient que le duc d'Angoulême, d'Epernon, Bellegarde et Mirepoix ; mais il y revenait à minuit pour assister à sa fin et le voir expirer entre les bras du duc d'Angoulême. Ce dernier s'évanouissait, et il aidait les cinq autres assistants à le prendre et porter sur un matelas d'où ses gens l'emportaient à son lit.

Le lendemain matin, Henri de Navarre était salué par les huguenots comme roi de France, à son quartier de Meudon. Sur les dix heures, il se rendait au camp de Saint-Cloud, où il réunissait les Princes, Officiers de la Couronne, Seigneurs et principaux gentilshommes ; la plupart, entre autres Richelieu et ses amis, les maréchaux de Biron et d'Aumont, d'O le capitaine des gardes, Sancy et Chémerault lui renouvelaient leur serment de la veille[1], qu'ils confirmaient par écrit le 4 août en signant leur déclaration précédée de celle du roi[2]. Du fond de son évêché de Luçon, le fils devait répéter un jour le même geste au lendemain de l'assassinat de Henri IV. C'est devant ce Conseil improvisé, sans doute, que Richelieu lisait son rapport du procès « fait au corps mort de feu Jacques Clément, Jacobin, pour raison de l'assassinat commis en la personne de feu de bonne mémoire Henry de Valois, naguère Roy de France et de Pologne ». Il l'avait

<hr>

1. Duc d'ANGOULÈME, *Mémoires* (Edit. Michaud, p. 64 et suiv).
2. POIRSON, *Hist. du règne de Henri IV*, Paris, 1856, t. I, p. 516.

rédigé la veille, une heure après l'assassinat, et ce fut son unique rôle dans cette affaire, les gardes du corps ayant seuls le droit, à l'exclusion des archers de la prévôté, de pénétrer dans les appartements royaux.

Le rapport ouï et de l'advis de son Conseil, le nouveau roi ordonnait l'écartelement du corps de l'assassin, qui devait ensuite être brûlé et réduit en cendres, « à ce qu'il n'en soit à l'advenir aucune mémoire ». Sa signature, comme Souverain, apparaissait pour la première fois au bas de l'arrêt qui était exécuté le même jour ; il est piquant de constater que le premier acte juridique de la nouvelle dynastie accouplait son nom à celui de Richelieu[1].

Deux jours après, nouvel arrêt criminel du roi, toujours sur le rapport du grand prévôt et exécuté aussi sur l'heure. Le frère Jehan Le Roy, Jacobin, convaincu « d'homicide inhumainement commis en la personne de feu capitaine Héricourt, commandant au château de Conflans », était condamné à « estre mis en un sac et jeté à l'eau[2] ». Pour la première fois peut-être, Richelieu n'avait pas à récriminer contre les frais de justice.

L'obstruction que rencontrait immédiatement Henri IV, raisonnée de la part des catholiques convaincus, intéressée de la part des ambitieux, devait lui faire apprécier de suite le dévouement et le loyalisme de Richelieu. Il les connaissait depuis longtemps, alors qu'il l'avait trouvé en face de lui dans les armées royales, ayant même dû un échec, tout récemment, sur les bords de la Loire, à son activité

1. P. de Miraumont, *op. cit.* p. 23.
2. *Ibid.* p. 23.

et à son intelligence dans les choses de la guerre.

Son parti était réduit. Des défections nombreuses l'affaiblissaient : faction des gentilshommes libres guerroyant pour lui de façon désordonnée, capricieuse et fantaisiste, reprenant la tradition des guerres d'aventures précédentes, factions des catholiques ardents, factions des grands seigneurs ou catholiques ou huguenots, comme d'Epernon et la Trimoille, aspirant à ressusciter les anciens grands fiefs, et, en attendant, s'emparant des gouvernements de province et des principales charges[1]. Qu'on y joigne sa pénurie de fonds complète. Un homme de caractère et de valeur éprouvés, comme Richelieu, était dans cette situation, un auxiliaire précieux. Celui-ci, de son côté, en dehors de la question de principes, ne pouvait que suivre avec ardeur la fortune du nouveau roi « plus accoutumé à faire le soldat que le roi ». Il ne le quittait plus jusqu'à Saint-Germain où se fit l'entreprise des faubourgs de Paris, et par une coïncidence curieuse, son nom figure dans la phalange des premiers fidèles de Henri IV, à côté de celui de René de Vignerot, sieur de Pont-Courlay, qui devait épouser sa fille.

*
* *

Avant tout, il fallait se battre. Aussi le grand prévôt redevenait-il bien vite « le capitaine Richelieu ». Il prenait part aux combats d'Arques, à la tête de soixante chevaux que lui avait donnés le maréchal de Biron, pour défendre l'accès de la plaine aux lansquenets de force supérieure et « il s'en acquitta

1. Poirson, *op. cit.* t. I, p. 27 et suiv.

dignement, faisant plusieurs charges qui obligèrent les ennemis à ne passer outre[1]. »

« A la journée d'Ivry, il combattit toujours près de la personne du roy, et l'accompaignant aussi en la poursuite de la victoire, se trouva enfin lui troisième auprès de Sa Majesté, les autres naians peu suivre, ainsi que le roy mesme l'escrivit au cardinal de Vendosme, et ce fut luy qui fit ouvrir les portes de Mantes à Sa Majesté pour y faire son entrée[2]. »

Il aurait assisté aux sièges de Vendôme, de Mans et de Falaise, ainsi qu'à la prise des faubourgs de Paris. Au lendemain de cette affaire, le roi le dépêchait du camp d'Etampes vers « le baron de Vuilbie, capitaine général des Anglais », pour voir les prisonniers qu'il avait faits et en dresser un rôle par noms et surnoms[3].

En 1590, l'année suivante, qui devait voir sa mort, il est absorbé par ses fonctions de grand prévôt, soit que son concours comme capitaine fût moins nécessaire, soit qu'il fût plus utile, avec sa rigueur connue, pour maintenir la discipline dans des troupes sans cohésion.

Le 7 janvier, une ordonnance du roi prescrit « à tous gens de guerre de mettre es mains du maréchal de Biron les ecclésiastiques qu'ils tiennent prisonniers » avec injonction à Richelieu d'y tenir la main[4].

Puis, c'est une série lugubre de procès criminels

<hr>

1. Duc d'Angoulême, *Mémoires*, p. 80.

2. J. Aubert (*Relation ms.*) d'après Martineau, *op. cit.* p. 73. Notons cependant qu'il ne figure pas dans le relevé des noms donné par Poirson (*op. cit.* p. 519).

3. Lettres missives de Henri IV (Cte Baguenault de Puchesse), t. III, p. 74.

4. B. N. Clairambault, 828, f. 1083.

terminés par des arrêts de mort, sur le rapport du grand prévot : le 24 février, au camp de Gaillon, deux soldats du capitaine Moulinet « pendus et estranglez pour vol et larcin fait à un marchand[1] ; le 15 mai, au camp de Chelles, la question ordinaire et extraordinaire appliquée à deux prisonniers, dont un Suisse, pour « scavoir par leur bouche la vérité[2] ». Son implacable sévérité ne vaut-elle pas de la part du roi à certains inculpés, sinon quelque indulgence, au moins quelque répit ? On est tenté de le croire à lire l'ordonnance royale du mois d'avril qui lui enlève ainsi qu'à ses lieutenants l'information du meurtre du nommé La Caille par le capitaine Alcide, tout en lui laissant la garde du coupable[3]. En ce mois précisément, avait lieu la scène de justice tragique que nous avons citée au début et qui ajoute deux gibets à la file sinistre de potences qui jalonne la carrière de Richelieu. Elle avait un écho dans la presse populaire, à en juger par ces lignes d'un pamphlet ligueur recueilli par L'Estoile :

ARTICLES

ACCORDÉS AVEC LES FACTIONS DES HÉRÉTIQUES.

Articles accordez, jurez et signez entre le Roy de France et de Navarre et les prélats, princes, seigneurs, gentilshommes, soldats françois et étrangers à la suitte de Sa Majesté à Melun,

le 13ᵉ jour d'avril 1590

Que tous ceux qui voudront entendre audit parti

1. P. de MIRAUMONT, *op. cit.* p. 172.
2. *Ibid* p. 173.
3. B. N. CLAIRAMBAULT, 828, f. 1083.

*seront réputés ses bons et fidèles serviteurs, et oultre
le payement de ce qui leur aura esté promis, ils
demeureront absous de tous cas, jusques à huy, mesmement de prise de biens, fut-ce de la Couronne,
exceptez ceux qui sont au Roolle baillé au seigneur
de Richelieu* [1]...*

Cet *article* serait incompréhensible si l'on ne connaissait par Agrippa d'Aubigné le terrible souvenir
qu'il évoquait.

Sa mort suivait de près. Il était à Gonesse, dans
le camp royal, lorsqu'une fièvre violente le saisit
et l'emporta le 10 juillet 1590, dans la force de l'âge
et de la vigueur (il avait 42 ans) « ayant receu les
sacrements de l'Église avec une grande dévotion [2]. »
Le roi venait de le nommer premier capitaine de
ses gardes.

D'après plusieurs témoignages contemporains,
le dénuement de Richelieu, à sa mort, était tel qu'il
fallait vendre son collier de l'Ordre pour le faire
inhumer. Il est fort possible et même très probable
que ses affaires fussent embrouillées, mais il ne
faudrait pas en conclure à sa ruine. Il possédait des
terres, les seigneuries de Richelieu, de Chillou, de
la Vervolière et autres, et d'autre part, l'on a vu ses
placements importants en rentes constituées, quel-
ques-unes sur des particuliers, la majeure partie sur
l'Hôtel de Ville et des Recettes générales. Mais les
événements politiques qui s'étaient déroulés depuis
la journée des Barricades au moins, n'étaient faits
pour lui permettre ni de toucher des arrérages, ni

1. L'ESTOILE, t, IV, p. 152.
2. J. AUBERT d'après MARTINEAU, *op. cit.* p. 74.

de percevoir des revenus quelconques de ses domaines ; ceux-ci devaient à grand peine subvenir aux besoins de sa famille qui avait dû s'y retirer au commencement des troubles.

Sa situation était celle de la plupart des grands seigneurs et non des moindres à la même époque, à commencer par le roi. Au début de la guerre, lors des combats d'Arques, « les finances de Henri IV étaient si courtes, que souvent sa table manquait, et qu'il se trouvait contraint d'aller manger chez quelques-uns de ses serviteurs, entre lesquels Mr d'O le traitait le mieux [1]... »

Dans les premiers jours d'octobre, le duc d'Angoulême s'estimait très heureux de gagner, en une heure de la soirée, contre le comte d'Évreux, 50.000 livres sur un saphir qu'il portait au doigt et que son partenaire avait pris pour un diamant. « Le Roy estant sans finances », il ne pouvait en être assisté ; tous ses biens étant situés au milieu des terres ennemies, son trésorier à sec, et ses pourvoyeurs sans crédit, il n'y avait, avouait-il, que son épée et quelque aventure de ce genre qui pût le faire subsister. Si le grand prévôt eut laissé des *Mémoires*, nous y trouverions certainement le pendant de cette aventure.

Le roi avait été déjà touché par la détresse de Richelieu. Malgré sa gêne propre et sa lésinerie que lui reprochait aigrement d'Aubigné, il lui avait fait don, à Tours, le 22 mars, l'année de sa mort, d'une somme de 20.000 écus en un mandement ; mais il en avait été comme de ceux de Henri III.

---

1. Duc d'Angoulême, *Mémoires*, p. 81.

Ce n'est que trois ans après, le 26 janvier 1593, que Suzanne de La Porte obtenait du conseil d'État tenu à Chartres le payement de ce mandement sur les deniers des confirmations du pays de Bourgogne[1]. Et encore n'était-ce peut-être pour elle qu'une vague espérance de plus ? Henri de Noailles, gratifié modestement de 2.000 écus à la fin de 1593, se voyait réduit à sommer trois fois, les 14, 18 janvier et 28 février 1595, le receveur général de Limoges, de lui en payer pour le moins la moitié[2]...

*
* *

Les circonstances passagères et les causes épisodiques mises à part, la détresse finale du grand prévôt n'était pas une exception. Un cortège d'infortunes illustres se déroule à côté de la sienne.

La plus typique assurément est celle de son ami François d'O qui le cautionnait en 1579. Le grand favori avait eu dans ses mains la fortune de la France et n'avait pas possédé moins de 4 millions de livres en propre. Mis en disgrâce en 1581, il partait avec 60.000 livres de rente, 200.000 écus de deniers clairs gagnés en 7 ans au service de son maître, et 40.000 écus de récompense pour sa charge de maître de sa garde-robe[3], sans compter son gouvernement du château de la ville de Caen. En 1594, il meurt cependant dans un tel dénuement que quelques parents se disant ses amis, serviteurs et créanciers font, à sa dernière heure, saisir et enlever

---

1. B. N. CLAIRAMBAULT, 654, f° 291 et 294 v°.
2. Les papiers de Noailles... p. 4 et 5.
3. L'ESTOILE, t. II, p. 32.

tous les meubles de son logis, et jusqu'à détendre les tapisseries de la chambre où il agonise [1].

La fille unique du chancelier de Birague, puissamment riche, vit, après la mort de son troisième mari, Jacques d'Amboise, des charités quotidiennes de quelques amies, dames de la Cour, avec lesquelles elle a épuisé tout son bien dans un train magnifique, et qui la font inhumer à leurs frais, à sa mort [2].

Plus fréquemment et couramment, c'est la gêne, sinon la ruine. Nous avons cité plus haut le duc de Guise vendant à Schomberg ses terres et comté de Nanteuil-le-Hedouin pour payer une partie de ses dettes dépassant un million de livres [3]. Schomberg, l'acquéreur, possède en outre, en 1583, les terres et seigneurie d'Amerye en Champagne, une maison rue Fromenteau, à Paris, et 14.000 livres de rente sur l'Hôtel de Ville [4]. Dix ans après, néanmoins, il est gêné et doit 32.000 écus à Bassompierre [5].

Christophe de Thou ne laisse, à sa mort, que 4.000 écus qui servent à payer ses obsèques ; « il négligeait assez souvent ses affaires, mais il y avait mis si bon ordre qu'il ne devait rien [6]. »

En 1610, le duc de Bouillon n'a pas encore achevé de payer les 35.000 écus empruntés à Paris à rentes, en 1583, pour payer sa rançon [7].

Et l'épargne, même dans les charges les plus hautes et lucratives ? Montluc, dont c'était le cas, déclarait

---

1. SULLY, *OEcon. royales* (Edit. Michaud), p. 172.
2. DE THOU, *Mémoires*, p. 215.
3. L'ESTOILE, t. I, p. 265.
4. Ms. orig. (*Coll. de l'auteur.*)
5. BASSOMPIERRE, *Mémoires*, p. 40.
6. DE THOU, *Mémoires*, p. 313.
7. DUC DE BOUILLON, *Mémoires*, p. 48.

n'avoir pu acquérir, pendant tant d'années de hauts commandements, plus de 20.000 francs de bien[1] ; et il citait quatre personnages célèbres, qui avaient gouverné deux rois, Chastillon, Bourdillon, Galliot et Bonneval, sans avoir pu acquérir tous ensemble 10.000 écus de rente[2]. Dans les vingt-un ans de sa carrière, Villeroy, le secrétaire d'Etat, l'ami de Richelieu, n'avait pu placer que 4.000 livres de rente, et encore, disait-il, « je ne les pourrai dire miennes que quand j'aurai payé 30.000 écus que je dois... et outre cela, j'ai engagé ou vendu une bonne partie du bien de ma femme[3]. »

Nous reviendrons, en leur temps, sur les éléments personnels qui se retrouvent au fond de la ruine de Richelieu, la multiplicité et la qualité de ses hommes d'affaires, l'impossibilité pour lui de suivre comme il le fallait ses questions d'intérêt, avec sa vie agitée et mouvementée. Retenons seulement ici ceux qui sont d'ordre général et qui affectaient toute la noblesse : le mépris affiché et vaniteux pour tout ce qui touche à l'argent[4], « l'amour du bien », mais pour la satisfaction immédiate des besoins artificiels créés par une ambiance de luxe et de dissipation, son imprévoyance qui la jette, tête baissée, dans ce gouffre de folies à la mode, et enfin et surtout son enthousiasme

1. MONTLUC, *op. cit.* p. 361.
2. *Ibid.* p. 374.
3. VILLEROY, *Mémoires*, p. 134.
4. L'économie et le bon ménage du « duc d'Epernon sont traités d'avarice », bien qu'il ait le plus grand train de la Cour : sa fortune lors de son mariage était de 1.300.000 écus en meubles et immeubles (7 août 1587). (GIRARD, *op. cit.* p. 58).

irréfléchi pour les rentes avec le mirage du revenu supérieur sans aléa, qui fait corps avec son désintéressement de la terre et de la fortune foncière.

Celle-là résistait à l'orage, et la vie du grand prévôt nous en fournit deux exemples typiques, d'autant qu'il a peut-être apporté son appoint à l'édification de l'une d'elles.

Nous avons nommé Jacques Danès, qui personnifie la bourgeoisie économe et prudente, ne faisant à la rente que la part qui lui convient dans son portefeuille, et encore n'est-ce que de la rente constituée sur de bons et solides gages fonciers.

Le second nous est donné par le personnel de la prévôté lui-même, et il est d'autant plus intéressant qu'il s'agit de l'*alter ego* de Richelieu, son premier lieutenant, Lugolly[1]. En 1586, il possédait au faubourg Saint-Honoré, attenant les Capucins, un hôtel à trois travées à l'enseigne Saint-Pierre, avec dépendances importantes, jardin et terres[2]; il y avait alors comme locataires un ménage célèbre, le frère du duc de Joyeuse, et la sœur du duc d'Épernon, laquelle y mourut en 1587 à l'âge de 20 ans[3]. Il habitait dans une maison lui appartenant, quai de la Mégisserie, et laissait, après lui, quelques biens considérables : Croquefontaine où il mourut en 1600 avec le même surnom de Tristan l'hermite que son ancien chef[4],

---

1. En 1581, sa fortune lui permettait de faire une rente de 33 écus 1/3 à sa belle-sœur Antoinette Gentian à l'occasion de son mariage avec Claude Dorron (*Arch. Nat.* Y-124, fol. 155 v°).

2. Le 8 novembre 1586 (il était alors veuf), il en léguait par testament l'usufruit à une dame Nicolle Lavenant, femme de Claude Gelan, ou à sa descendance directe, sans deshériter pour cela ses deux filles, Madelaine et Marguerite (*Arch. Nat.* Y-130, fol. 219 v°).

3. L'ESTOILE, t. III, p. 60.

4. *Ibid.* t. VII, p. 228.

Chasteauneuf près Brie-Comte-Robert, domaines comportant tous les deux, château clos de fossés, avec pont-levis, parcs, terres et bois, La Boureille avec une maison, Mongazon et Passelay aux environs[1]. Si la Prévôté avait été ruineuse pour Richelieu, il n'en avait pas été de même, comme on voit, pour ses lieutenants.

*
* *

Pour en revenir à Richelieu, la cherté de la vie, les besoins créés par une famille nombreuse, les nécessités somptuaires, les frais considérables de personnel et de voyage, les intérêts des emprunts où l'entraînait le retard dans le payement de ses gages et de ses avances au roi, tout cela n'expliquerait point la situation de sa succession, puisqu'à sa mort, il disposait d'un capital considérable, bien qu'improductif. Tallemant a dit le véritable mot : « il laissa ses affaires furieusement embrouillées ». C'est donc du côté de leur gestion par des hommes d'affaires peu scrupuleux qu'il faut en chercher la cause.

1. Actes de constitution de rentes avec Pierre de Miraumont, le 14 août 1597, et avec son gendre, Josias Mortier, seigneur de Choisy, le 25 novembre 1598 (*Mss. orig.* Coll. de l'auteur). Après la mort de Richelieu, Lugolly continuait à défrayer la curiosité de L'Estoile qui lui donne même parfois du « Prévôt ». (t. VI, p. 193, 216 ; t. VII, p. 173). Les affaires les plus sensationnelles furent celles de Pierre Barrière et Jean Chastel. Le 1er août 1593, il faisait étrangler par charité le premier agonisant sur la roue (t. VI, p. 85). En décembre 1594, après l'attentat du second, il l'interrogeait vainement, et se déguisait en prêtre, pour essayer, par la confession, d'en tirer davantage, et le confessa. « Combien qu'il joua dextrement ce personnage, si fut-il découvert, tellement qu'il n'en put jamais rien tirer » (t. VI, p. 249). Son dernier procès d'importance fut celui de la fameuse possédée, Marthe Brossier, dont il annonça en personne la supercherie au Parlement, accompagné des médecins enquêteurs (t. VII. p. 353, 23 juin 1599).

A la fin de ses *Commentaires*, Montluc écrivait prophétiquement : « Voulez-vous croire que le capitaine vaillant et sage, grand entrepreneur et exécuteur, aille mourir de faim à un hospital, comme s'il y en avoit en un camp à centaines?... Et voulez-vous doncques croire que le Roy ny les princes qui auront eu cognoissance de vostre valeur, vous laissent aller à l'hospital?... A un homme de bien et vaillant jamais rien ne manque... un seul bienfait du Roy vous vaudra plus que tous les larrecins que vous scauriez faire[1]. »

Richelieu était de son école; il est resté à la Cour « le capitaine Richelieu », le type des capitaines de vieille bande comme ses oncles, vaillant, actif et dévoué, se prodiguant sans compter, et ne sachant pas compter, grand naïf en affaires d'intérêts. Il mourait trop tôt pour jouir « du bienfait du Roy » qui lui était pourtant échu.

1. Montluc, *Commentaires*, p. 5 et 6.

CHAPITRE XIV

La mort de Richelieu laissait sa veuve dans une gêne angoissante ; la situation politique, l'imbroglio de ses affaires, les besoins de l'entretien et de l'édu-

cation de cinq enfants agés de 12 à 4 ans, rendaient
sa charge plus que lourde.

Il serait impossible d'établir, même approximati-
vement, le bilan de sa succession. En plus des biens
fonciers, connus grâce aux titres de propriété[1], nous
ne pouvons porter à l'actif que les rentes constituées
et les mandements sans effet signalés plus haut.
Quant au passif, nous en sommes réduits à des éléments aussi incomplets, mais il était assurément
beaucoup moindre, comme capital, qu'on ne se le
figure ; on en verra plus loin la raison.

Les propres de Suzanne de La Porte étaient considérables, d'après son contrat de mariage, mais ils
avaient à peu près disparu. Une partie avait certainement servi à faire vivre le jeune ménage dans les
premiers temps de son séjour à Paris.

Quant à ses reprises à la mort de son mari, elles
étaient devenues illusoires, étant donné qu'elle avait
donné sa garantie à tous ses emprunts hypothécaires
et que les intérêts s'étaient accumulés.

Il y avait encore à compter avec la vieille grand-
mère, Françoise de Rochechouart, qui avait reçu
comme réemploi de son douaire montant à 10.000
livres, les terres et seigneuries de la famille : Richelieu, Chillou, Neuville, la Vervolière, dîmes de Faye
et leurs dépendances.

D'autre part, les arrérages des rentes étaient alors
un mythe ; la veuve du grand prévôt était donc
réduite aux revenus des terres, déjà mesquins en
temps normal, et singulièrement affectés alors par
l'abandon, l'incurie, et les désastres des guerres

---

1. Martineau les a énumérés avec soin ; il faut y joindre
l'hôtel de la rue du Boullouer.

civiles. C'était peu pour assurer l'éducation des garçons et l'établissement des filles.

Aussi, les premières années de résidence forcée à
Richelieu durent-elles être terribles, autant au point
du vue moral que matériel, car, dès le décès du
chef de la maison, les créanciers, rassurés ou arrêtés
jusque-là par sa haute position, avaient élevé leurs
réclamations, et demandé et obtenu le séquestre.

Suzanne de La Porte trouvait autour d'elle des
concours et des aides précieux. Dans sa famille
d'abord, avec l'affection éclairée de son frère Amador
de La Porte, et des grands-oncle et tante des enfants,
Jacques du Plessis, évêque de Luçon depuis 1584, et
Françoise du Plessis, dame de Marçonnay. Il s'y joignait le dévouement de Denys Bouthillier, l'avocat,
un vieil et intime ami de son père, et de quelques
serviteurs fidèles comme Adam Bajoue, l'ancien secrétaire du grand prévôt, qui avait continué à s'occuper
d'une partie de ses intérêts en province, et qui gérait
notamment les revenus temporels de l'abbaye d'Absie
en Gâtine, attribuée au jeune Alphonse [1].

Il y avait enfin la haute protection du roi, qui
n'avait pas oublié Richelieu, et qui devait bientôt
témoigner sa reconnaissance aux siens.

Les enfants grandissent et avec eux, les besoins
de la famille. L'absence de dates précises ne permet

----

1. Martineau, *op. cit.*, p. 110.

pas de leur juxtaposer exactement les accroissements de ressources, mais elles s'enchaînent dans leur ensemble.

L'aînée des filles, Françoise, s'est mariée avec Jean de Beauvau. Henri est parti pour la Cour, où il va grossir la troupe des pages du roi, comme son père et son aïeul; Armand l'a rejoint à Paris, pour suivre les classes du collège de Navarre, sous la tutelle et la surveillance des Bouthillier et de son oncle Amador. De nouvelles ressources ont permis de satisfaire à ces frais. La mort de Jacques du Plessis, l'évêque de Luçon, survenue en 1592, avait déjà apporté à la famille le secours des revenus temporels de l'évêché ; l'année suivante, le règlement de l'acquit du don de Henri IV au grand prévôt lui valait 20.000 écus. En 1594, Suzanne de La Porte reçoit 1.500 livres comme récompense de l'abbaye de Saint-Urbain ; la mort de Françoise de Rochechouart, vers 1595, l'allège d'une charge...

En plus des mandements dont il n'avait pu tirer aucun parti, Richelieu possédait un certain nombre de rentes constituées ou sur des particuliers ou sur des garanties d'Etat. Si nous en jugeons par ce que l'on verra plus tard, les premières avaient subi le sort commun. Elles étaient parties en fumée : des cinq que nous connaissons, une seule avait eu ses arrérages payés jusqu'en 1604 seulement...

Quant aux autres, constituées sur l'Hôtel de Ville, ou sur des Recettes générales, elles avaient éprouvé le contre-coup de la Ligue, dans le désordre général des finances qui se prolongeait jusqu'en 1597. Tous les titres de la dette publique avaient été vérifiés avec soin, pour la réduire, par ordre de Sully. Sui-

vant le cas, les rentes étaient déclarées exagérées ou
usuraires, et réduites en conséquence. Bien que le
grand prévôt ne fût plus là pour soutenir la légitimité des siennes, son souvenir plaidait pour lui.
Nous ignorons ce qu'il advenait de sa rente de
3.000 écus sur l'Hôtel de Ville ; comme tant d'autres,
elle était sans doute ramenée du denier 12 au denier
18, au denier 20, ou même au denier 25[1]. En revanche, le sort de celle de 1.000 écus sur les recettes
générales de Rouen, Orléans et Tours, nous est
connu. Par un arrêt du 7 avril 1603, le Conseil
d'Etat l'évaluait à 3.000 livres.

A la suite de quelles circonstances était-elle presque
immédiatement vendue à Joseph Lamberty, sieur de
Beaumarchais, sur la requête de Papron Parduy, un
gentilhomme lucquois[2]? Cette catégorie de seigneurs
italiens avaient la spécialité du courtage et du négoce
d'argent. Etait-ce un ancien créancier du grand prévôt, ou un créancier relativement récent de sa veuve,
usant de son droit sur un gage? Nous sommes tentés
d'adopter cette dernière hypothèse, vu les nouveaux
besoins d'argent, et largement justifiés, de la famille.
Henri du Plessis, marquis de Richelieu, orgueilleux
et dépensier, dépense plus qu'il ne peut, et veut
faire figure à la Cour entre « les dix-sept » seigneurs
qui y donnent le ton[3]; Françoise, sa sœur aînée,
veuve de Jean de Beauvau depuis 1597, s'est
remariée avec le seigneur de Pont-Courlay qui vit
aussi à la Cour; quant à Armand, le marquis du
Chillou, « du Chillou », comme l'appelle sa mère, il

---

1. Poirson, *op. cit.*, t. I, p. 465.
2. Ms. orig. (*Coll. de l'auteur.*)
3. Tallemant, *Hist.*, t. I, p. 371.

mène à Paris, avec quelque désinvolture insou-
ciante, la vie d'un jeune gentilhomme riche ; il a
un logis à lui, un précepteur, un valet de chambre,
un petit laquais, et ce train de maison, même
bien réglé et sans dissipation, ne va pas sans de
fortes dépenses...

Une lettre inédite de Suzanne de La Porte ren-
seigne de la façon la plus précise sur la situation
pécuniaire de la famille à cette époque. Les créanciers du grand-prévôt sont aussi devenus ceux de sa
veuve. Elle ne cache pas son dénuement, et l'accepte
avec une résignation pleine de dignité. Aux menaces
de l'un d'eux, elle répond avec un tact et une franchise qui la montrent sous un jour inconnu : « Je
vous supplie croire que je porte avec autant de
regret et de déplaisir la longue patience que vous
avez eue pour ce qui est deub à M^r vostre père par
feu Mr de Richelieu, qu'elle vous peult apporter d'incommodité. Mais *tous mes créanciers ayant fait
saisir tous les biens de mes enfants et faict faire bail
d'iceluy m'a osté les moyens de sortir aussy promptement de cest affaire que je l'aurois délibéré* et faire
en sorte que je puisse rendre chacun comptant. Je
ne veux pas vous empescher d'en faire telle poursuite et diligence qu'il vous plaira, mais bien vous
dire que le bail du bien de mes enfants estant faict
vous ne le pouvez faire sans des frais qui ne vous
serviroient que de perte et d'incommodité. *Nous
sommes apres d'adviser les moyens de faire vendre des
domaines du Roy et autres rentes délaissées par feu
Mr de Richelieu afin de payer les créanciers. Je feray
ce qui sera en ma puissance, afin que vous soyez payé
en vostre tour et ordre et y apporterai toute la dilli-*

gence qu'il me sera possible, désirant vous tesmoigner[1], etc... »

*
* *

Sautons quelques années pour arriver à 1610. Les caractères des enfants de Richelieu se sont accentués ou modifiés avec l'âge.

Armand est évêque de Luçon et déploie toutes ses énergies spirituelles et matérielles dans son diocèse.

Henri, gentilhomme ordinaire de la chambre du roi, a 3.000 livres de pension[2]; il est en crédit auprès du roi, auprès duquel il semble continuer les fonctions de gazetier intime qu'avait remplies officiellement son père[3]. La Reine lui conserve les mêmes faveurs; le 15 novembre 1610, elle l'envoie vers le duc de Lorraine « pour se condolloir avec lui » de la mort de la duchesse[4]. Il a des succès à la Cour, et y continue la tradition paternelle par ses dépenses, ses besoins, ses emprunts, et son caractère autoritaire et exagérément fier. Déjà dix ans avant, à peine majeur, Henri IV avait dû intervenir dans une querelle entre lui et le successeur de son père[5].

Henri de Richelieu n'avait pas attendu jusque-là pour se poser en chef de famille. Dès sa majorité, il avait fait valoir ses droits à l'héritage paternel. Les besoins le poussaient, sans doute, à l'époque qui

1. B. N. Cabinet d'Hozier, vol. 271, Doss. 7332, *du Plessis,* fol. 7.
2. B. N. Pièces orig. 2.302, n° 29.
3. TALLEMANT, *Hist.,* t. I, p. 371.
4. B. N. Pièces orig. 2.302, n° 30.
5. Lettres missives de Henri IV (*Doc inéd.*), t. V, p. 170, 6 octobre 1599.

nous occupe, à intenter à sa mère une action en payement de 20.000 livres. Cette somme provenait d'un transport à lui fait par sa grand'tante, Françoise du Plessis, d'une obligation de Jacques du Plessis[1]. Une transaction arrêtait le procès ; il acceptait de recevoir en contrepartie du capital et de tous les arrérages de retard (un détail significatif) les terres, seigneurie et hôtel de Chasteauneuf, ainsi qu'il est demeuré par « succession aux enffans mineurs de la dame de la Porte ». Cette affaire dénote chez l'aîné un manque de sollicitude quelque peu étrange pour le reste de sa famille et en particulier pour sa mère.

Celle-ci, comme en fait foi l'une de ses lettres, avait trouvé plus de réconfort et un autre appui auprès de son fils Armand, l'évêque de Luçon, qui lui assurait un peu plus tard une pension de 2.000 livres pour lui permettre de vivre au château de Richelieu[2].

Elle en avait besoin, devant l'échéance menaçante des poursuites des créanciers qui suivaient leur cours en vue d'une vente judiciaire.

En 1608, Jean Gillier, le seigneur de Faye dont relevait Richelieu, avait fait cession de ses droits de suzerain par rapport à cette vente. L'année suivante, un arrêt royal du 27 novembre portait qu'on abrégerait les formalités et qu'il serait passé outre à ce qui restait encore à en remplir, en réservant à la veuve, Suzanne de La Porte, de se faire « colloquer », c'est-à-dire rembourser à son rang des sommes qui lui étaient dues. Enfin, le 21 avril 1612, on décidait

---

1. Un an plus tard, en 1611, il héritait de cette même tante des terres et seigneuries de Saulve et de Primery.
2. LACROIX, *Richelieu à Luçon*, Paris, 1890, p. 137 et 138.

de « l'arpentage général du château, terres et seigneuries de Richelieu et autres », en vue de la vente, et les criées réglementaires furent faites dans les localités et temps voulus [1].

C'est à cette date qu'entrent en scène deux personnages dont on rencontre pour la première fois le nom dans la *Correspondance* du cardinal de Richelieu, et qui motivent ce chapitre, Pierre Adumeau, d'une famille notable de Chatellerault, receveur des tailles de cette ville, et son fils Michel habitant Paris. Le premier avait été l'homme d'affaires du grand prévôt jusqu'à sa mort, correspondant fréquemment avec lui, recevant ses confidences sur ses besoins d'argent, l'aidant sans doute à trouver des prêteurs dans la province, bref lui rendant assez de services de cet ordre pour se voir appeler un jour par lui « l'arc-boutant de sa maison ». A la mort du grand prévôt, la famille lui avait conservé la confiance du père, et Henri de Richelieu avait remis ses intérêts entre les mains du fils, Michel. Adumeau s'était rendu en quelque sorte une façon d'homme indispensable auprès d'eux, connaissant sans doute par le détail, et pour cause, toutes les affaires embrouillées du défunt et servait d'intermédiaire entre la famille et les créanciers, auxquels il s'intéressait d'une étrange manière, comme on le verra plus tard.

Seul l'évêque de Luçon, plus avisé, et plus pra-

---

1. Nous avons emprunté tout ce qui concerne cette vente au savant et documenté ouvrage de M. l'abbé Bossebeuf.

tique, l'avait déjà percé à jour, ce qui explique la sourde inimitié qui existait entre eux.

Le ton froid et mesuré d'une lettre de 1612[1], par laquelle l'évêque de Luçon répondait laconiquement à la transmission du souvenir de politesse d'un tiers par Adumeau (un prétexte pour lier des rapports plus cordiaux sans doute), en est un premier indice. Elle est encore confirmée par le fait qu'Adumeau laissait volontiers celui-ci de côté dans ses lettres d'affaires adressées seulement à sa mère, Suzanne de La Porte, et à son frère Henri. L'on verra plus tard cette défiance se préciser à la mort de ce dernier.

Avec le temps, la situation de la famille Richelieu s'améliorait, pour les deux frères restés dans le monde, le troisième Alphonse s'étant retiré dans l'ordre des Chartreux. Henri bénéficiait à la Cour du souvenir de son père; en 1614, sa pension est doublée, et portée à 6.000 livres[2]; en 1615, il est conseiller du roi en ses Conseils d'État et privé, et mestre de camp du régiment du Piémont[3].

Son frère Armand, aidé par lui, marche dans une autre voie vers la Fortune. Il s'est mis en relief aux États généraux de 1614, où il a représenté le clergé dans le discours de clôture; il partage avec son frère Henri la faveur de la reine-mère; il vient fréquemment à Paris où il a une maison...

---

1. AVENEL, *Lettres...* t. I, p. 102.
2. B. N. Pièces orig. 2.302, n° 33.
3. B. N. Pièces orig. 2.302, n° 34.

Un nouveau lien rapprochait les deux frères
autour de leur mère, le mariage d'Henri. Il avait
épousé une veuve, madame de Silly, Marguerite
Guiot des Charmeaux, dame d'Ansac, fille d'un président des Comptes, ayant une grosse fortune. Les
habitudes « d'ordre et de prudence » de sa femme
qui lui étaient précieuses, d'après son aveu [1], « dans
sa confusion d'affaires », avaient créé un courant
d'affectueuse sympathie entre elle et sa belle-mère.
Il fallait que ce sentiment fût bien fort, pour qu'elle
la prît pour confidente des appréhensions que lui
inspiraient les affaires de son mari ; de son côté
Suzanne de La Porte y prenait part, comme le montre
une lettre d'une affection profonde et d'une sollicitude émue [2].

Une lettre de l'évêque de Luçon à sa belle-sœur,
datée celle-là, et probablement de la même époque
que les précédentes, nous initie à leurs bons rapports
et aussi à l'autorité qu'il avait su prendre sur son
mari, malgré le caractère entier, absolu et querel-
leur de celui-ci, prouvé une fois de plus par l'incident qui motivait cette lettre [3].

Un peu plus d'un an après, Suzanne de La Porte
s'éteignait à Richelieu, le 14 novembre 1616.

L'exil d'Avignon réunissait les deux frères,
rejoints par leur beau-frère de Pont-Courlay, et les
associait d'abord dans la disgrâce, puis dans le
malheur. Henri était frappé dans cette ville par la
nouvelle de la mort imprévue de sa femme, sur-

1. B. N. FRANC. 23.200, fol. 90 et 98.
2. Appendice n° III. On voit le peu de créance qu'il faut faire
à l'anecdote classique de Tallemant sur la robe destinée « à la
femme d'un des dix-sept seigneurs. »
3. Appendice, n° IV.

venue à Richelieu, où elle était restée, le 15 octobre
1618, le lendemain du jour où elle lui donnait un
fils. Si l'évêque de Luçon anémié et découragé allait
chez les Carmes déchaussés de la ville papale, se
repaître de la hantise du cloître[1], la douleur amenait, de son côté, son frère dans le monastère des
Recollets. Elle était accrue par le fait que sa femme
lui avait été ravie, écrivait-il plus tard, avant qu'il
n'eût « guères eu le loisir de la posséder, n'ayant
même passé avec elle que la moitié du temps que
nous avons été mariés[2] ». Ces bons religieux lui
prodiguaient leurs consolations; il leur en était
reconnaissant, et le leur témoignait, en faisant en
leur faveur un testament par lequel il leur léguait
sa terre d'Ansac et six mille écus pour y bâtir un
monastère.

*
* *

Son absence n'avait pas été pour arranger ses
affaires, et la mort de sa femme achevait de les
compliquer, de même que la minorité de son tout
jeune fils. Aussi, dès son retour en France, avec la
permission du roi, s'empressait-il de prendre contact, à ce sujet, avec Adumeau, son homme d'affaires,
Nicolas Pinette, avocat au parlement, son procureur
à Paris, et surtout Bouthillier, le vieil ami fidèle et
sûr.

Son frère Armand l'avait-il édifié à Avignon sur
le compte du premier? L'homme d'affaires avait-il
profité de l'absence de son patron, pour commettre

1. *Autour de la plume de Richelieu*, p. 176 et suiv.
2. B. N. Franc., 23.200, fol. 91.

quelque irrégularité? Se croyait-il plus que jamais indispensable, étant donné la cordialité intime et confiante que lui témoignait le troisième frère Alphonse pendant l'exil d'Avignon[1]? Son ton en avait-il dépassé la mesure? Il y avait eu de tout cela peut-être et sa lettre au marquis devait le refléter. Voici la réponse que lui faisait ce dernier; nous la donnons tout entière, car elle est le prologue de ce qui va suivre :

« Adumeau, vous eussiez esté bien plus habile, sy vous n'eussiez point voulu paroistre si entendu, car pour avoir changé la datte de la lettre de M. Pinette, et ne me l'avoir envoiée que quinze jours apres qu'elle vous a esté baillée, je n'ay pas laissé de connoistre que vous vous estiez voulu prévaloir de sa cappacité, en ayant coppié de mot à mot tout le commencement pour me l'escrire, comme sy c'eust esté de vostre invention. C'est une finesse cousue de fil blanc, et que je vous mande, affin que vous n'usiez plus de tels artifices, principallement en mon endroit. Au reste, aprenez a escrire avec plus de respect et de civilité et sans oublier au bout de la plume les termes necessaires : car, oultre qu'il ne vous est pas bien séant, je ne veux pas que vostre gloire ou vostre ignorance me nuise ny qu'elle vous perde. Je ne vous prie pas pour ceste heure davantage que c'est. Mais changez de stile ; et aussy tost que vous aurez receu mes lettres, allez porter celle que j'escris à Me Pinette, et ne faites rien en mes affaires sans l'advis de M. Boutheiller et le sien, car je leur en ay escrit amplement, et des moyens pour

1. B. N. Nouv. acq. Franc. 22.398, fol. 107, s. l. n. d.
2. B. N. fonds Sorbonne, 1135, f°. 100.

empescher qu'on ne face inventaire de mes meubles. Il fault donc faire que les choses demeurent en l'estat qu'elles sont ; ce qui sera facille, le scel ayant esté apposé chez moy, et ayant eu de nouvelles lettres de surséance par le moyen desquelles vous arresterez tousjours toutes les poursuittes qu'on voudroit faire, aussy que n'y aïant que mon filz qui y aye interest a cest inventaire, rien ne pouvant déperir, le retardement ne luy peut guère. Cependant j'attends le testament de ma femme et le retour de Constantin, premier que de prendre une résolution de l'ordre que je doibs tenir en mes affaires. Par après j'envoieray procuration en la forme qu'il faudra pour louer mon logis, et faire ce que j'adviseray, d'ailleurs je croy que vous n'aurez pas oublié à faire signiffier à toutes mes parties mes lettres d'estat, affin d'empescher toutes les surprises dont ils pourroient user contre moy, tant en Grand Conseil, Parlement qu'ailleurs. Veillez hardiment et à servir madame Sannoi le plus qu'il vous sera possible ; et ne doubte point qu'elle n'aye bien eu de l'affliction de sa perte et de la mienne. Je voudrois bien que le gage qui m'en reste fust auprès d'elle pour la consoller et la pouvoir secourir. Mais bien que ce soit à présent mon plus grand désir, c'est ce dont j'ay moins de moyen. Sur cela j'ay veu la coppie de la lettre que vous m'avez envoïeé ; mais ne jugeant pas à propos de l'escrire, pour plusieurs raisons, vous yrez trouver de ma part celuy à qui elle se devoit adresser afin de l'asseurer que je suis son serviteur tres humble ; le remercier de sa bonne volonté et lui dire que j'aime mieulx suporter mes maulx, veu l'estat où sont les choses, que d'em-

ployer mes amis, et particulièrement ceux que j'ho-
nore comme luy, craignant de leur nuire. Vous en
direz autant à Mᵉ Da auqueul je me sens grandement
obligé du soin et de la peine qu'il prend pour
moy ; en quoy il me confirme la créance que j'ai
tousjours eue de son amitié et l'opinion que tout le
monde a generalement de sa generosité. Quelque
jour Dieu me fera la grace de luy tesmoigner combien je ressens les offices que luy et mes autres amis
me rendent ; maintenant je ne leur escris point.
Cependant, au nom de Dieu, corrigez vous de vos
débauches et artifices et songez à mes affaires y
apportant toute sorte de soin et n'y faisant rien sans
conseil. Faictes tenir les lettres promptement que
j'escris à vostre père. »

Cette lettre précise bien la nature de leurs rapports. Richelieu ne cachait à son homme d'affaires,
ni sa méfiance, ni son peu de considération. Le sans-
gêne, l'incivilité et les artifices qu'il lui reproche,
sans rompre pour cela avec lui, le ton impératif de
ses instructions mêlé de quelque mépris sont significatifs. Adumeau lui était indispensable, quoi qu'il
lui fît. D'autres lettres non datées du même recueil
de copies en disent assez là-dessus : « Je suis en
peine de n'avoir aucune nouvelle de mes affaires ;
je crois qu'Adumeau est mort[1].... » Ailleurs :
« Mᵉ Adumeau m'ayant mandé qu'il estoit poursuivy
de rendre son compte, bien qu'il m'offre de perdre
plus tost tout ce qu'il a que de quitter mon fils,
après une si longue assistance que celle qu'ils m'ont
rendue, il n'est pas juste que j'abuse plus longtemps

1. B. N. Franc. 23200, fol. 95.

pour cette fois de leur bonne volonté, qu'ils me conserveront quand son aage permettra qu'on le puisse changer de lieu[1]. »

Les scellés avaient été apposés ; les créanciers l'acculaient ; il en était réduit à demander un conseil à Pinette, et à lui proposer de continuer l'exécution du mémoire dressé avec sa femme (sans doute un projet de règlement général de leurs dettes) tout en obtenant de temps en temps « des lettres de surséance pour empêcher le jugement de ses procès[2]. »

*
* *

Son jeune fils sur lequel il avoit reporté toute son affection, survivait peu à la mère : né le 14 octobre, il mourait le 8 décembre.

Le père le suivait de près ; il était tué en duel au milieu de juillet 1619. Cette mort affectait vivement son frère Armand : perte d'affection consolidée par la communauté d'exil, perte du nom, perte d'un auxiliaire politique puissant en un moment critique.

Il n'ignorait rien du mauvais état des affaires d'Henri, pas plus que de celui de sa bourse ; il les avait suivies avec intérêt, et ne lui avait ménagé ni les avis, ni les conseils[3].

Aussi, était-il fixé d'avance sur la succession qu'il acceptait, avec ses cohéritiers, sous bénéfice d'inventaire.

1. B. N, Franç. 23200, fol. 105.
2. B. N. Franç. 23200, fol. 103.
3. Avenel, Lettres... t. I. p. 555, 578.

*
* *

La lettre que lui écrivait Adumeau, le 14 juillet 1619, au lendemain de la mort de son frère, n'était donc pas faite pour le surprendre : l'homme d'affaires le mettait au courant des premières mesures conservatoires qu'il avait prises sur les avis de Bouthillier et de Pinette : la mise sous scellés au logis du défunt et au château d'Ansac, ses recommandations au concierge du château de n'y laisser entrer personne, afin d'éviter les désordres des nombreux créanciers, exaspérés et menaçants. Il lui proposait enfin de lui envoyer un mémoire des procès du défunt pendants, avec leur situation, en lui demandant s'il voulait les reprendre, et finalement s'offrait à lui continuer, dans le même emploi, les services qu'il avait rendus à son frère, en appuyant du témoignage de Bouthillier ses protestations de fidélité et de diligence[1].

*
* *

Il nous faut aller jusqu'à la fin de 1620 pour revenir à la succession du grand prévôt. Par un arrêt du 7 décembre de cette année, le conseil avait déclaré qu'il serait procédé, après les cinq criées réglementaires, à l'adjudication des terres, seigneurie et château de Richelieu dans les formes usitées. La vente avait lieu le 15 février 1621, sur une enchère de 79.000 livres ; cette somme était payée comptant par

----

1. Arch. des aff. étr., *Mém. et doc. France*, 772, ff. 106-107.

l'acquéreur, Alphonse de Richelieu, et le même jour un arrêt du conseil délivrait l'adjudication à son frère l'évêque de Luçon substitué.

Ici se place un incident curieux. A son retour en France, Henri du Plessis avait révoqué son testament en faveur des Minimes, par acte authentique du 8 juillet 1619. A sa mort, survenue peu après, un procès s'était engagé entre ses héritiers bénéficiaires et les Minimes révoquant la légitimité de cet acte et réclamant le bénéfice du testament. Une sentence des requêtes du Palais du 4 mars 1621 déboutait ces derniers et donnait raison aux héritiers naturels [1]. Elle libérait ainsi une partie de la succession bénéficiaire d'Henri de Richelieu, mais postérieurement à la vente du gage des créanciers de son père. Or, bien que la succession de ce dernier eût été déclarée vacante et abandonnée, et fût par conséquent complètement indépendante de celle de son fils, il n'avait pas moins dû en résulter un imbroglio et une confusion dans l'esprit de bien des créanciers, d'autant que quelques-uns d'entre eux l'étaient probablement à la fois et du père et du fils. D'une part, cette situation avait pu faciliter aux héritiers le rachat avantageux de certaines créances, tandis que d'autre part, la séparation des successions avait dû frustrer certaines espérances, et déjouer plus d'une louche combinaison. Ces observations éclairent ce qui va suivre.

---

[1]. Les Minimes en appelaient; la sentence donnait raison aux intimés. Cfr. *Factum pour M. l'Evesque de Luçon et consors héritiers par bénéfice d'inventaire du défunt Sr de Richelieu contre les religieux Minimes appellants d'une sentence des requestes du palais du 4 mars 1621*, s. l. n. d. (B. N. 4° Thoisy, 54 fol. 9.)

*
* *

En sa qualité d'homme d'affaires du grand prévôt, et de son fils Henri, Adumeau ne pouvait que jouer un rôle prépondérant dans la production, vérification et mise en ordre des créances, d'autant qu'il était, d'après sa lettre citée plus haut, détenteur de la plus grande partie des titres des défunts. De son côté, l'évêque de Luçon était partie dans ces opérations, à la fois comme cohéritier éventuel de son frère, et comme créancier personnel de son père pour une somme de 2.420 livres 10 sols. Ce double titre justifiait et facilitait son contrôle. Constatait-il quelque manœuvre louche d'Adumeau? Se heurtait-il à quelque prétention inadmissible de l'homme d'affaires, ou à un refus d'éclaircissement sur quelque revendication suspecte. C'est un fait de ce genre, en tout cas, qui motivait le procès criminel intenté par l'évêque de Luçon aux Adumeau père et fils, au lendemain de la vente de la seigneurie de Richelieu, procès qui se greffait sur un incident survenu dans la liquidation de la succession d'Henri.

Cet incident avait déjà donné lieu à une affaire civile en instance. L'évêque de Luçon et ses cohéritiers avaient réclamé à Jean Chaillou, conseiller du roi et maître ordinaire en la Chambre des Comptes, une somme de 8.750 livres due à Henri de Richelieu, en vertu d'une promesse datée du 1er août 1618. Chaillou s'en défendait, prétendant s'être acquitté entre les mains de Nicolas Lebreton, auditeur en la Cour des Comptes [1], auquel Henri de Richelieu aurait

1. Chaillou et Le Breton étaient-ils Poitevins d'origine? Un

transporté sa créance par un soug-seing privé du 13 mars 1619. Comment l'évêque de Luçon était-il renseigné? Toujours est-il que le 26 et 27 mars 1621, près d'un mois après la vente du château de Richelieu, il demandait au nom de ses cohéritiers et obtenait information par Georges de Thou, commissaire examinateur au Châtelet, contre Pierre Adumeau et son fils Michel « secrétaire du Sr de la Curée » conseiller d'État, maréchal des camps et armées du roi [1]. Le 30 mars, il faisait décerner contre eux par le lieutenant criminel du Châtelet un décret pour leur emprisonnement aux prisons du Châtelet, et mise sous scellés de « leurs coffres, bahuts et autres endroits. »

La sentence était vite exécutée. Le prévôt des mareschaux de Chatellerault appréhendait au corps Pierre Adumeau, l'arrachant à sa femme et à ses six enfants, et « le menait lié et garrotté comme voleur à la prison de Paris », où il restait huit jours entiers aux cachots noirs [2].

Le 16 mai, à la suite d'un interrogatoire des Adumeau par le lieutenant criminel de la prévôté de Paris, interrogatoire qui dura trois jours, l'évêque de Luçon, avec ses cohéritiers, déposait un acte d'inscription de faux contre le prétendu transport de Henri du Plessis du 13 mars 1619.

Chaillou figure dans la suite de Jean de la Haye, lieutenant du Poitou (*Journal de Michel le Riche*, p. 230). Un Lebreton, avocat au Parlement, est correspondant et parent par alliance de Michel le Riche (*Ibid.* p. 293 et 359). On retrouve ces deux noms dans les *Registres criminels des grands jours du Poitou* (p. 224 et 245) et dans le *Journal de Généroux* (p. 19, 55, 84).

1. V. sur Gilbert Filhet, Seigneur de la Curée et de la Roche-Turpin, AVENEL, *Lettres...* t. 1, p. 476, note 2.

2. B. N. DUPUY, 625, fol. 7 à 11.

*
* *

Le procès ainsi engagé dura jusqu'au 6 septembre 1622, un peu plus d'un an et demi; de part et d'autre, il fut mené avec activité, acharnement et passion. Elles s'expliquent, pour les Adumeau, par la gravité de l'accusation qui pesait sur eux, pour Richelieu, par sa rancœur contre les anciens hommes d'affaires de son père et de son frère; il n'oubliait point leurs protestations de dévouement trop intéressées, et ne leur pardonnait sans doute point d'avoir voulu le duper, en leur attribuant, et peut-être avec raison, une bonne part de responsabilité dans les embarras financiers des siens. Ses intérêts matériels mis à part, l'état de sa situation politique n'était pas fait pour l'incliner à l'indulgence; joué sous main, dans ses ambitions tendues vers le chapeau, par Luynes aidé du roi, du nonce et de la Cour de Rome prévenue contre lui, aigri par l'absence de son nom dans la promotion au Cardinalat du 11 janvier 1621, déçu ensuite par la mort de Luynes (15 décembre) qui n'avait pas modifié sa situation, voyant ses conseil méconnus dans la campagne nouvelle contre les protestants, qui devait aboutir à la paix de Montpellier, il a passé dans l'inaction forcée toute la période de ce procès. N'est-il pas très vraisemblable que toutes ses énergies se soient concentrées sur cette affaire, surtout avec les complications dangereuses qui y surgissaient! Qu'il y ait apporté toute la rigueur et la ténacité méthodiques qu'il avait déployées contre les protestants dans *l'Exposition des principaux points de la foy?*

*
* *

Telle est l'impression qui se dégage de la lecture des trente-six pièces principales de ce procès criminel [1] ; nous n'en retiendrons que les incidents les plus significatifs.

L'un d'eux est l'intervention de deux nouveaux personnages, « Jehan Bouchet, avocat, et Marie Guery et consors », se présentant comme « créanciers du défunt « François du Plessis, et de dame Suzanne de la Porte, sa femme ». Par une requête d'intervention déposée le 12 mai 1621, la veille, par conséquent, de l'acte d'inscription de faux, ils demandaient à être mis en possession de tous les papiers que possédaient Nicolas Lebreton et Etienne Vacherot. En réalité, ils n'étaient sans doute que des comparses des Adumeau, et il ne faut voir dans leur manœuvre classique qu'un moyen dilatoire en même temps qu'une menace dissimulée de chantage. Celle-ci avait déjà dû se produire de façon plus discrète. Les frère et sœurs de l'évêque de Luçon ne l'avaient pas tous suivi, certainement par crainte d'un scandale : dans l'acte d'inscription de faux, Nicole du Plessis figurait, en effet, parmi les requérants, comme « femme autorisée par justice, au refus du sieur marquis de Brezé, son mari [2]. »

Le 18 mai, les Adumeau obtenaient leur élargissement sous caution, ce qui pouvait être regardé par

1. Arch. nat. X²ᵃ, 211 à 213. Martineau avait colligé des notes sur cette affaire, pour la suite de son *Hist. de Richelieu* restée inachevée. Avec son érudition perspicace, M. E. Ginot en a enrichi le fonds ms. de la bibliothèque de la ville de Poitiers.

2. 12 janvier 1622.

eux comme un premier succès. Il était suivi (ce qui précise bien la tactique) d'une nouvelle requête de Jehan Bouchet, présentée le 22 ; elle concluait à ce que « ledit evesque de Luçon fût condamné à payer toutes les dettes des créanciers de feu seigneur de Richelieu, grand prevost, son père, tant de son chef qu'à *cause de sa mauvaise foi, et comme héritier dudit défunt Henri du Plessis de Richelieu, son frère,* lequel serait déclaré héritier dudit feu grand prevost, son père, en faisant que toutes les lettres qu'il avoit supposé et transports qu'il en avoit pris d'aulcuns créanciers fussent déclarés nuls. »

Quel que fût le but réel de leur manœuvre, intimidation ou moyen dilatoire, les inculpés tentaient ainsi de faire dévier le débat, ou d'amener le procès sur un terrain nouveau, en attaquant à leur tour. Pour la première fois, l'évêque de Luçon était visé seul et personnellement, à l'exclusion de ses cohéritiers. On escomptait contre lui les déceptions et les colères qu'avait soulevées l'acceptation bénéficiaire de l'héritage de son frère Henri, et que les Adumeau connaissaient mieux que personne ; la nouvelle de l'infirmation du testament d'Henri du Plessis n'avait pas été, assurément, sans les aggraver ! Le reproche de mauvaise foi et de manœuvres trop subtiles ne visait-il pas aussi l'habileté avec laquelle il avait réussi à désintéresser ou à décourager certains créanciers ? On ne peut que poser la question. Un écho de ces accusations se retrouve toutefois dans un pamphlet postérieur, *Les Remonstrances au Roi*, sorti de la plume de son ennemi juré, Mathieu de Morgues, qui avait longtemps vécu avec lui dans une quasi-intimité. Ce dernier écrivait de Richelieu en 1631 :

« Chacun scait que ses revenus estoient fort petits,
lorsqu'il vint d'Avignon à Angoulesme ; et qu'aussi
tost apres il fit cognoistre que son avarice luy faisoit
preferer le bien utile à l'honnorable, lorsqu'il
rechercha et trouva les moyens pour faire perdre
les debtes de son père et de son frère, et qu'il fit
casser le testament du dernier, et lais pieux faits en
un temps auqueul, comme il disoit, l'affliction avoit
troublé son esprit. Les artifices qui furent practiquez,
les tours de soupplesse qu'on fit pour desgager les
biens de sa maison, et ruïner des pauvres créanciers,
sont cognus par plusieurs personnes. »

*
* *

En tout cas, à partir de ce moment, il n'est plus
question, dans la procédure, de l'action de Bouchet
et consorts. On en retrouve mention seulement dans
un procès-verbal de productions faites par eux et
l'évêque de Luçon, en vertu de leurs requêtes des 12
et 22 mai, suivant l'arrêt d'information du 18 mai,
et le règlement contenu au procès-verbal fait le
29 mai par l'un des conseillers de la Cour. Or, ce procès-verbal n'avait trait qu'à « la reconnaissance faite
par Michel Adumeau des pièces missives y mentionnées ». Ce détail seul montre, en dehors des conclusions de l'arrêt définitif, que l'intervention de Bouchet et consorts était dès lors virtuellement rejetée,
au moins provisoirement, comme inopérante. Elle
était du reste, en principe, purement civile et légalement ne pouvait avoir d'autre sort.

Nous passons sur les pièces du dossier ayant trait
à la reconnaissance des titres et missives par les par-

ties et par la Cour, à leur communication aux intéressés, et aux diverses informations faites par des conseillers. L'une d'elles, toutefois, est intéressante. Les Adumeau reprenaient pour leur compte la manœuvre de Bouchet et se portaient accusateurs de l'évêque de Luçon, mais par un moyen détourné, qui avait aussi pour eux l'avantage de soulever éventuellement un conflit de juridiction. Sur leur requête, Jacques de Villontrey, lieutenant général au bailliage et gouvernement de Blois, faisait subir à leur adversaire un long interrogatoire le 26 octobre et jours suivants [1]. Des informations le suivaient. A son tour, l'évêque de Luçon y répondait par une requête tendant « à voir dire que les faits sur lesquels les sieurs Adumeau l'avoient fait interroger fussent declarez faux, injurieux et calomnieux, du moins ledit Michel Adumeau condamné à l'amende et réparations honorables ». Un arrêt du 11 janvier 1622 ordonnait le recollement des dépositions, ou au besoin, la confrontation des témoins. Un autre rendu par défaut contre les Adumeau le 23 février, ordonnait que l'évêque de Luçon fournirait dans les trois jours ses conclusions civiles auxquelles les Adumeau pourraient « répondre et défendre par atténuation trois jours après, et à la huitaine suivante, produire et voir droit et joint audit procès criminel, pour le reste faire droit au rapport dudit conseiller... »

Malgré la rapidité de la procédure inusitée pour l'époque, le procès traînaît en longueur, car c'est le 6 juin seulement que les Adumeau demandaient la

1. Il nous a été impossible de retrouver cet interrogatoire qui contenait au moins 134 articles et dont on devine tout l'intérêt ; il n'a sans doute pas été transcrit.

permission de s'inscrire en faux contre les dépositions des sieurs Chaillou, Lebreton et Nicolas Pinette.

Après deux autres requêtes, l'une de l'évêque de Luçon du 19 août, l'autre des Adumeau du 22 août, toutes deux relatives à la jonction au procès de la Chambre des Comptes, un coup de théâtre se produisait. Les Adumeau, poussés à bout probablement et énervés par la ténacité inlassable de leur adversaire, reprenaient contre lui la tactique déjà employée avec l'interrogatoire par Villontrey, mais cette fois, en se découvrant imprudemment et impudemment. Ils faisaient « imprimer un factum qui passait par les mains de diverses personnes autres que les juges pour subgiller son honneur (ce sont les termes de Richelieu) envers ceux qui ne cognoissoient la qualité de ses actions, auquel factum il y avoit plusieurs paroles insolentes, atroces, injurieuses et diffamatoires, qui ajoutant à la réparation par luy requise par la précédente requête du 1er décembre dernier, fust ordonné qu'en la présence dudit Adumeau, ledit factum attaché à ladite requête qu'ils avoient fait publier pour les articles cottés en icelle seroient biffés et rayés et condamnés à dire et à déclarer que malicieusement, méchamment et comme mal advisés ils avoient faict imprimer ledit factum et iceluy publier, tenir et reputer ledit evesque de Luçon pour personnage de probité entière, non suspecte desdites injures. »

*
* *

Il est superflu de dire la difficulté, pour ne pas dire l'impossibilité de rencontrer à l'heure actuelle un

exemplaire de ce factum, bien que nous sachions par
expérience personnelle qu'il est un Dieu pour les
Curieux. Il a été un de ces favorisés, heureusement,
et nous devons bénir sa mémoire, qui l'a conservé
en copie manuscrite[1].

On s'explique l'indignation de l'évêque de Luçon
devant cette accusation d'avoir suscité pour plus
de 60.000 livres de faux créanciers, et essayé de
frustrer avec leur complicité les vrais et légitimes.
A travers des explications confuses visant à sa justification, le factum laisse entrevoir le rôle d'Adumeau dans cette ténébreuse affaire. D'après lui, les
créanciers avaient publié un monitoire pour l'obliger
à révéler les manœuvres frauduleuses de l'évêque
de Luçon, et cela du vivant d'Henri du Plessis. Pour
le prouver, il invoquait deux lettres de ce dernier
et de sa mère, madame de Richelieu. Toujours
d'après lui, c'est seulement lorsqu'il aurait appris
par la sœur de l'évêque de Luçon, que ni elle ni
ses frères ne voulaient accepter l'héritage d'Henri,
qu'il aurait écrit aux créanciers de feu leur père,
pour décharger sa conscience et celle du feu marquis de Richelieu qui l'avait chargé de le faire, après
sa mort, s'il ne pouvait s'acquitter lui-même de ce
devoir de son vivant !

A lire entre les lignes de ce tissu d'invraisemblances, Adumeau, après avoir joui de la confiance
la plus complète du grand prévôt, avait réussi à
capter celle de toute la famille qu'il avait essayé de
prévenir contre l'évêque de Luçon trop perspicace.
Il insiste trop sur les faux créanciers pour que le

---

1. B. N. Dupuy, 625, fol. 7 à 11.

fait ne soit pas vrai. Ne les avait-il pas suscités lui-même, pour amener les autres à composition à son profit ou pour obtenir des héritiers une transaction surtout fructueuse pour lui? N'avait-il pas proposé quelque marché louche sur ces bases à l'évêque de Luçon moins crédule que le reste de la famille et qui voyait clair dans son jeu? Cette explication est assez vraisemblable. Elle suffirait à justifier « la hayne » de l'évêque de Luçon à son égard dont il se plaignait tant. L'épisode du faux qui lui était reproché et dont il ne put se défendre, autorise, du reste, ces suppositions, et laisse entrevoir une série de combinaisons peu délicates dans sa longue gestion. Son premier soin de protester contre le qualificatif de « serviteur domestique » du grand prévôt prouve assez son souci d'éviter l'accusation d'abus de confiance domestique, et ce détail seul éclaire sur le rôle néfaste qu'il avait joué impunément dans la famille.

*
* *

Richelieu présentait le 29 août sa requête dénonçant le factum des Adumeau. Il obtenait prompte satisfaction et l'arrêt de la Cour rendu sept jours après, le 6 septembre, était fait pour lui plaire. Le transport de la somme de 8.750 livres, daté du 13 mars 1619, et prétendu signé du défunt messire Henri du Plessis, la base du procès, était déclaré faux, et le seing du défunt falsifié. Pierre et Michel Adumeau étaient condamnés « à dire et déclarer en la chambre, nu-tête et à genoux, que faussement et malicieusement ils avaient fabriqué ledit prétendu transport et commis les autres cas mentionnés audit procès, dont ils se repentent, demandant pardon à Dieu, au Roy et à Justice. Ce fait, ledit transport lacéré en leur présence et les mots injurieux contre l'honneur dudit évêque de Luçon contenus ès factums baillés par ledit Michel Adumeau et inséré ès escriptures desdits Pierre et Michel Adumeau, rayés et biffés, les factums faits par lesdits Adumeau audit procès supprimés. »

L'arrêt y joignait une condamnation à 1.000 livres d'amende et 400 livres parisis de réparation envers l'évêque de Luçon, et aux dépens du procès. Pierre Adumeau devait, de plus, « s'abstenir » pour un an de la ville et duché de Châtellerault, et dans ce délai, résigner son état et office de receveur des tailles.

Quant à la cause civile, quelques mots seulement lui étaient consacrés à la fin : « Sur l'intervention des créanciers, les parties étaient mises hors de cause et de procès, sauf à se pourvoir ainsi qu'ils verront bon estre. »

Richelieu avait gagné la partie, et il a dû écouter l'arrêt qui consacrait l'honneur de son nom contre des calomnies intéressées, en sentant passer sur sa tête le souffle de la Fortune, car la veille même de ce jour, le 5 septembre 1622, il était élevé à la pourpre.

Dans ses papiers légués à la Sorbonne, avec sa bibliothèque, Le Masle nous a conservé la copie des lettres de remerciement que le nouveau cardinal adressait à Molé, procureur général, et à de Belle-jambe, un autre magistrat, qui avaient occupé dans son affaire [1]. Les termes de sa reconnaissance à

---

1. Avenel, *Lettres...* t. I, p. 714. Le détail des débats permet d'en fixer sûrement la date au milieu de septembre 1622.

l'endroit de Molé « veu l'importance de l'affaire et
la peine qu'elle vous a donnée », sont de bons
témoignages de l'intérêt passionné qu'il y avait
apporté, et de son activité pour la faire solutionner
avec une telle rapidité. Pour l'apprécier, il faut
penser aux complications de la procédure, et à la
richesse de l'arsenal des moyens dilatoires d'alors.
Un financier disait vers cette époque : « J'ai vingt-
sept procès sur les bras, et j'ai de quoi les faire
durer vingt-sept ans. » On peut juger par ce mot
du triomphe du cardinal sur ce point seul [1].

*
* *

Mais ce n'était que la première manche. Restaient
les créanciers dont l'intervention avait été écartée
de la cause et les droits prétendus réservés.

Ils étaient demandeurs dans l'affaire Adumeau ;
il leur incombait donc de prendre l'initiative d'un
pourvoi, et leur silence équivalait à une renonciation tacite à leurs prétentions et à leur accusation
contre le cardinal de Richelieu. Mais celui-ci ne
l'entendait pas ainsi ; il voulait ne pas laisser peser
sur lui le soupçon et se laver pour toujours des
imputations calomnieuses auxquelles le procès Adumeau avait donné la publicité. Aussi déployait-il
contre leurs auteurs la même énergie que contre

---

1. Mentionnons un incident du procès. Nicolas Pinette était
accusé par Adumeau d'avoir « malicieusement jetté dans son
coffre une liasse de contrats, pour le perdre », à l'instigation de
l'évêque de Luçon. Il était finalement reconnu que cette liasse,
mise dans le coffre, postérieusement à l'inventaire, portait le
paraphe des notaires qui y avaient procédé ; après force requêtes,
et actes, l'incident était mis de côté et n'avait pas de suites.

les hommes d'affaires de son père, et se portait-il demandeur contre ses adversaires, cette fois devant le Parlement de Dijon.

Le choix de ce nouveau tribunal lui était sans doute, sinon imposé, au moins inspiré par la qualité de quelques-uns d'entre eux, l'un avocat, l'autre conseiller au Parlement de Paris, le troisième, conseiller au Châtelet!

Le nombre considérable des actes de procédure prouve que les parties apportèrent dans cette affaire le même acharnement que dans l'affaire Adumeau, et aussi que le cardinal y déploya la même activité et la même énergie. Elle se solutionnait aussi rapidement; initiée au lendemain de l'affaire Adumeau, elle se terminait le 18 décembre 1624 par un arrêt[1] en faveur du cardinal qui faisait pleine et éclatante justice des calomnies déversées sur lui.

Les conclusions rappellent celles de l'arrêt du Parlement de Paris du 6 septembre 1622. Marie Guerry, dont on a vu le rôle dans l'affaire Adumeau, était condamnée à déclarer par devant le lieutenant civil du Châtelet de Paris que son action en faux, dont elle se repentait, était téméraire et calomnieuse; elle devait payer une amende de 500 livres, moitié pour le roi, moitié pour la partie qui l'abandonnait aux pauvres de l'hopital du Saint-Esprit de Dijon; enfin, les dépens lui incombaient. Trois des autres inculpés étaient mis « hors de cour et de procès » et condamnés néanmoins aux dépens, « chacun pour son regard »; un autre, la dame Le Merat, d'une vieille famille parisienne, qui s'était dérobée, avant la fin du

1. B. N. V^c COLBERT, 148, fol. 230-231.

procès, était mise « hors de cour et de procès sans depens ». Le faisceau des calomniateurs s'était, comme on le voit, singulièrement désuni et égrené au cours des débats. Certains d'entre eux, même, qui étaient mentionnés à ce titre dans l'arrêt [1], ne figuraient pas dans le dispositif des conclusions, ni l'un des Lefebvre, peut-être le conseiller au Châtelet, ni Paul Hurault de L'Hospital, archevêque d'Aix...

L'histoire de la vie privée de Richelieu est féconde en surprises ; le nom de l'archevêque d'Aix, ce dernier pseudo-créancier du grand prévôt, justifie cette remarque. Le cardinal de Richelieu le connaissait depuis longtemps ; vers 1612, il lui écrivait pour lui demander un service [2]. Plus tard, en 1639, il avait comme page son neveu, Guy Hurault de l'Hospistal, seigneur de Belesbat. Ailleurs, nous avons attribué cette marque de sympathie à sa reconnaissance pour le père [3] ; ne faut-il pas y joindre des rapports plus étroits avec l'oncle depuis ce procès ?...

Le changement de fortune du cardinal, au cours de son procès, explique bien des choses ; le 23 avril 1624, il était entré dans le conseil du roi ; le 13 août suivant, il était premier ministre !

Aussi, Richelieu devait-il être fixé depuis longtemps

---

1. Les défendeurs au procès étaient : Jehan Bouchet, avocat au Parlement de Paris, Marie Guerry, « femme autorisée par justice au reffus de Nicolas le Brun, André Lefebvre, conseiller au Parlement, Jehan Lefebvre, conseiller au Chastelet, héritiers de Dame Marie Hanequin femme de Mess. Anne de La Marche comte de Bresme, Claude Picot, tant en son nom que comme héritier à bénéfice d'inventaire de deffunte Demoiselle Barbe de Bordeaux sa mère, » Dame Marie Le Merat, veuve de Nicolas Largentier Sr de Vanssemin, Nicolas le Breton, Paul Hurault de Lhospital, archevêque d'Aix.

2. AVENEL, Lettres... t. I, p. 102.

3. La maison du cardinal de Richelieu, p. 356.

sur l'issue favorable de son affaire. En tout cas, il n'avait pas attendu le prononcé de l'arrêt définitif pour remercier Hugues Picardet, procureur général du parlement de Bourgogne, auquel il avait déjà recommandé son procès le 14 novembre 1623 [1].

La lettre qu'il lui écrivait dans ce sens, de Compiègne, le 2 juin 1624 [2], est assez significative ; il y a loin de l'assurance du « ressentiment » qu'il lui témoigne, pour ses bons offices, de façon quelque peu désinvolte, aux termes chaleureux de sa reconnaissance, deux ans avant, vis-à-vis des magistrats de l'affaire Adumeau.

Il faut reconnaître que l'affaire Guerry, liée comme elle l'était à cette dernière, était autrement moins préoccupante pour lui, et que la condamnation très motivée et justifiée d'Adumeau rejaillissait par avance sur ceux qu'il avait abusés, et qui avaient eu la naïveté de le suivre.

*
* *

La passion apportée par Richelieu dans la défense de son honneur ne s'arrêtait pas là ; il intéressait le roi lui-même, et de la façon la plus apparente, à sa cause. Une lettre de Louis XIII, datée du même jour que l'arrêt définitif et adressée au premier huissier du Parlement de Dijon, assignait la dame Guerry à comparaître en personne pour faire la déclaration rétractatoire prévue par l'arrêt et voir lacérer les minutes renfermant les imputations calomnieuses.

---

1. AVENEL, *Lettres...* t. VIII, p. 23. Quelques jours avant (6 novembre), il lui recommandait le procès de madame d'Arpajon contre le comte de Clermont (AVENEL, *Lettres*, t. IV, p. 781).
2. *Ibid.* t. II, p. 15.

L'arrêt ordonnait, en effet, la lacération de ces pièces, tant celles du greffe du Parlement de Paris que celles du Parlement de Dijon!

Avait-on mis à Paris peu d'empressement à exécuter sur ce dernier point l'arrêt de Dijon, soit par négligence, soit par rivalité de juridiction, soit par animosité contre le premier ministre! Toujours est-il que près de deux mois après, le 5 février 1625, par commandement du roi, l'huissier des requêtes du Palais à Paris mettait en demeure le greffier civil du Parlement de représenter les minutes mentionnées à l'arrêt, faute de quoi, était-il ajouté, « le cardinal se pourvoira ainsi qu'il advisera à faire par raison. »

Ces derniers mots en disent assez; ils suffisent à expliquer les ténèbres dont Richelieu a enveloppé pour la postérité la succession paternelle dont il a emporté, comme tant d'autres, le secret dans sa tombe.

CHAPITRE XV

Les affaires de succession du grand prévôt et de son fils Henri avaient leur épilogue, le 13 avril 1625, à Paris, dans le cabinet du cardinal de Richelieu. En présence de ses deux notaires Parque et Guerreau, il vendait en son nom et celui de ses cohéritiers à Me Pierre Robert, avocat au Conseil, cinq rentes avec leurs arrérages provenant de la succession bénéfi-ciaire de son frère, à prendre et recouvrer sur les successions de leur père, François du Plessis, de sa femme Suzanne de la Porte et de leur coobligé, Hugues Darragon [1].

Ces rentes faisaient partie de l'actif de la liquidation de la succession d'Henri. En droit et en équité, cet actif devait-il revenir aux créanciers du grand prévôt? Les intervenants au procès Adumeau avaient déjà plaidé cette thèse, mais avec des arguments peu convaincants. Pour les rappeler brièvement, il aurait fallu, comme ils le demandaient, qu'Henri du Plessis fût préalablement déclaré héritier de son père et que « les lettres supposées et transports pris d'aulcuns créanciers par l'évêque de Luçon fussent déclarés nuls ». Or, rien n'était plus légitime que le rachat de certaines créances du grand prévôt par son fils Armand, comme par un tiers quelconque (c'était sans doute « les tours de souplesse » dont parlait de Morgues). Quant à demander qu'Henri du Plessis fût déclaré héritier d'une succession vacante et abandonnée, et qui par surplus, était close, c'était une prétention d'une naïveté qui a dû faire sourire la cour du Parlement.

Si ce moyen avait eu quelque valeur, Adumeau, dont la collusion avec les créanciers du grand prévot est évidente, n'eût pas manqué d'en faire état dans son factum contre l'évêque de Luçon. Or, il lui reprochait seulement d'avoir voulu imaginer de faux créanciers, hommes de paille, pour évincer les véritables. La vérité est qu'un certain nombre de créances devaient être ou fictives ou usuraires, et l'évêque de Luçon avait eu beau jeu avec celles-là pour arriver à une transaction aussi avantageuse

1. Ms. orig. (*Coll. de l'auteur.*) Appendice n° V.

pour les porteurs que pour lui. Le fait d'avoir été
seul et personnellement visé, à l'exclusion de ses
cohéritiers, et par les Adumeau et par les créanciers
intervenants, montre assez l'origine de l'animosité
dont il était l'objet.

Ajoutons, pour en finir avec ce point de chicane,
que les rentes qu'il vendait intéressaient à la fois les
trois successions de François du Plessis, de Suzanne
de La Porte, et de Hugues Darragon, et non pas celle
du premier seulement.

*
* *

Ces cinq rentes au denier douze (le taux légal)
avaient été constituées de 1582 à 1590. On les a vu
défiler plus haut. Les noms des débi-rentiers peuvent
servir de documents dans l'histoire des avatars financiers de la famille du cardinal.

La première, de 690 livres, provenait d'Anthoine
Portail, procureur du roi en la sénéchaussée du Mans,
et consorts, héritiers de feu Anthoine Portail, premier chirurgien du roi, leur père, sur une rente de
1.150 livres constituée par ce dernier à François du
Plessis en 1582, et transportée à Henri du Plessis en
1608. Le cardinal avait sur elle une reprise de
2.420 livres 10 sols, montant d'une créance impayée
sur le château de Richelieu pour laquelle il avait été
mis en ordre.

La seconde rente de 300 livres provenait de Nicolas Pinette, avocat au parlement, qui la tenait de
François Langlois et consorts, héritiers de feu messire Louis Lecourt ; la troisième de 300 livres également, de messire Estienne Vacherot, qui la tenait de

messire Jehan de Monstreuil, avocat; la quatrième,
de pareille somme, de messire Germain Tixier, conseiller du roi, et maître ordinaire de la Cour des
Comptes à Paris; la cinquième enfin avait eu
comme titulaires successifs, Nicolas Gonnier, apothicaire à Paris, messire Charles de Villemontée, procureur du roi au Châtelet et finalement Anthoine
Bresson, bourgeois de Paris.

*
* *

Le capital correspondant aux 1.652 livres 10 sols de
ces cinq rentes, était de 19.830 livres, mais il avait
singulièrement grossi avec l'accumulation des arrérages impayés, depuis 1586 et 1688 pour quatre
d'entre elles, depuis le 15 janvier 1604 pour la cinquième de 300 livres. « Pour un escu qu'il eut fallu
donner à temps, a dû se dire le cardinal, en écoutant
la lecture de l'acte, il en faudra dix maintenant[1]. »
Ce n'était pas dix, mais trois environ. Les arrérages
seuls s'élevaient à 50.166 livres 15 sols 8 deniers qui,
ajoutés au capital, représentaient comme créance
exigible la somme respectable de 69.996 livres,
15 sols, 8 deniers ! Et encore les débiteurs béné-
ficiaient-ils de la déduction du tiers des intérêts
pendant les cinq années de troubles, une faveur
royale accordée en considération de la crise financière et économique des années désastreuses de
la Ligue !

Qu'eût-ce été si le règlement avait été fait à intérêts

____

1. AVENEL, *Lettres*, t. V, p. 163.

composés, au lieu de l'être à intérêts simples, un usage passé en force de loi[1]?

*
* *

Le cardinal trouvait un acquéreur dans la personne de M° Pierre Robert, avocat au conseil, demeurant à Paris, rue Bethizy, dans la maison du Cheval noir. Il lui faisait la cession des cinq rentes « à ses périls et fortune, sans autre garantie que de ses faits et promesses et de ses cohéritiers », mais surtout « en considération des services qu'il avait reçus de lui », moyennant la somme de 54.130 livres délivrées et payées en bonnes espèces ès-mains de M° Michel Le Masle, son « argentier. »

Quels étaient ces services? De bons offices dans le procès Adumeau? Quelques tractations délicates pour certaines créances? Leurs relations n'étaient-elles pas bien antérieures? Le nom très répandu de Robert rend la recherche difficile, et nous ne pouvons qu'avouer notre ignorance à ce sujet[2].

Ces créances avaient déjà fait l'objet de poursuites contre les débi-rentiers, car en plus des titres de toutes sortes, contrats de constitution et de cession, transports et déclarations, l'acquéreur recevait les

---

1. Bodin, *op. cit.*, liv. V, p. 549.

2. Citons deux homonymes ayant eu des rapports avec Richelieu. Le premier est Jean Robert, seigneur de la Guittière la Pascaudière la Gennerie, qui faisait le 17 février 1613 une déclaration à l'évêque de Luçon comme seigneur de Clouzeaux. Le second est l'imprimeur d'un ouvrage de polémique écrit par l'aîné des Sainte-Marthe, à l'instigation du cardinal, *Expeditio Valtelinœa auspiciis Ludovici... suscepta*. Le privilège est du 6 février 1626. (Avenel, *Lettres...* t. VIII, p. 32.)

« condamnations et poursuites » relatives aux rentes cédées.

*
* *

Pierre Robert n'était pas seul à faire les fonds. Denys Feydeau, sieur de la Broue, conseiller du roi en ses conseils d'Etat et privé, participait au payement pour une somme de 18.000 livres garantie par une subrogation donnée le 22 mars précédent. Si c'est le fameux fermier des gabelles qui gagnait, bon an mal an, 400.000 livres, toutes rentes et charges payées, il était bien avisé de s'acquérir, à si bon compte, les faveurs du nouveau et tout-puissant premier ministre.

*
* *

Toutes ces rentes avaient été constituées par le père et la mère du cardinal, conjointement et solidairement avec Hugues Darragon, seigneur de Passy. Ce nom appelle une question. Dans l'acte de vente, il n'est fait mention ni de Darragon ni de ses héritiers. Ces derniers avaient-ils cédé à la famille Richelieu leur part dans ces créances ? D'autre part, nous avons vu Darragon cautionner le grand prévôt pour des constitutions de rentes, et devenir ainsi son créancier, et le rester, car aucun acquit n'accompagne les actes où il figure, sauf dans l'emprunt à Jacques Charles. La créance de Darragon sur le grand prévôt devait pourtant être de quelque importance, en faisant état des arrérages. Il serait intéressant de savoir si elle figurait dans la liste des bénéficiaires mis en ordre pour la vente du château de Richelieu, un point que nous laissons à élucider à un autre chercheur.

*
* *

Un élément bien ténu s'y rattache, et nous ne l'exposons ici que sous toutes réserves.

Le 5 février 1587, Hugues Darragon est encore seigneur de Passy[1] ; les 8, 9 et 11 mars 1588, ce titre est porté par Pierre Machéco, avocat au Parlement, demeurant à Paris, place Maubert[2] ; le 3 mars 1590[3] et le 7 février 1592[4], par Mathieu de Machéco, chanoine en l'Église de Paris, demeurant en la maison claustrale au cloître de l'Église de Paris. Ce dernier fait, à cette dernière date, donation d'une maison à Auteuil à sa nièce, Benigne Macheco.

Or, Denys Bouthillier, le vieil ami des Richelieu, avait épousé en 1576 une Claude Macheco[5]. Nous laissons au lecteur le soin de faire telle hypothèse expliquant par d'anciennes relations d'amitié, cimentées par une alliance, la solution amiable de questions d'intérêt entre le cardinal et les ayants-cause de Darragon.

*
* *

L'acte de vente renferme quelques noms déjà mentionnés au procès Adumeau. Étienne Vacherot avait été incriminé comme faux témoin par Jean Bouchet, l'avocat, intervenu aux débats comme créancier du grand prévôt ; de même, Nicolas Pinette, l'ancien procureur de Henri de Richelieu, pris aussi à partie

1. Arch. Nat. Y-128, fol. 282.
2. Arch. Nat. Y-130, fol 72 v°.
3. Arch. Nat. Y-130, fol. 419.
4. Arch. Nat. Y-132, fol. 425
5. B. N. Dossiers bleus, 403.

dans l'incident de la liasse jetée dans le coffre d'Adumeau.

Un autre personnage, François Langlois, soulève un problème curieux ; il avait transporté à Nicolas Pinette, resté comme conseil dans la maison du cardinal[1], la seconde rente de 300 livres qui lui était échue par héritage. Or, à la même époque, Vincent Langlois était l'un des hommes d'affaires du cardinal, et jouissant de sa confiance[2], avant que son frère le fameux Fancan, en relations avec celui-ci depuis 1618 au moins, ne devînt son familier et chef de son cabinet. Si les deux personnages François et Vincent ne peuvent se confondre, n'étaient-ils point parents, ce qui expliquerait tout naturellement cette opération avec Nicolas Pinette?

Plus haut, nous avons cité le passage d'un pamphlet de Mathieu de Morgues contre Richelieu, sur ses manœuvres dans le règlement des successions de famille. Il se termine par ces mots :

« La cognoissance particulière de toutes ces friponneries fait tenir un homme (Langlois) à la Bastille, et l'a rendu depuis quatre ans pensionnaire de V. M. Il n'est coulpable d'autre crime, que d'avoir sceu ce qui s'est pratiqué en ces affaires, qui ont fait voir que l'avarice avait mis sous le pied l'honneur et la conscience, puisqu'elle a porté Mʳ le cardinal à faire déclarer son père safranier et son frère aisné insensé[3]. »

Si Langlois n'a pas été sacrifié par le cardinal

1. AVENEL, *Lettres...* t. I, p. 744 (8 décembre 1622).
2. *Ibid...* t. I, p. 704 (26 mars 1622).
3. *Remonstrance au Roy...* 1631 (*Div. pièces...* Anvers, 1637, p. 73 et 74.)

comme témoin compromettant de « ses artifices », il n'en reste pas moins acquis, en revanche, qu'un de ses homonymes, sinon un parent, a fait partie des débiteurs insolvables de la famille. Voilà qui fait regretter, au nom du pittoresque, que le pamphlétaire, mieux renseigné, n'ait pas eu l'idée, dans sa faconde haineuse, de faire un rapprochement plein de sel entre la cellule de la Bastille et le cabinet de Mᵉ Payen qui avait vu si souvent les stations intéressées du grand prévôt.

***

Mathieu de Morgues a été le seul des ennemis du cardinal à l'incriminer à propos de ces affaires de succession. A la fin de 1625 et en 1626, une campagne furieuse de pamphlets personnels se déchaînait contre lui. Les moindres incidents de sa vie privée y étaient dénaturés pour le rendre méprisable ou ridicule. Chassé de sa maison, exclu publiquement de l'héritage paternel comme chargé de dettes et taré de mœurs, plongeant dans les larmes et la douleur ses parents obligés de recourir aux emprunts pour payer ses dettes, abandonnant à son frère l'héritage paternel dont il avait dissipé par avance sa part... voilà les coups de dent dont on déchirait sa jeunesse[1]. Aucun d'eux n'avait trait aux friponneries que lui reprochait de Morgues. Cela suffit à l'en justifier. Pareille discrétion peut fixer pleinement le jugement de l'Histoire et libérer la mémoire de Richelieu des insinuations dont le Parlement avait déjà fait justice, par son arrêt de 1624.

---

1. *Autour de la plume du cardinal de Richelieu*, p. 394 et suiv.

*
* *

L'acte de vente qu'on vient de voir évoque un rapprochement de tout premier ordre avec le passif de la succession du grand prévôt. Comme pour les rentes qu'il avait constituées, le capital des créances hypothécaires qui entraînaient la vente du château de Richelieu était peu de chose à côté de l'accumulation des arrérages impayés pendant des années et des années. Prenons pour exemple les quatre rentes constituées (vendues ou garanties) que nous avons vues[1]. Elles correspondaient à un capital de 7.400 écus, ou 22.200 livres. Or, de 1580 à 1620, en chiffres ronds, c'est-à-dire au bout de quarante ans, ce capital, au denier douze, s'élevait avec les arrérages à 110.000 livres (en tenant compte de la déduction du tiers des intérêts pour les cinq années de troubles)! La conclusion s'impose. Les 80.000 livres payées par l'évêque de Luçon, pour l'achat aux enchères du château de Richelieu, correspondent à 16.000 livres seulement de dettes originelles. Le prix d'adjudication n'avait pas suffi, il est vrai, à désintéresser complètement les créanciers; la créance de 2.420 livres 10 sols restée impayée aux mains de l'évêque de Luçon en est la preuve. Mais l'on peut avancer, malgré cette réserve, que le montant du capital originel du passif était restreint, de même que le nombre des créanciers qui avaient tous produit. Ce dernier détail ressort avec évidence de leur consti-

1. J. Danès (1.200 écus). Brandon (1.200 écus). La Roche-Pozay (40.000 écus). Lanssac (1.000 écus). Ces deux dernières en garantie d'Honorat Ysoré.

tution en syndicat, de l'énorme durée des opérations préliminaires à la vente du château, du retentissement du procès Adumeau, de la collusion de ce dernier avec les créanciers, de sa haine contre l'évêque de Luçon qui avait dû l'amener à les rechercher, du petit nombre enfin qu'il avait pu s'associer (deux seulement étaient intervenus au procès[1]).

Aussi, peut-on se demander, en se reportant aux placements considérables du grand prévôt en rentes sur l'Hôtel de Ville et les Recettes générales, s'il n'a pas été la victime d'une machination quelconque facilitée par son désordre, son incurie et ses déplacements continus, et même si son faste et sa prodigalité ne sont pas une légende que son dénuement, à sa mort, expliqué d'autre part, a suffi à consolider.

*
* *

Le procès Adumeau, qui a absorbé pendant près de deux ans et de façon continue, l'attention anxieuse de Richelieu menacé dans son honneur, dans son nom, dans son avenir, n'a pas été sans laisser dans son esprit et dans son caractère des traces profondes. Ce fut pour lui une rude école, qui en continuait une autre. Agé de cinq ans à la mort de son père, ses premiers jeux d'enfants ont été distraits par les mots fatidiques de rentes et d'arrérages qui berçaient par leur triste monotonie les longues veillées d'hiver au château de Richelieu, entre l'accablement et les yeux rougis de sa mère et la douleur fière, hautaine et figée de la vieille grand'mère. Dans son

---

1. L'avocat Jehan Bouchet et Marie Guerry.

coin, où il repassait tout bas la leçon de rudiments du prieur de Saint-Florent, sont arrivés bien souvent à ses oreilles les lambeaux de conversation des deux femmes, roulant inlassablement sur des questions d'écus, tantôt avec son oncle Amador, tantôt avec son grand-oncle Jacques, le vieil évêque de Luçon ; plus d'une fois il a surpris, jetés vers lui, les regards de commisération sympathique d'Adam Bajoue...

Venait ensuite son départ pour Paris. Les confidences de son frère Henri sur ses embarras d'argent ont été mêlées aux récits joyeux des distractions de la Cour. A l'Académie, l'insouciance juvénile et l'exubérance du jeune milieu qui l'entourait ont pu chasser pour un temps de son esprit la vision de la détresse du foyer paternel, la sollicitude affectueuse de son oncle Amador et des Bouthillier a pu faire quelque diversion. L'empreinte première n'en est pas moins restée...

*
* *

On a dit de Richelieu, par un de ces mots à effet trop faciles, dont la concision veut affecter la profondeur, qu'il n'a pas été un homme d'argent. Tout ce que l'on voit de lui dit le contraire, mais à condition d'expliquer ces mots, comme il le faut avec un caractère complexe comme le sien, qui ne peut s'accommoder de formules aussi fantaisistes et simplistes. Il « aime le bien », mais non pas pour le bien ; il l'aime parce qu'il en connaît la puissance, parce que, dès le berceau, il en a compris la nécessité pour s'affranchir, pour tenir son rang, pour être fort. Son ordre méticuleux dans ses affaires d'intérêt privé, son souci des questions d'argent, sa

connaissance des spéculations financières, révélés
par sa Correspondance, le feraient volontiers taxer
d'avarice. Le sentiment de sa dignité, de la mesure,
du besoin de prouver sa force sur ce terrain, d'affirmer son rang social, de même que sa forte éducation et formation religieuses l'a contrebalancée.
Dans la dualité caractéristique de son génie, il a
su fondre ces éléments opposés avec autant d'art
que d'énergique persévérance[1]. On semble l'avoir
méconnu de propos délibéré pour en faire une
figure banale, à la portée de tous.

Si Richelieu a souffert moralement, d'une façon
atroce, de la gêne à ses débuts, le souvenir de la
détresse finale de son père et de ses causes ne l'a
pas moins poursuivi. Nous en avons signalé le
reflet dans son horreur presque maladive des dettes,
et dans les préoccupations dominantes de sa *Briefve
et facile instruction pour les confesseurs*, où il
s'est étendu, de façon en apparence si anormale,
sur les questions d'argent et d'usure[2]. Ç'a été
une obsession de toute sa vie, mais sous la forme
qui lui est propre. Richelieu parle surtout par
son silence, comme les grands caractères et les
grands diplomates que l'Eglise seule a formés.
Il ne veut ni parler de son père, ni qu'on lui
en parle[3]. Une anecdote à ce sujet est typique :

1. *Autour de la plume du cardinal de Richelieu*, p. 22 et suiv.
2. *Ibid.* p. 45.
3. Nous n'avons retrouvé dans sa correspondance qu'une seule
mention de son père, très brève, et provoquée par un incident
qui fera l'objet d'une étude ultérieure, avec des document inédits.

le marquis de Sourches qui eut, après Richelieu, la charge de grand prévôt, voulait engager un jour le cardinal à le servir dans la promotion que faisait Louis XIII des chevaliers de l'Ordre ; il lui représentait avec beaucoup de respect qu'étant revêtu du même emploi que feu le marquis de Richelieu, père de Son Eminence, il espérait qu'il voudrait bien contribuer à le faire jouir du même honneur. Le cardinal, choqué du parallèle, lui repartait fièrement : « Il est vrai, mon Père l'était, mais vous ne le serez pas ». Et en effet, le postulant ne le fut pas de la promotion du roi régnant [1]...

Nous avons parlé du silence du cardinal sur ce point. Il n'a pu y tenir, malgré sa résolution. Aussi bien, le cas de son père était-il aussi le sien et celui de beaucoup d'autres. De là, ces allusions attribuées trop exclusivement par les historiens ou à sa situation personnelle, ou à des considérations d'ordre général. Les premières apparaissent dans sa *Harangue* aux États généraux de 1614 : « il est impossible en de grandes charges de s'acquitter de son devoir sans grandes dépenses [2]... » Dans ses notes dictées ou inspirées, comme dans les documents destinés, sciemment ou non, à ses *Mémoires*, il a gardé, que nous sachions, la discrétion de l'homme d'État, jetant ses impressions à l'inconnu de l'avenir. Dans son *Testament politique*, la leçon impersonnelle destinée à la royauté, il semble que la hantise de son père, comme ailleurs celle de Fancan, ait guidé

---

1. Abbé de Longuerue, *Vie abrégée du card. de Richelieu*. (Doc. d'hist., sept. 1912, n° 3, p. 438.)
2. *Harangue* prononcée en la salle du petit Bourbon le XXIII février 1615... Paris, 1615, p. 27.

sa plume, dans un besoin suprême d'épanchement,
en lui inspirant le chapitre *sur les divers moyens
d'avantager la noblesse pour la faire subsister avec
dignité* [1]. N'a-t-il pas écrit lui-même l'épilogue de
la vie de son père, le Grand prévôt, dans ces lignes
qui ne peuvent, mieux à propos, terminer cette
étude : « Au lieu que maintenant les gentilshommes
ne peuvent s'élever aux charges et dignités, qu'au
prix de leur ruine, leur fidélité sera d'autant plus
assurée à l'avenir, que plus ils seront gratifiés, moins
ils se croiront redevables aux honneurs qu'ils devront
à leur bourse et à celles de *leurs créanciers*, qui ne
les font jamais souvenir de ce qu'ils leur doivent,
qu'ils n'ayent quelque déplaisir d'être élevés par
cette voie [2]. »

1. Test. polit. 1ʳᵉ part. p. 184.
2. *Ibid*. Iʳᵉ part. p. 188 et 189.

APPENDICES

---

*Contrat de mariage de François du Plessis de Richelieu
et Suzanne de La Porte.*

(Arch. Nat. Y. 109, fol. 358 et 359.)

Pardevant Claude Boreau et Pierre Cayart, notaires du
Roy nostre Sire au Chastelet de Paris furent présents en
leurs personnes haulte et puissante dame Françoise de
Rochechouart veuve de haut et puissant seigneur
Mre Loys du Plessis en son vivant chevalier, seigneur de
Richelieu prenant le fait en mains pour noble Seigneur
Mre François du Plessis gentilhomme ordinaire de la
chambre du Roy, seigneur dudit Richelieu, du Chillou,
la Vervolière à ce présent et assisté de nobles seigneurs
Révérend Père en Dieu Messire Jacques du Plessis seigneur de Mende et de Messire Anthoine du Plessis,
chevalier, aussi gentilhomme ordinaire de la Chambre
du Roy, ses oncles paternelz d'une part et noble seigneur de la Porte, escuyer, seigneur de la Livardière et
de la Jarrye et damoiselle Magdeleine Charles du Plessis,

sa femme, de luy autorisée en ceste partye, prenant le fait en mains pour damoiselle Suzanne de la Porte, fille dudit seigneur de la Porte et de défunte dam^le le Claude Bouchard en son vivant dame de Valescourt, Hodancourt et de Basicourt, unique héritière de sa mère, d'autre part, lesquelles partyes ont faict les traitez, accordz, pactions et convenances de mariage qui ensuivent. C'est a scavoir que ledit seigneur de Richelieu, par l'avis et conseil de lad. dame sa mère et desd. seigneurs ses oncles a promis et promet prendre à femme et espouse lad. damoiselle Suzanne de la Porte, aussi de l'autorité, vouloir et consentement de son dit père et de lad. damoiselle Magdeleine Charles du Plessis sa cousine et belle-mère prendre a mari et espouz ledit s^r de Richelieu sitost que l'un par l'autre en sera requis en face de Saincte Église en faveur et contemplation duquel mariage led. seig^r de la Porte a promis et promect pour le droit de communaulté et d'iceluy tant a cause de ladite Claude Bouchart sa mère que de ladite Suzanne jusques à huy, bailler à lad. future espouse sa fille dix mil livres tournois payables en la forme qui sera cy-après déclairée : d'une part ensemble toutes et chacunes les acquisitions qu'il a faites sur lesd. terres de Valescourt, Basincourt, et Hodancourt de damoiselle Catherine Boucher veufve de feu s^r de Vales court et de Farinvilliers oncle maternel de la dite damoiselle Suzanne de la Porte pour les pactions et conventions matrimonialles, dot et douaire de ladite Boucher à laquelle le sieur de La Porte a fourni deniers et lui a laissé tous les biens meubles délaissez par le trépas du feu sieur de Valescourt et oultre luy a cédé tout le droit de communauté appartenant au dit de La Porte à cause de ladite feue damoiselle Claude Bouchard sa femme en premières nopces et mère de ladite Suzanne de la Porte qui luy étoit deu sur les biens de feu mons^r Bouchard, ayeul maternel de ladite damoi-

selle Suzanne de la Porte comme ayant eu l'entière
administration des biens meubles et immeubles de
ladite feue damoiselle Claude Bouchard sa fille, ses
frère et sœur desquelz ladite damoiselle Claude Bouchard
a esté seule et unique héritière ; plus pour ledit droit
de ladite communaulté et continuation d'icelle, ledit de
la Porte a délaissé à sa dite fille pour resprendre sur les
biens dudict sieur Bouchard ayeul son droit à luy
appartenant à cause de la communaulté de luy et de
lad. déffunte sa femme et meubles, fruitz des immeubles,
reddition de comptes deus à lad. déffunte damoiselle
Claude Bouchard ès-noms et qualitéz que dessus,
deniers des offices de greffe des Requestes de l'Hostel et
de la Conseillerye du Chastelet avec les droitz de restitution de meubles qui avoient appartenu à lad. déffunte
damoiselle Claude Bouchard sa femme, comme héritière de déffunte damoiselle Françoise Gayant, en son
vivant fille unique du gouverneur de Clermont en Beauvoisis, et femme en dernières nopces dudit feu sr Bouchard. Esquels biens led. de La Porte auroit la moitié à cause de ladite déffunte sa femme, lesquels droits
il quitte pour ledit droit de communaulté que la future
espouse avoit sur luy afin de les resprendre comme son
propre acquest subrogée au lieu dudit droit de communauté sur les biens dudit feu sr Bouchard duquel elle est
héritière par bénéfice d'inventaire pour éviter la confuzion
de ce qui estoit deu ausdits sr de La Porte et future épouze
sur les biens dud. feu sr Bouchard. Aussi a voulu et veult
ledit sr de La Porte que sa dite fille jouisse librement pour
le regard de luy et de lad. dame Magdeleine Charles du
Plessis à présent sa femme et ses enfants du deuxième
lit des terres cy après déclairées, déchargées de toutes
ypotheques que ledit de La Porte pouvoit prétendre
à cause des droits cedéz cy dessus, scavoir est : des
terres de Valescourt, Hodancourt, Basicourt, leurs
appartenances, dependances, censirentes, fiefz de

Sachy le grand, maison de Clermont, vignes et autres héritaiges adjacens, tant à Vitancourt que à Saint-Félix, ensemble les terres de Farinvilliers, Saint-Remy, Estrée, Saint-Denys, Plailly, au baillage de Senlis, Attichy-sur-Aisne, tant en justices, métairies, prez, moulins, estangs et aultres droictz de la seigneurye d'Attichy, ensemble de la seigneurie Doins en Braye en partie avec le s[r] de Hacqueville sieur Doins en Braye en partye et de tous les fiefz, terres et seigneuryes qui ont appartenu tant au feu seigneur gouverneur de Clermont et dame Jehanne de Feuquières, sa femme, bisayeul et bisayeule de lad. damoiselle Suzanne de la Porte et qui estoient escheuz par succession à l'ayeulle et mère de ladite de la Porte situés à Norard, Esvillé, Chevrières, Catillon, Feumechon, Ametz et Deguery. Encore a ledit s[r] de la Porte promis bailler à sa dite fille avec et en contemplation de ce que dessus, habillemens, accoutremens, dorures, chesnes, veisselle d'argent, cielz et aultres meubles à la volonté dudit de la Porte dont led. de la Porte lui fera délivrance affin que la dite future espouze ayt mémoire de son père et de sa mère sans préjudice à la future espouze de venir à la succession dudit s[r] de La Porte son père comme ses aultres enffans du second lit et sans rien rapporter à la succession future de son dit père parce que lesdits biens à elle délaisséz viennent de la succession de sadite feue mère et de pouvoir prendre par ladite future espouze le droit qu'elle a en la maison où est à présent demeurant ledit de la Porte partye de laquelle a esté faicte de propre conquest audit de La Porte par son contrat de mariage et l'usufruit du total sa vye durant aux charges de repeter les réparations selon et au désir de son dit traité de mariage que y a faites ledit de La Porte et que du tout appert par son traité de mariage qui à ceste fin a esté présentement communiqué aus ditz futurs conjointz. Aussi est accordé que ledit de La Porte

et les siens après son decez moyennant lesdites renon-
ciations jouyront de la mestairye et ferme de Maisons
sur Seyne affermée à cent livres tournois avecques deux
arpents de vigne, ensemble des vignes de Vezelay, en ce
qui appartient à ladite de La Porte à la charge de payer
par le dit de La Porte cent livres de rente à Pierre
Guerard et sa femme ausquelz ladite ferme de Maisons
avoit esté donnée par ledit feu s^r Bouchard ayeul de
ladite Suzanne de La Porte. Et oultre a la charge d'acquitter ladite de La Porte future espouze de cent livres
tournois de rente et cinq années d'arrérages acheptée
par ledit sieur de La Porte de Me Nicolas Seguyer qui les
avoit droit de prendre sur les biens dudit feu s^r Bouchard, et d'en décharger ladite de La Porte, future
espouze, sa fille envers tous et contre tous. Toustefois
veult ledit s^r de la Porte que, après son decez, lesdites
vignes de Vezelay tant de ce qui en est d'acquest faict
par luy qu'autrement revienne aux dits futurs conjointz
et aussi a promis et promet ledit s^r de La Porte en qualité
de père et légitime administrateur de sadite fille, héritière
par bénéfice d'inventaire dudit feu s^r Bouchard, de tenir
compte à sadite fille de tous les biens, meubles et fruitz des
immeubles demourez après le decez dudit feu s^r Bouchard
ayeul maternel de ladite damoiselle Suzanne de La Porte
en payer le reliqua et de mettre entre les mains de
ladite dame de Richelieu les deniers dudit reliqua,
obligations et tiltres de ladite succession pour s'en faire
par ledit s^r de Richelieu payer, à la charge aussi que
ladite dame sera tenue d'en rendre compte aud. futurs
conjointz, eulx venuz en aage et en descharger ledit de
La Porte vaillablement et par effect. Lesquelz futurs
conjointz partant demeureront tenus, en ladite qualité
d'héritiers par bénéfice d'inventaire dudit feu s^r Bouchard, satisfaire vaillablement aux créances et ypo-
thèques dudit feu s^r Bouchard, aultres que ledit s^r de
La Porte. Et moyennant les choses susdites, demeu-

rent quitte lesdits de La Porte et les futurs conjointz
l'un envers l'aultre de toutes choses quelzconques qu'ils
pourront ancore avoir eu affaire ensemble jusques à
huy. Aussi est accordé que pour le paiement des dix mil
livres tournois, ledit sr de La Porte baillera et four-
nira dedans le jour de la bénédiction nuptiale six cens
livres tournois de rente avecques les arrérages d'icelles
jusques à la constitution de huit cens livres, revenant le
tout à huict mil livres, les lettres de constitution de
laquelle rente il a droit de prendre chacun an sur les
sieurs de Bayeulx et de Humières, ladite rente assise
et assignée sur la terre et seigneurye de Monchy le Per-
reux, au baillage de Senlis, ensemble sur tous et chacun
les biens desd. sieurs de Humières et de Bayeulx. Icelluy
sr de La Porte sera tenu bailler et délivrer à ladite
dame de Richelieu dedans le jour de ladite bénediction
nuptiale pour s'en faire payer dud. jour de la benediction
nuptiale Et oultre pour par fournir ladite somme de dix
mil livres tournois cy dessus declarée, ledit de La Porte
payera lors de ladite benediction nuptiale et mettra
entre les mains de ladite dame de Richelieu la somme
de deux mil livres tournois, laquelle somme de deux
mil livres tournois ensemble lesdites huict cens livres
tournois deubs d'arrérages demoureront ameubliz au
profit dudit sr de Richelieu futur espoux. Aussi a esté
accordé que ou ladite rente de six cens livres tournois
seroit rachaptée, les deniers dudit rachapt seront
employez au prouffit de ladite damoiselle Suzanne de
La Porte future espouse et de ses enffans, comme estans
de son acquest, et à défault d'enffans, au prouffit des
héritiers d'elle, tenant du costé et ligne desdit de La
Porte, et à défaut d'avoir faict ledit remploi, dès à présent comme pour lors, lesdits deniers sont assignez et
les assigne ledit futur espoux sur tous et chacun ses
biens présens et advenir. Aussi a esté accordé que où
aucuns aultres héritages de ladite de La Porte seroient

alliénèz, que les deniers seront employés en aultres
héritages au prouffit d'elle et des enfants procréés de
son corps, et à défaut de réemploy, les prendra ladite
de La Porte et ses dits enffans sur les biens dudit s^r de
Richelieu sur lesquelz il a assigné dès à présent
comme pour lors lesditz deniers dudit remploy, à faire
dedans quatre ans après. Au surplus a esté accordé que
lesdits futurs conjointz seront unys et commungs en
biens, meubles et acquests à la charge que ladite future
espouze pourra renoncer à la communaulté et en ce
faisant reprendra tous ses immeubles, bagues et joyaulx,
vestemens, et accoustremens hors part et sans aulcune
charge de dettes, Et moyennant ce, ledit futur espoux a
doué et doue ladite future espouse du douaire coutu-
mier avec ung des logis de Chillou ou de Richelieu, ou
de la Vervolière à son choix et option après le decez
toutesfois de ladite dame de Richelieu, meublé conve-
nablement selon la qualité et condition dudit futur
espoux, le revenu duquel douaire luy sera baillé et
delivré contre la maison de proche en proche le plus
comodement que faire se pourra pour en jouyr par ses
mains. Aussi a esté accordé au cas qu'il n'y aye point
d'enffans procrééz dudit futur mariage que ledit futur
époux jouyra sa vie, durant, des propres de ladite future
espouze allant de vye a trépas ou preceddant luy comme
à semblable audit cas ladite future espouze jouyra sa
vie durant jusqu'à la constitution du revenu des biens
de ladite future espouze, ladite jouissance et usuffruit
deschargé des destes de l'un et de l'autre et moyennant
les choses susdites qui aultrement n'eussent esté accom-
plies, lesdits s^{rs} messires Jacques et Anthoine du
Plessis oncles dudit François du Plessis futur époux
ont quicté, cedé, transporté, délaissé, quittent, cèdent,
transportent, délaissent à tousjours au prouffit dudit
François du Plessis, leur dit nepveu, à ce présent et
acceptant tant pour luy que pour ses hoirs et ayans

cause tous leurs droitz successifs tant paternelz que maternelz et ont voullu et consenty que ledit François du Plessis soit leur principal héritier car ainsi a esté expressement accordé en passant et accordant le présent traité et contrat de mariage qui aultrement n'eust esté faict promettant, etc. chacun d'une part et d'aultre, renonçant, etc. Faict et passé double l'an mil V^e soixante six le mercredy vingt ungiesme jour d'aoust cestuy pour lesdits futurs mariez. Signé Cayard et Boreau et a la fin du dernier feuillet est escript l'insinuation ainsi qu'il s'ensuict.

L'an mil cinq cens soixante neuf le mercredy quatriesme jour de may le present contrat de mariage a este apporté au greffe du chastellet de Paris et icelluy insinué accepté et eu pour agreable selon et ainsi que contenu est par icelluy par M^e... comme porteur dud. contrat pour et au nom de noble Seigneur Françoys du Plessis gentilhomme ordinaire de la chambre du Roy seigneur de Richelieu et de noble damoiselle Suzanne de la Porte sa femme et espouze denommez aud. contrat. Lequel a esté enregistré au present Registre xxiiie volume des insinuations dudit Chastellet suivant l'ordonnance ce requérant... audit nom qui de ce a requis et demandé acte a luy octroyé et baillé ces presentes pour servir et valloir audit Seigneur du Plessis et damoiselle de la Porte sa femme en temps et lieu ce que de raison Et après rendu...

APPENDICE II

Acte d'achat de l'hôtel de Losse par François du Plessis de Richelieu.

Ms. orig. (*Collect. de l'auteur.*)

Fut présent en sa personne messire Jehan de Losse, gouverneur et lieutenant général pour le Roy à Verdun,

fils aisné et principal héritier de feu hault et puissant
Seigneur Mre Jehan de Losse luy vivant, chevalier de
l'ordre du Roy, conseiller en son privé conseil et capitaine des gardes du corps de Sa Majesté, lequel de son
bon gré et bonne volonté sans aulcune contraincte,
recognoit et confesse avoir vendu, ceddé, transporté et
délaissé et par ces présentes vend, cedde, transporte et
délaisse du tout dès maintenant à tousjours, promist et
promet garantir de tous troubles et empeschemens
généralement quelconques à hault et puissant seigneur
Mre François du Plessis chevalier Seig^r de Richelieu
grand prévost de France et de l'hostel du Roy à ce présent et acceptant acheteur et acquesteur pour luy, ses
hoirs et ayant cause à l'advenir *Une maison*, court, jardin
et ses apartenances ainsi que le lieu se poursuit et com-
porte et estend de toute part et de fond en comble,
assise à Paris rue du Boullouer que ledict s^r vendeur
déclare luy appartenir de son propre et luy estre advenue
et escheue par la succession dud. feu s^r son père auquel
elle avoit et a esté ceddée en échange de rentes par
nobles personnes Mre Jehan Le Bègue, advocat en la cour
de Parlement et Lois Le Bègue escuier S^r d'Allonne ladicte
maison tenant d'une part à noble homme et saige
Me Jehan de Bryon Seig^r de Guytraicourt et d'Allonne
conseiller du Roy en sa court de Parlement et es
requestes d'icelle, d'autre part à noble Mre Guy Davost
trésorier et payeur des gardes françoises du corps du
Roy, abboutant d'un bout par derrière à noble homme
Me Jehan Le Bossu, notaire et secrétaire du Roy et
d'autre bout par devant sur ladicte rue en la censive de
Mgr l'évesque de Paris et chargée envers luy de... de
cens pour toutes et sans aultres charges ny hypothèques
quelconques. Item une portion de court avec une escurie
jognant lad. portion de court le surplus de laquelle court
est des apartenances du logis dudict s^r Davost assis en
lad. rue du Boullouer. Et pour faire séparation de laquelle

court sera faict un mur qui sera mitoyen et se prendra
de son droict allignement depuis la serrure servant à
l'huys et porte de la grande court dud. logis par laquelle
on va et entre en lad. basse court et escurye et se cons-
truira jusques et contre le mur de la maison dud. Le
Bossu et à ce que les eaux ayent leur cours ordinaire
dans l'escurie de lad. basse court, sera led. mur percé à
l'endroict du conduit dud. pavé et icelle escurie et portion de court en la censive dudict s^r évesque et chargée
envers luy de..... de cens aussi pour toutes et sans
aultres charges ny hypothèques quelconques lesd. lieux
francz et quittes des arrérages dud. cens jusques à huy
pour de lad. grande maison, portion de court et escurye
jouir faire et disposer par led. s^r acheteur, ses hoirs et
ayans cause comme de son vray et loal acquest (et a esté
accordé que les nattes et choses atachées et tenues à
fer clouds et plastre demeureront au s^r acheteur). Cette
vente, cession et transport faicts à la charge dud. cens,
et oultre moyennant le prix et somme de trois mil cens
soixante six escus deux tiers d'escu sur laquelle somme
de trois mil cens soixante six escus deux tiers d'escu
ledict s^r vendeur a confessé et confesse avoir eu et
receu dud. s^r acheteur la somme de deux cens escus
sols d'or, dont le surplus montant deux mil neuf cens
soixante six escus deux tiers led. s^r acheteur a promis et
promet payer aud. s^r vendeur ou son procureur la
somme de XIX^c LXVI escus II tiers dedans l'année prochaine pour tout delay et a faulte de feire led. payement
dedans led. jour de l'an prochain, le présent contrat est
et restera comme non advenu et pourra led. s^r vendeur
ou procureur pour luy disposer de lad. maison au proffit
de (telle personne qui bon luy semblera quelqu'elle soit
à charge aud. s^r vendeur de faire et garder les solemp-
nités requises et nécessaires et pourra led. s^r acheteur
aler et demeurer en lad. maison après led. contrat receu
ou led. payement fait. Led. s^r acheteur accorde que s'il

ne faict led. payement dedans led. jour de l'an prochain
que desd. IIe escus en demeureront cent escus qui
seront par luy perdus au proffit dud. s^r vendeur pour
ses despens, domaiges et interests) Et le reste montant
mil escus d'or sol, led. s^r acheteur les a promis et promet
employer au rachapt de deux cens cinquante livres
tournois de Rente en trois parties que led. feu s^r de Losse
a constituées aux personnes cy après nommées à savoir
de trente trois escus un tiers d'escu de rente par led. feu
s^r de Losse vendus et constituez à nobles hommes
André de Rebuffé Seig^r de Molliern et de Beaurichard
commissaire ordinaire des guerres pardevant Thériot et
Doriat le second jour de juillet 1578. Faict et passé
double le XXIe jour de juillet 1579.

> *De Losse, Franssoys du Plessis.*
> *Beaufort, Payen.*

APPENDICE III

Lettres de Suzanne de La Porte à sa belle-fille
madame Henri de Richelieu. (S. l. n. d.)
(B. N. Franc. 22398, fol. 15 et 16.)

Ma chere fille je receu ses jours une lettre de vous
qui me mit hors de grande payne m'asurant de votre
sante mon fils maiant mandé que vous vous trouvyes
mal je crain a sette heure que se soit au son tour veu
se que me mandés se me sera un tres grand plaisir de
savoir de vos nouvelles a tous deux vous m'en aves
ecrit qui me donne esperance de vous voir Vous y seres
la tres bien venue quant il vous plaira nous n'oions ici
parlé que du traité de la paix generale je voudrois
qu'elle fut bien fayte mais l'on croy que se ne pourra
pas estre si tot car il ne comanse qu'anuyt ou demaing
je croy quy l'y paseront bien tout le carayne se sera

tant pour nous car nostre pauvre pais en patit le vostre
en a eu a son tour set a sette heure le notre le bon Dieu
veigle bien assisté tous ayant pitié de nous et vous
donne un beau fils je le lan suplie de toute mon affection comme ma chere fille

Votre bien humble mere a vous faire servyce

S. DE LA PORTE.

Ma chere fille Je ne vous puys dire la peyne en quoy
je suis de votre santé cregnant que se grand choc et le
travail du chemin vous la dimynue ayant su par le Boi-
seau qu'elle n'étoit telle que je la désire car vous ne
sariès jamais recevoir d'incommodite que je n'y parti-
sipe comme aus contantemens que je vous desouhayte
parfaict et a mon fils J'aprehande ce que m'escrives
pour ses affaires j'espère que les prieres de la bonne
N. Dᵉ que vous etes alle suplier aux Ardiliers auront
du pouvoir a se qu'il plaise a Dieu les conduyre a se
quil sera nesecayre je le l'an invoqueray de toute mon
affection car ayant mené mes enfant par la main jusqua
sette heure jespere qui parachevera sette heuvre avec sa
benediction que j'atant de sa bonte sur vous vous donnant un petit fils pour etre mon baton de vieglese sela
vous doibt assuré de ce qui semble que vous doutiés
car la pation que jay a sela ayant se gage si cher vous
fera croyre si vous néte heretique que je vous ayme
si cordialement que je ne sederay a personne du monde
je voudrois par les effets vous enpouvoir faire prendre
la suranse que je désire, quant et quant selle de la pais
generale dont je vois qu'etes en doubte j'ay une telle
aprehension du contrere que je say que je suis Je prie
Dieu qui renverse tous les mauvais desains de ceux
qui ne la desire J'atandray la desus des nouvelles de
mon fils et des vostres de qui jay trouvé la presance
tellement a dire qui me semble estre en un autre

mondè. Je me souhete mil foi le jour aupres de vous
Ma chere fille de qui je me dis très humble mere...

Appendice IV

Lettre d'Armand du Plessis, évêque de Luçon,
à sa belle-sœur, femme de Henri du Plessis.
(B. N. Nouv. acq. franc. 22398, fol. 108.)

Orig.
Suscription.

    A Madame, madame de Richelieu.

Ma sœur, sachant que pour servir une mauvaise
viande, il y faut une bonne sausse, je viens vous advertir d'une querelle que mon frère a eue, vous en man-
dant l'heureux succez qui est tel que luy et sa partie
estant venus aux mains, il a eu cest avantage que de
laisser l'autre par terre tombé de son cheval, sans le
vouloir ny tuer ny blesser en cest estat; il n'y a point
de sang espandu de part ny d'autre, ny par conséquent
de pratique pour les chirurgiens, mais bien pour les
tailleurs, le pourpoint du Sr de Blet (qui est celui a quy
mon frere avoit affaire) ayant besoin de passer par
leurs mains pour estre decoupé d'une façon qui n'a
point de cours en ce temps. C'est vous mander tout ce
qui s'est passé en ceste affaire, que de vous en mander
la fin. Toutesfois je ne lairray de vous dire que si l'eve-
nement a esté bon, le procédé l'a esté aussy, j'entends
comme vous pouvez croire selon la corruption du
monde, ma profession et mon humeur un peu pol-
tronne me portant a blasmer comme je doits telles
actions. L'heur que mon frere a eu en ceste rencontre
a accompagné ceux qui l'assistoient, le Sr de La Gros-
laye et Papinière ayant osté les armes à ceux à qui ils

avoient affaire, sans leur vouloir oster la vie ; monsieur du Pont vous en dira plus de particularitez. Cependant louant Dieu avec vous de ce qu'il n'a pas abandonné en ceste occasion ceux qui l'y abandonnoient, je vous supplie de croire que je suis veritablement

Vostre tres humble frère et serviteur,

ARMAND, Evesq. de Lusson.

Ma sœur,

Je ne veux pas oublier de vous advertir que mon frere a fait penitence de ses fautes, et qu'il est maintenant reconcilié et avec le créateur, ayant fait sa feste et avec ses créatures, ayant embrassé ses ennemis.

Coussay, ce 20ᵉ apvril 1615.

APPENDICE V

Acte de vente de cinq rentes constituées par François du Plessis de Richelieu, sa femme Suzanne de La Porte et Hugues Darragon, faite par le cardinal de Richelieu et les cohéritiers de Henri du Plessis.

(*Ms. orig. Collect. de l'auteur.*)

Fut présent en sa personne Illustrissime seigneur Armand Cardinal de Richelieu Conte de Lymours et de Montlehery tant pour luy que pour et au nom et comme soy faisant et portant fort de messieurs ses cohéritiers en la succession beneficiere de feu messire Henri Duplessis de Richelieu quand vivoit mareschal de camp es armées du Roy son frère estant de présent à Paris logé en son hostel sis rue Sainct Honnore parroisse Sainct Eustache Lequel de son bon gré a ceddé remis et transporté et par ces presentes cedde remet et transporte sans garantie quelconque que de ses faitz et promesses et de sesditz cohéritiers à M⁰ Pierre Robert advocat au conseil demeurant à Paris rue Bethizy en la maison du Cheval noir parroisse Sainct Germain Lauxerrois à ce present et acceptant *Seize cens cinquante deux livres dix solz* de rente avecq les arrerages qui en sont deubs aud. seigneur et à ses cohéritiers au moyen de la succession à eulx escheue dudict feu messire Henry du Plessis à prendre et recouvrer sur les successions de feu Mʳᵉ François du Plessis quand vivoit chevalier des ordres du Roy, premier Cappitaine de ses gardes, Grand prevòt de France et de son hostel et de dame Suzanne de la Porte sa femme et de Hugues Darragon sieur de Passy et de Maugedrye leur coobligé, Lesditz seize cens cinquante deux livres dix solz de rente consistant en cinq partyes. La première de six cens quatre vingts dix livres tournois transportée audict feu messire Henry du Plessis par M⁰ Anthoine Portail procureur du Roy en la Senechaussée du Mans et ses consorts héritiers de feu Anthoine Portail premier chirurgien du Roy leur pere par conctract du quatorziesme octobre MVJ⁰ huict receu par Coutinot et de Sainct Fussien notaires au Chlet de Paris a prendre et faisant partye de Onze cens cinquante livres tournois de rente constituée audict Anthoine Portail par lesdictz deffunctz Mʳᵉ François du Plessis dame Suzanne de la Porte et ledit Hugues Darragon par contract du premier octobre mil cinq cens quatre vingts deux receu par Chantermele et Le Camus noʳᵉˢ avecq les arrerages de ladicte Rente de six cens quatre vingts dix livres deubz depuis le premier jour de novembre MVᶜ quatre vingts huict jusques au quatorziesme du mois de mars au present mil six cens vingt cinq, desduction faicte sur iceulx arrerages de deux mil quatre cens vingt livres dix deniers, dont sera faict cy apres mention revenans les arrerages de ladicte rente ceddee à dix huict mil huict cens cinquante livres. La deuxiesme de trois cens livres tz de rente aud. feu Mre Henry du Plessis appartenant par declaration faicte a son proffict par Me Nicolas Pinette advocat en parlement le vingthuictiesme may mil six cens dix sept passée par devant Lormon et Coutinot auquel Pinette ladicte rente avoit esté ceddée et transportée par Me François Langlois et ses consorts héritiers de feu Me Louis Le Court auquel lad. rente avoit esté constituée par lesdictz deffuncts Mre François du Plessis dame Suzanne de la Porte et Hugues Darragon par contract du cinquiesme octobre MV^c quatre vingts deux, receu par Jourdain et Payen no^res au Chlet, ensemble les arrerages d'icelle rente depuis le quinziesme Janvier MV^c quatre jusques au vingthuictiesme dud. moys de mars MVI^o vingt cinq revenant a six mil six cens soixante dix livres. La troisiesme de trois cens livres tz de rente appartenant aud. messire Henry du Plessis par transport de Me Estienne Vacherot du dixneufiesme septembre MVI^c onze receu par Lormon et Coutinot qui avoit droict par transport de Me Jehan de Monstreuil advocat, lad. rente aussy constituée par lesd. Mre François du Plessis dame Suzanne de la Porte et Hugues Darragon par contract du cinquiesme octobre MV^c quatre vingts deux receu par Lenoir et Lusson et arrerages de lad. rente deubz depuis le premier jour d'apvril MV^c quatre vingtz six jusques au vingttroisiesme dud. moys de mars MVI^c vingt cinq revenant a onze mil deux cens onze livres six solz huict deniers. La quatriesme de pareille rente de trois cens livres appartenant aud. feu messire Henry du Plessis par declaration de Me Germain Tixier conseiller du Roy et maistre ordinaire en sa chambre des comptes a Paris auquel lad. rente avoit esté transportée par led. de Monstreuil par contract du quatorziesme Janvier mil six cens onze et constituée par lesd. feuz Mre François du Plessis dame Suzanne de la Porte et led. Hugues Darragon led. jour sixiesme octobre MV^c quatre-vingtz-deux par con-

tract receu par led. Le Noir et Lusson et arrérages de lad.
rente deubz depuis led. jour premier apvril mil cinq
cens quatre vingts six jusques audict jours vingttrois^me
du moys de mars an présent mil six cens vingt cinq
revenant à onze mil deux cens onze livres six solz huict
deniers. Et la cinquiesme de soixante dix livres dix solz
de rente appartenant aud. deffunct Mre Henri du Plessis
par declaration d'Anthoine Bresson bourgeois de Paris
auquel ladicte rente avoit esté transportée par Mre Charles
de Villemontée faisant moictié de six vingts cinq livres
de rente constituée par lesdits feuz Mre François du
Plessis, dame Suzanne de la Porte et Hugues Darragon
à Nicolas Gonnier appoticaire à Paris par contract du
dixhuictiesme Juillet mil cinq cens quatre vingtz trois
lequel Gonnier avoit fait declaration au proffict de
Me Charles de Villemontée procur^r du Roy au Chlet le
cinq^e aoust MV^c quatre vingtz trois pardevant Tybault
et Danoust no^res aud. Chlet ensemble les arrerages
d'icelle rente depuis le premier Janvier
MV^c quatre vingtz et huict jusques au vingt sixiesme
dud. moys de mars mil six cens vingt cinq revenant à
deux mil deux cens vingt quatre livres deux solz six
deniers. Revenant le sort principal desdictes cinq rentes
à dix neuf mil huict cens trente livres et les arrerages
d'icelles après que desduction a esté faicte du tiers des
cinq années des troubles, et de deux mil quatre cens
vingt livres dix solz en dessus déclarées pour lesquelz
led. Seig^r cardinal a esté mis en ordre sur les deniers
provenuz de la vente par decrie de la terre de Richelieu
sur et en desduction des arrerages de lad. rente de six
cens quatre vingts dix livres du Sieur Portail. Tous les
dicts arrerages de rente ainsy ceddez revenant à cinquante mil cens soixante six livres quinze solz huict
deniers lesquelz joinctz au principal d'icelle rente qui
est de dix neuf mil huict cens trente livres. Le total
ceddé revient tant en principal que arrerages à soixante

neuf mil neuf cens quatre vingts seize livres quinze sols huict deniers. Et oultre led. S^r cardinal aud. nom et qualité que dessus a ceddé et transporté aud. Sr Robert tous les frais despens, dommaiges et interetz qui pour raison desd. rentes luy sont deubz à quelque somme qu'ils se puissent monter pour de toutes les choses en dessus ceddées se faire payer par led. Sr Robert sur les successions desd. feuz Mre François du Plessis, dame Suzanne de la Porte et Hugues Darragon ainsy qu'il verra bon estre, lequel pour cest effect led. S^r cardinal a subrogé et subroge en son lieu, droict et place noms raisons et actions et de sesd. cohéritiers sans aulcune garantye que de leurs faicts et promesses seullement consentant qu'il en soit payé par preferance à luy et ses dicts cohéritiers, et à ceulx qui d'eulx auront cause, aux aultres droictz et pretentions qui luy pourroient estre deubz pour quelque cause que ce soit sur lesdites successions. *Ceste cession* ainsi faite moyenant la somme de *cinquante quatre mil cens trente livres tournois* que led. Seigneur cardinal icy confesse pardevant les no^res avoir eue et receue dud. Robert qui de son consentement a icelle somme delivrée et payee en piéces de pistolles d'Espagne quarts d'escu testons et monnoye, le tout bon es mains de maistre Michel Le Masle à ce present argentier dud. Seigneur cardinal et pour le surplus le dict S^r cardinal aud. nom l'a remis et quicté aud. Robert et en tant que besoing est ou seroit luy en faict don tant en consideration des services qu'il a receuz de luy que de ce que les dites rentes et arrerages luy sont ceddez à ses périlz et fortune et auquel pour toutte garantye oultre celle des faictz et promesses dud. S^r et desd. cohéritiers a esté faict délivrance des contracts de constitution d'icelles rentes et aultres contracts de cessions, transports et declarations condampnations et poursuittes concernant icelles rentes dont led. Robert se contente et acquicte et descharge led. S^r cardinal et sesd. cohéri-

tiers. Et a le dit Robert déclaré que de la susd. somme
de LIIII^m CXXX livres par luy sus payée y en a la somme
de dix huict mil livres à luy fournie à cest effect par
Me Denis Feydeau Sr de Broue cons^{er} du Roy en ses
conseilz d'estat et privé comme appert par contract
passé entre eulx pardevant Herbin et Richet no^{res} le
vingt deux^{me} jour du moys (de mars dernier) au désir
duquel iceluy Robert faict la presente declaration mesme
consent et accorde que led. sieur de Broue soit et en
demeure subrogé en son lieu et place jusques à la concurrence de lad. somme de dix huict mil livres et sans
que lad. declaration puisse nuire ne prejudicier aud.
Seigneur cardinal. Et pour l'execution des presentes et
deppendances a led. seigneur cardinal esleu son domi-
cille irrevocable en la maison et hostel dud. Seigneur
devant declaré scize dicte rue Saint-Honnore auquel
lieu etc. promettant etc. obligeant etc. chacun en droict
soy renonçant Faict et passé l'an mil six cens vingt
cinq le jeudi treziesme jour d'apvril apres midy en l'hostel dud. seigneur cardinal et ont signé

    Armand card. de RICHELIEU
    LE MASLE
    ROBERT
    PARQUE

              GUERREAU.

TABLE ALPHABÉTIQUE

TABLE DES MATIÈRES

APPENDICES

E. GREVIN — IMPRIMERIE DE LAGNY

MAXIMIN DELOCHE

LE PÈRE

DU CARDINAL

I 40 fr.

PARIS